Paris gourmand

Belles et bonnes boutiques de la ville

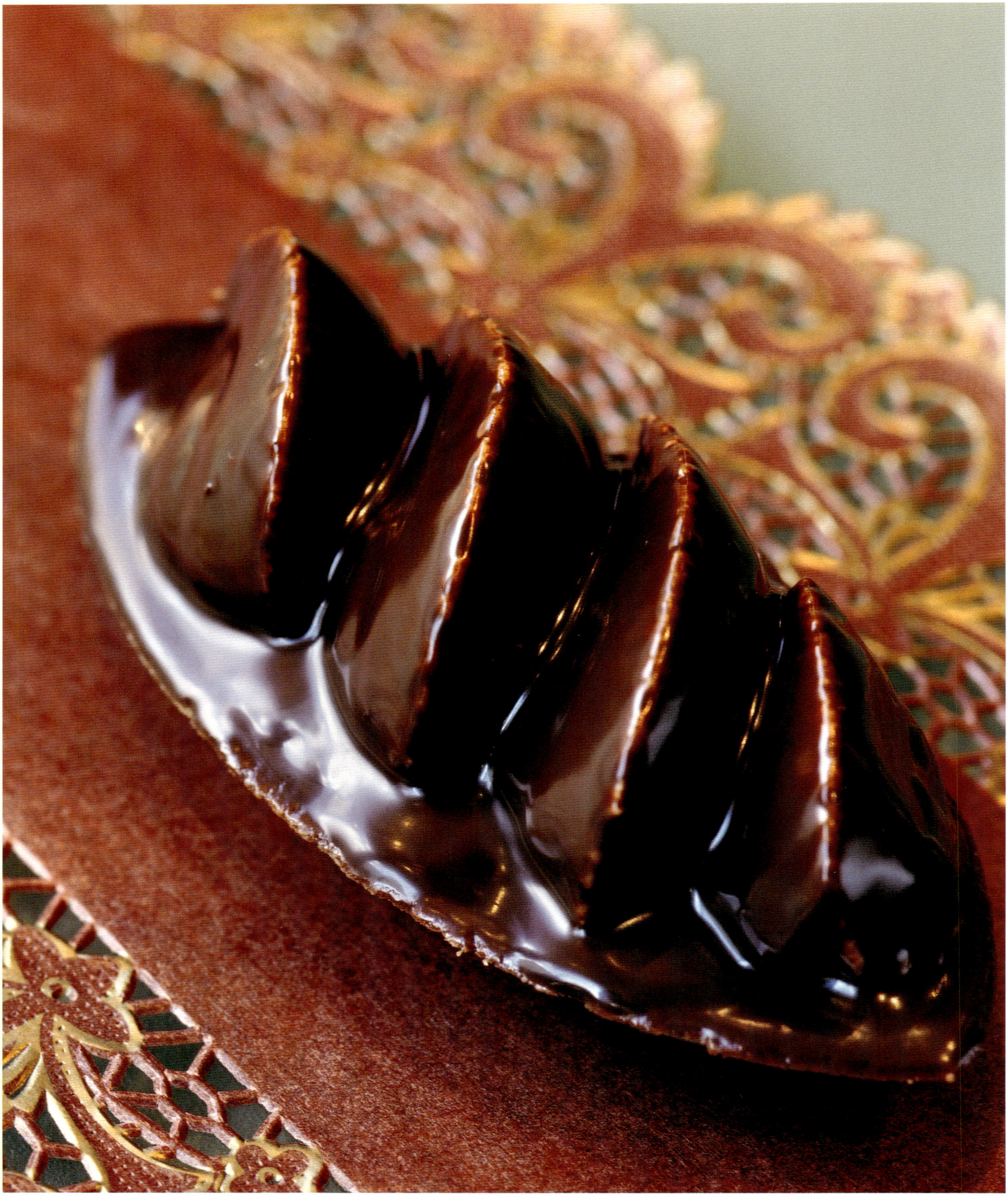

Textes Pierre Rival
Photographies Christian Sarramon

Paris gourmand

Belles et bonnes boutiques de la ville

Flammarion

Sommaire

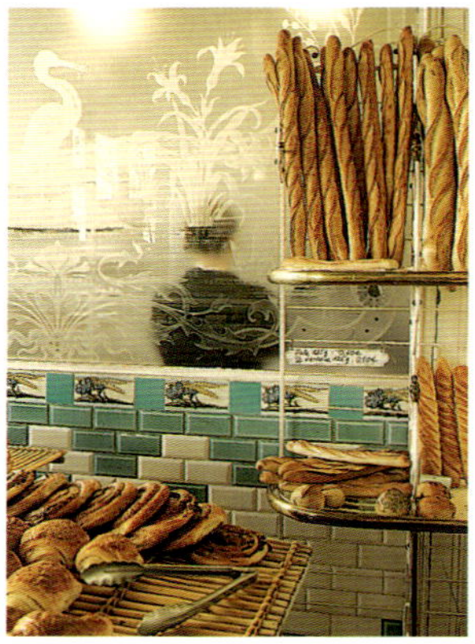

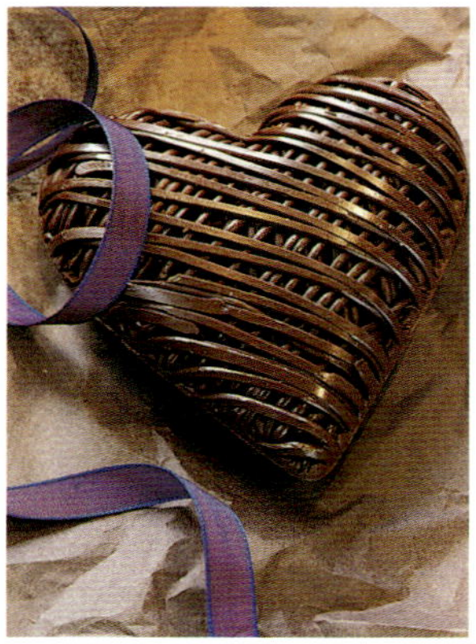

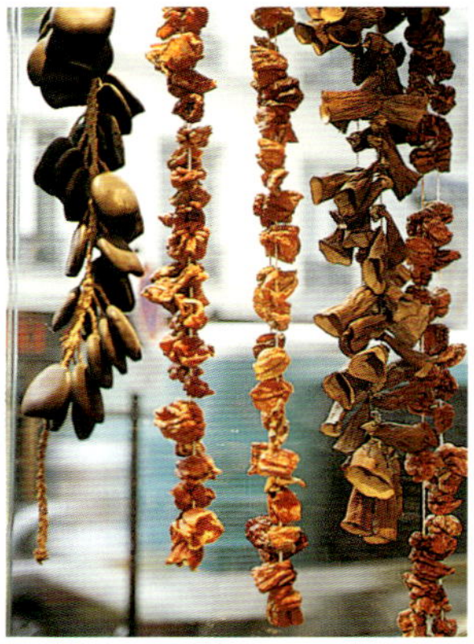

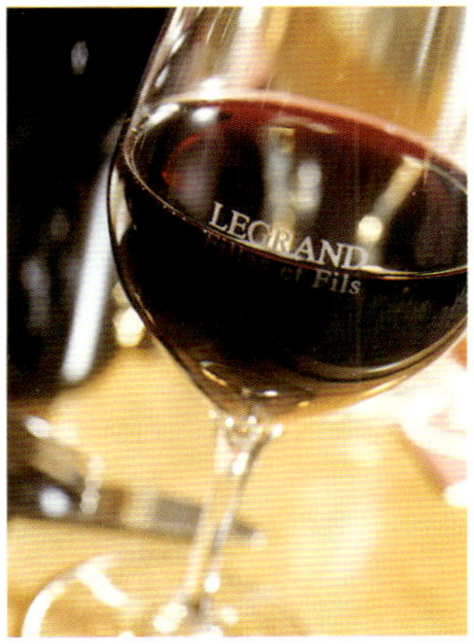

CAVES CÉLÈBRES OU SECRÈTES

Entre les grandes étiquettes et les vins en biodynamie, Paris poursuit son histoire d'amour avec le vin. Unique en Europe, Lavinia propose le premier grand magasin du vin. Les Caves Augé offrent à un public exigeant le meilleur de l'absolu. À La Dernière Goutte, un Américain fait découvrir aux Parisiens les petits terroirs. De Vinis Illustribus satisfait les collectionneurs de millésimes. Et Legrand offre un espace de dégustation unique pour les connaisseurs comme pour les débutants.

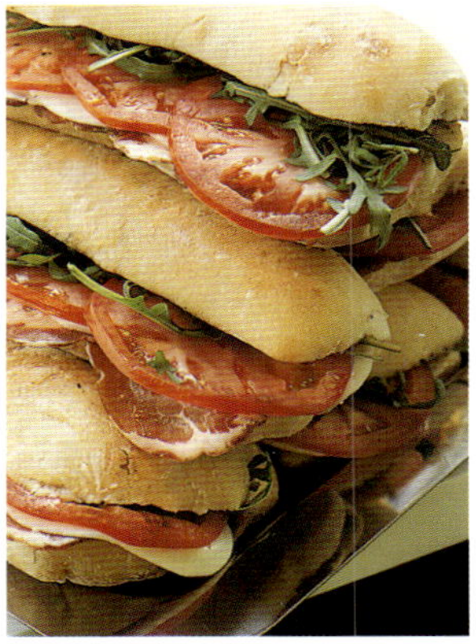

PETITES ET GRANDES FAIMS

La manie du snacking n'empêche pas les Parisiens de se montrer les plus exigeants des grignoteurs. À eux les soupes faites maison du Bar à Soupes ou de Soupes & Quenelles, les délicieuses charcuteries italiennes de La Crémerie, les sandwichs et les « Wraps » du marché de Cojean, sans compter les créations baroques du Delicabar au Bon Marché ou Pomze, première boutique consacrée entièrement à la pomme, toutes les variétés de pommes et leurs innombrables déclinaisons.

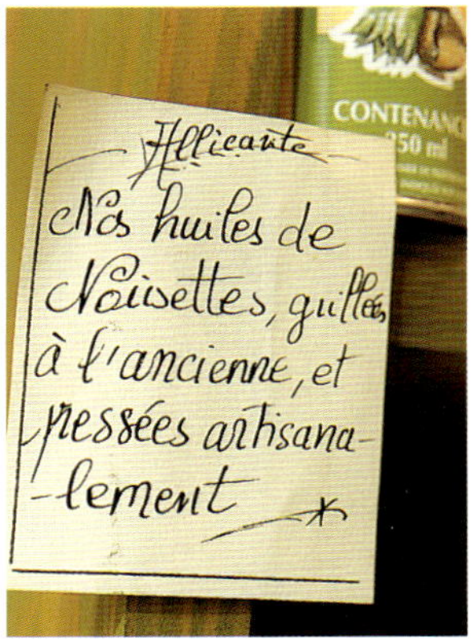

Pour satisfaire les gourmets de chaque quartier de Paris, sélectionné par les auteurs du livre, un choix d'adresses auquel le lecteur pourra ajouter ses propres découvertes, sachant que le sujet de la gourmandise est inépuisable à Paris…

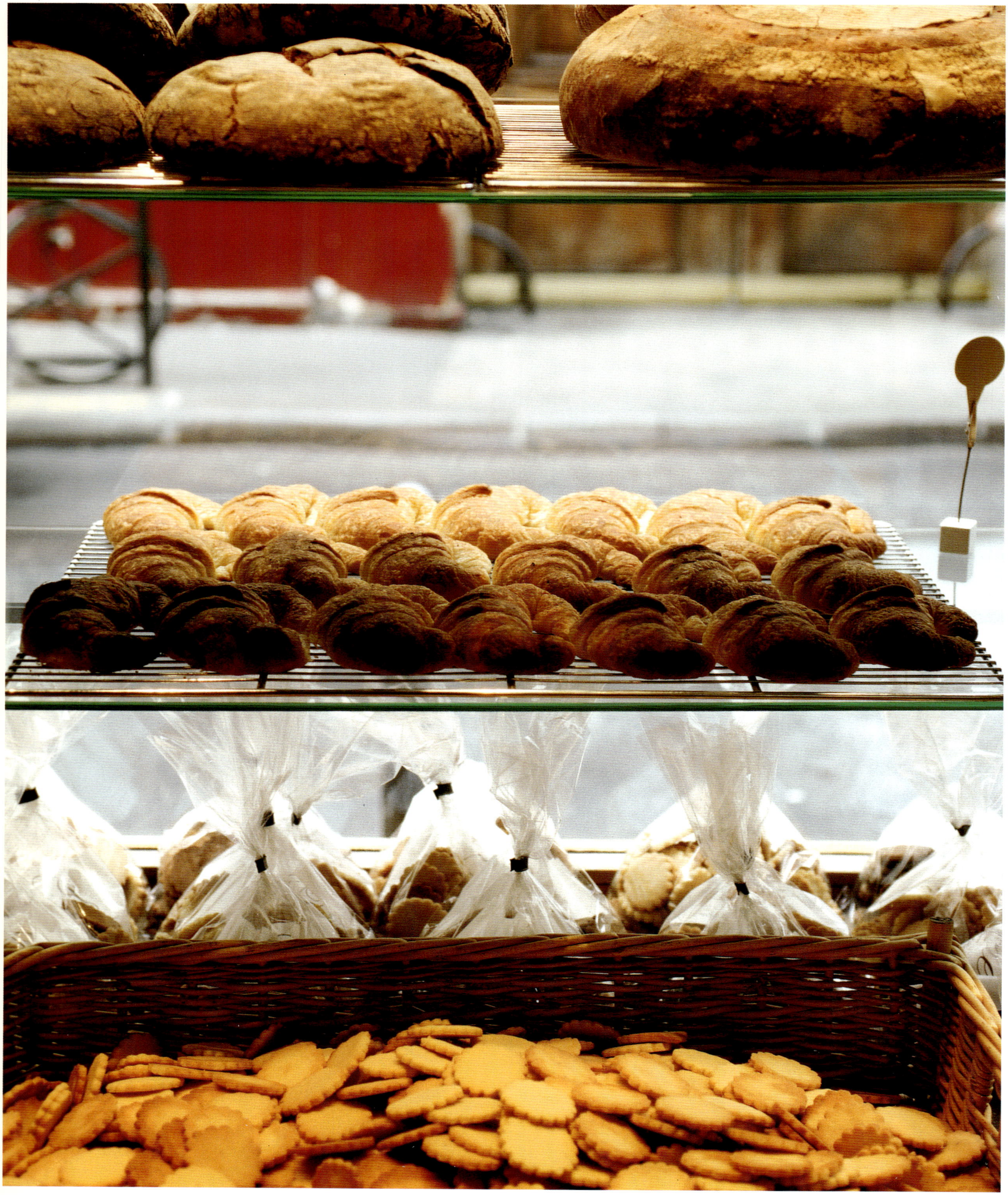

Paris est une ville gourmande. Par le nombre et la qualité de ses restaurants gastronomiques, de ses bistrots et de ses brasseries, certes. Mais à ne retenir que ce seul aspect, on risque de passer à côté du vrai plaisir de flâner à Paris. Poussez la porte d'une pâtisserie, pénétrez dans la tiédeur d'une boulangerie, affrontez le bric-à-brac d'une épicerie de quartier, et vous aurez une idée des tentations quotidiennes du Parisien. Une sollicitation constante fait de chaque promenade une mise en appétit, de chaque déplacement un lèche-vitrine, au sens propre du terme. Avec ce livre, nous avons voulu offrir un itinéraire à tous ceux qui se laissent guider dans la ville par leur curiosité culinaire. Pour leur faciliter la pérégrination, nous avons dressé la carte du Tendre des bonnes (et belles) boutiques de Paris, celles où un parfum accueille le chaland et l'oblige à oublier ses promesses de régime, ses tracas digestifs.

Dans la capitale, plusieurs révolutions du goût sont en cours, dont ce livre rend compte. L'émergence d'une « école de Paris » du chocolat en est une. Le renouveau de la pâtisserie, une autre. On parle de plus en plus, entre porte d'Orléans et porte de Clignancourt, d'« art du thé à la française », comme si cela allait de soi. Et des experts chinois du thé viennent sur les bords de la Seine promouvoir leurs grands crus. Dans les années vingt, Paris a « inventé » le caviar qui n'était que de l'œuf d'esturgeon. En ce début de XXIe siècle, la ville attrape-tout en matière de gourmandise vous propose le *Jamón Ibérico* et le promeut dans le monde comme s'il était sien. Idem, pour l'huile d'olive, dont Paris a renouvelé le commerce et dont elle a orchestré les vertus cardio-vasculaires en dehors de la Méditerranée. Même, en matière de vin, où Paris s'était fait voler la première place par Londres, la promotion des vins « nature », ces nouveaux grands crus, témoigne de l'inventivité de caves qui veulent se libérer de la dictature des étiquettes. Jusqu'aux sandwichs et aux en-cas, ces autres spécialités anglo-saxonnes, dont Paris a entrepris de civiliser le goût et qui s'imposent aujourd'hui de ce côté-ci de la Manche par leur fraîcheur et leur raffinement. Sans oublier bien sûr le pain, autrefois limité à la seule baguette, ce poncif, et dont les espèces se sont multipliées au bord de la Seine comme la galette sur les rives du lac Tibériade.

Paris, aujourd'hui, est une fête gastronomique ouverte à toutes les bourses. Jamais le souci de la qualité des produits, de l'originalité des préparations, et surtout du plaisir de la bouche, n'a été aussi grand. On s'en réjouit, à une époque où le petit commerce bat de l'aile. Les enseignes qui se portent bien, celles qu'on voit s'ouvrir et prospérer aussi bien dans les quartiers bourgeois que dans les quartiers bohèmes, sont celles qui privilégient la gastronomie. Malgré leur réputation de versatilité les Parisiens gardent ainsi le cap sur ce fondement des grandes civilisations : la gourmandise.

La vitrine du boulanger Paul, page précédente, ou celle du Comptoir de la Gastronomie, ci-contre, témoignent du dynamisme du commerce de bouche à Paris en constant renouvellement et pourtant toujours fidèle aux valeurs de la gourmandise.

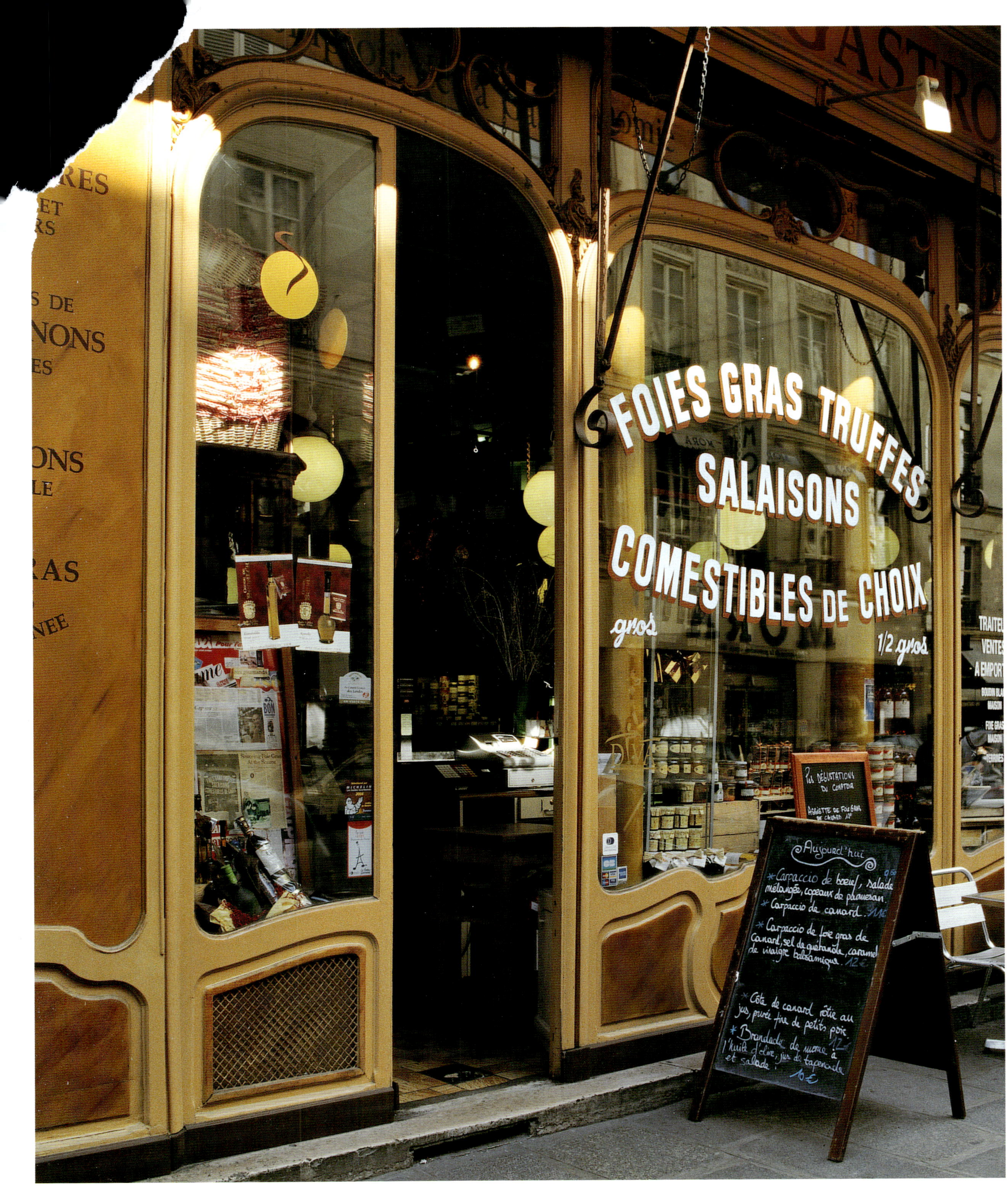
FOIES GRAS TRUFFES
SALAISONS
COMESTIBLES DE CHOIX
gros
1/2 gros
Aujourd'hui

Paris sucré

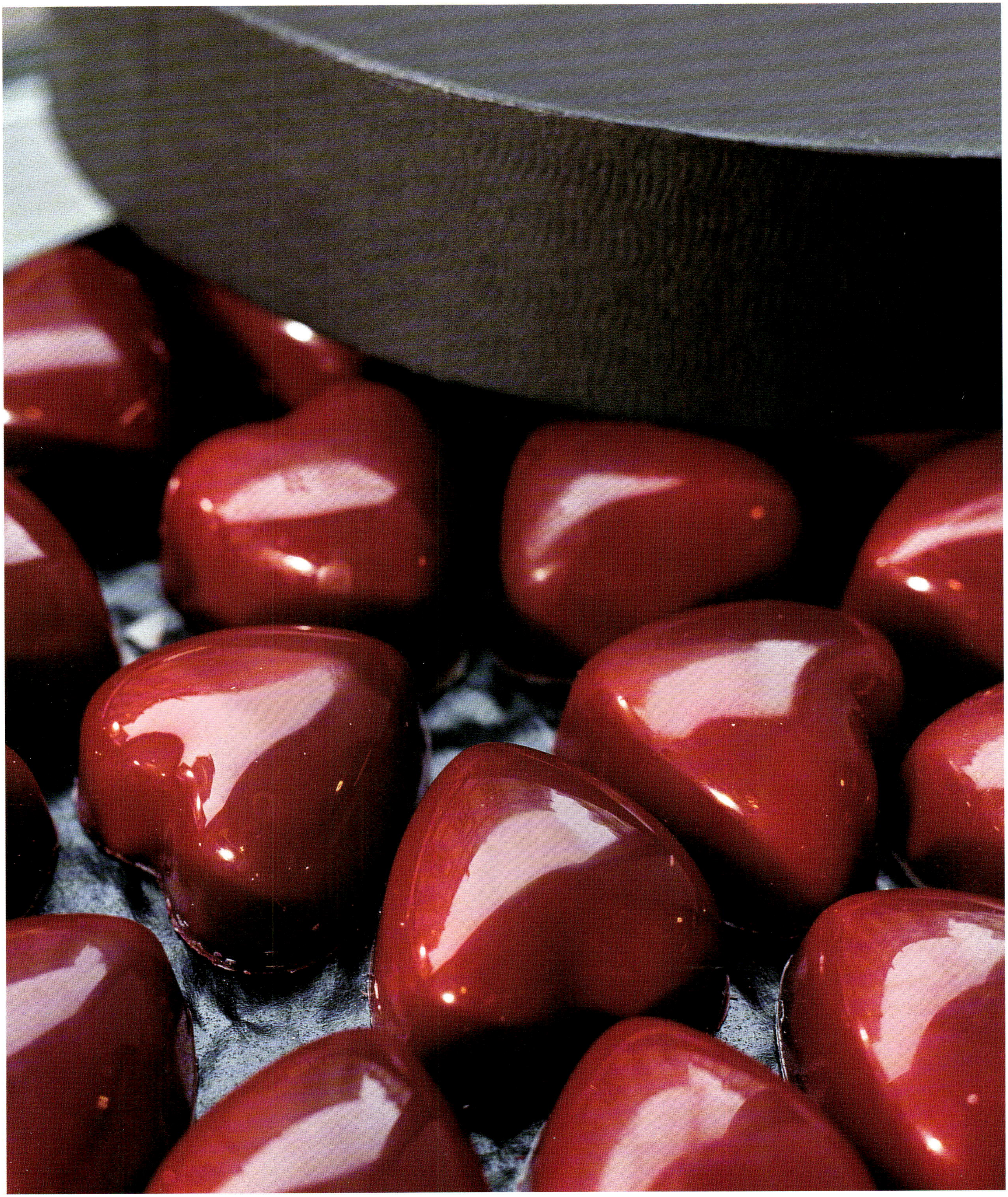

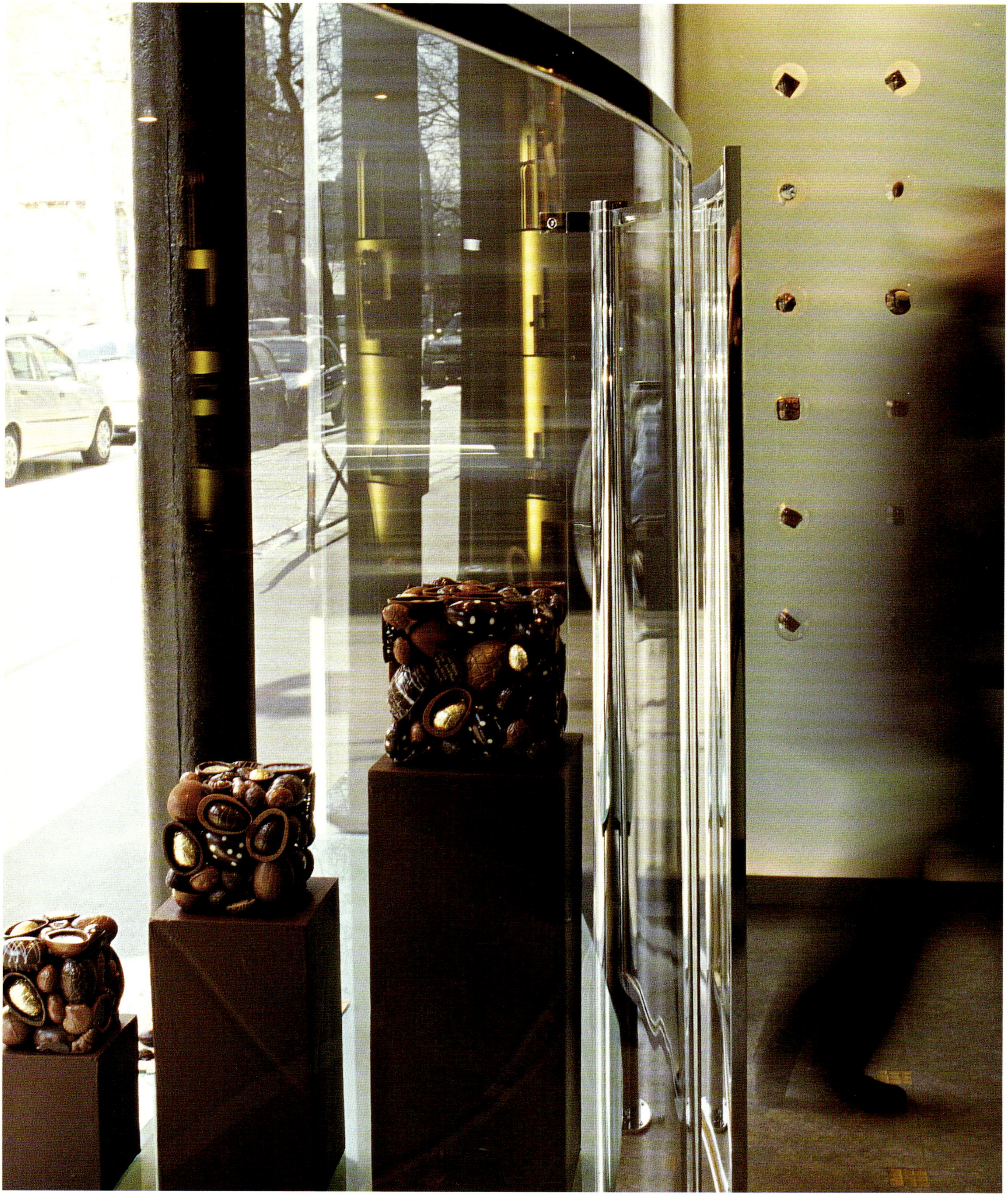

Bonbons et chocolats

Il peut paraître présomptueux de considérer Paris, aujourd'hui, comme une des capitales mondiales du chocolat. L'Espagne se targue de l'avoir introduit en Europe, l'Angleterre d'avoir inventé le chocolat à croquer, le fameux « boudin à l'espagnole ». La Suisse revendique l'honneur d'avoir mis au point la tablette, la Hollande la poudre de cacao, l'Autriche d'avoir donné au monde la tarte au chocolat ou « Sacher-Torte », l'Italie la bouchée et la Suisse à nouveau le chocolat au lait. On doit aux États-Unis la mise au point de la barre et à la Belgique la paternité de la première coquille de chocolat solide dans laquelle on peut mettre du praliné, du caramel au beurre ou de la crème fraîche. Alors, même si la France a été dès le XVIe siècle un pays d'amateurs passionnés de chocolat, on ne peut pas dire que les confiseurs français aient joué un rôle moteur dans la lente élaboration et diversification de cette friandise devenue aujourd'hui indispensable à nos palais. Pourtant, en ce début de XXIe siècle, le monde du chocolat tourne de plus en plus fréquemment ses yeux vers Paris. Non que les chocolatiers de la capitale aient innové à leur tour et conçu un procédé inédit pour apprêter la fève de cacao, mais ils ont tellement raffiné les présentations traditionnelles que, de simple gourmandise, le chocolat est devenu à Paris un véritable objet gastronomique. Et ce qui n'était qu'un artisanat (ou une industrie) est devenu, grâce à leur talent, tout simplement un art. Les chocolatiers parisiens ou ceux établis à Paris ne peuvent pas en effet se contenter de reproduire telles quelles des recettes et des préparations qui ont fait leur preuve. Face à un public de connaisseurs exigeants, prompt à comparer les chocolats offerts dans les confiseries non pas tant entre eux qu'avec le meilleur de la gastronomie parisienne, ils doivent pour exister faire entendre plus qu'une différence, une exigence. Au pays du « must », le chocolatier est porté à se surpasser dans le raffinement.

JEAN-PAUL HÉVIN
Pâques dans la vitrine de Jean-Paul Hévin, près de l'École militaire, les « carrés » remplacent avantageusement les œufs traditionnels, compressions d'œufs en chocolat de forme cubique, à la manière de César. Pages suivantes : Jean-Paul Hévin est aussi et avant tout pâtissier. Témoin, ces deux appétissantes créations : la « pyramide » composée de biscuit cacao pistache fourré de ganache amère et la bouchée « Kheops », pâte d'amandes et pistache.

Bon exemple de cette ambition, Jean-Paul Hévin, titulaire en 1986 du diplôme de Meilleur Ouvrier de France (MOF) en pâtisserie a d'abord travaillé aux côtés de Joël Robuchon à l'Hôtel Niko avant de prendre les rênes de la chocolaterie Peltier à Tokyo, puis d'ouvrir en 1988 son premier magasin, avenue de la Motte-Piquet. Jean-Paul Hévin se définit lui-même comme un « artiste chocolatier » et présente ses créations comme des « chocolats griffés » en référence au monde de la haute couture. En quoi se

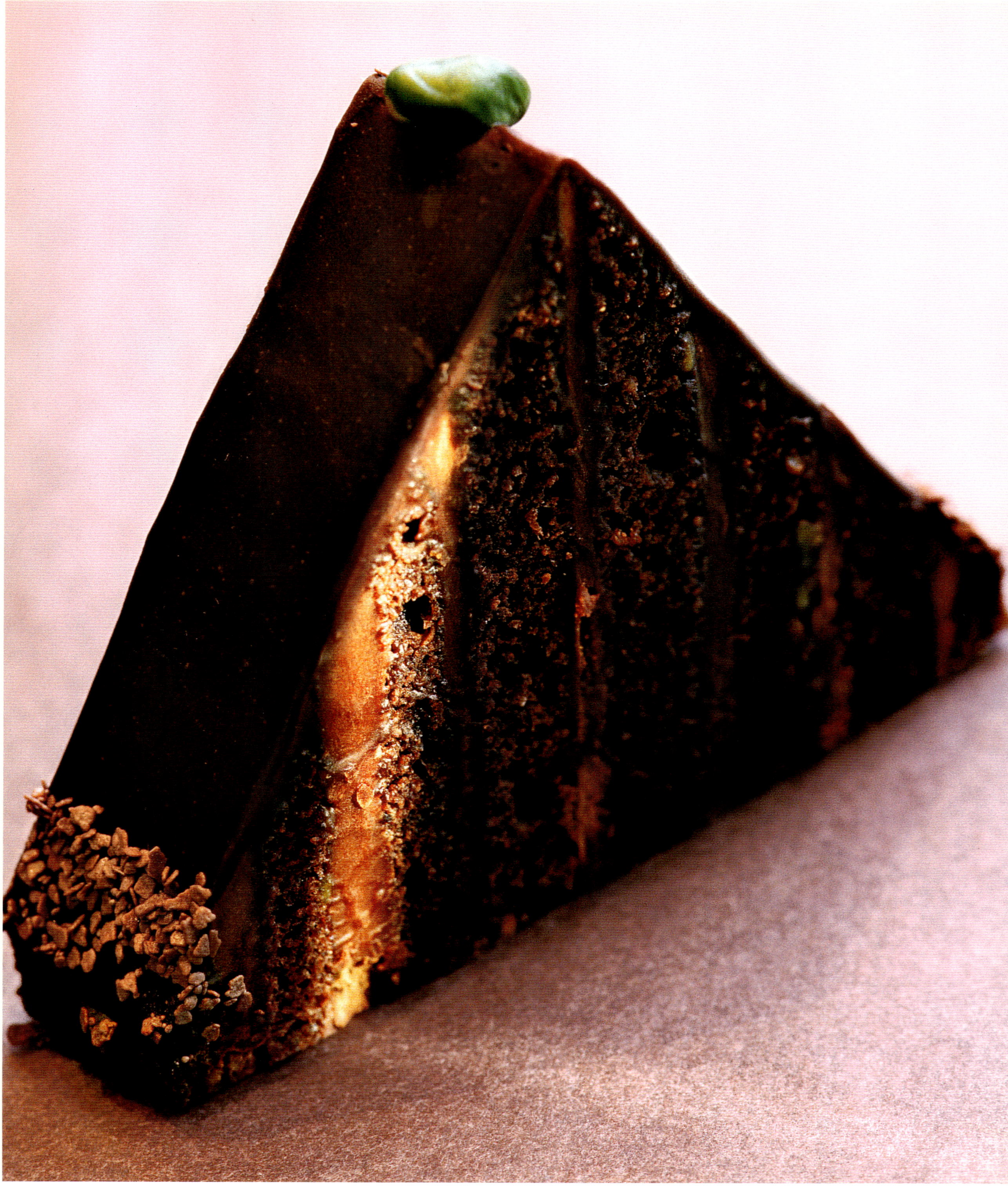

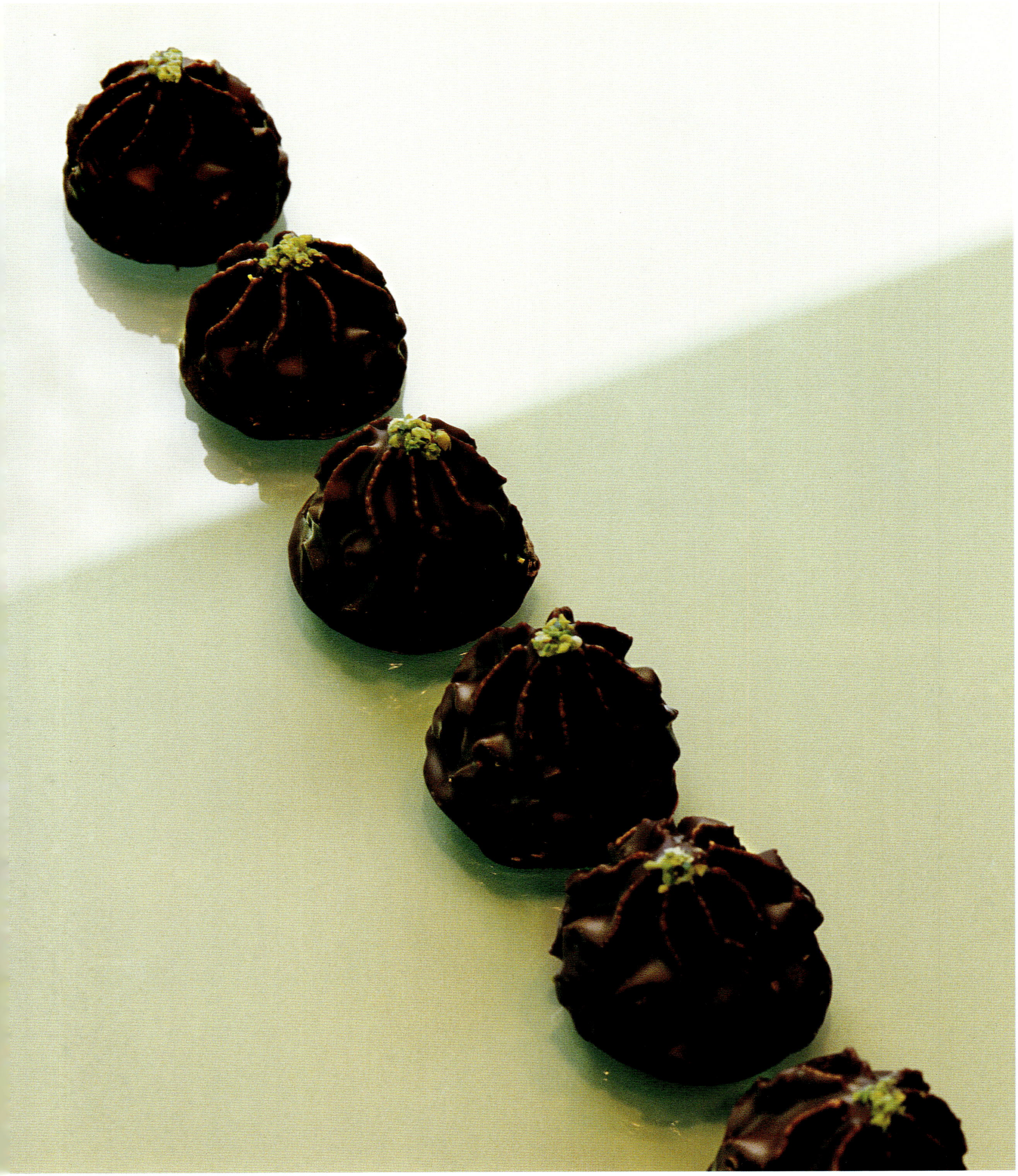

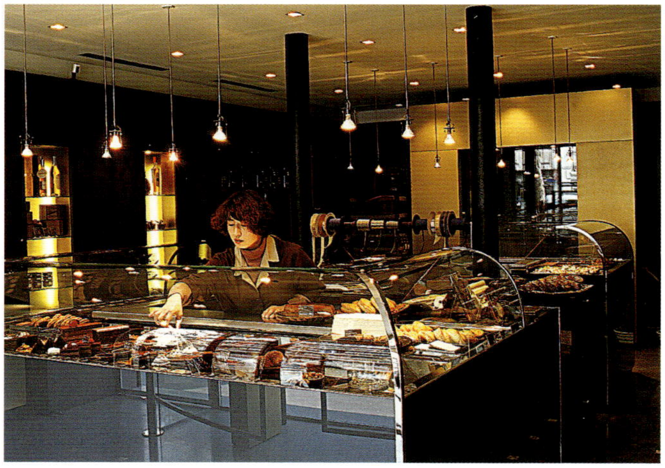

caractérise donc cette « griffe » de Jean-Paul Hévin ? D'abord une attention extrême apportée à la matière première. « Je ne laisse à personne le soin de faire les tests de dégustation », assure-t-il et on sait que ce palais exceptionnel a mis au point une technique de détection de ce qu'il appelle « les paliers de saveur » des différentes fèves de cacao, principalement originaires du Venezuela, de l'Équateur, de Colombie et de Madagascar. Chocolatier, Jean-Paul Hévin est donc d'abord un dégustateur appliqué à ne pas dénaturer les goûts qu'il détecte mais à les exalter par des accords d'arômes à la fois surprenants et délectables. On lui doit ainsi l'invention des « chocolats dynamiques » fourrés au gingembre confit qu'il associe à des épices tels la noix de cola ou le bois bandé. Ou encore, les « chocolats apéritifs au fromage » proposant des saveurs d'époisses, de pont-l'évêque, de chèvre ou de roquefort et qu'il faut boire avec un vin jaune du Jura pour en apprécier toute la délicatesse. Mais la patte de Jean-Paul Hévin se retrouve aussi dans ses compositions classiques. Qu'il s'agisse de ganaches nature nuancées en dosage de cacao, de ganaches aux épices (cannelle, gingembre, café, miel), fruitées (citron vert, raisin, orange, framboise, cassis), de pralinés (noisette, amande, nougatine) ou de chocolats au lait (caramel, nature, truffé, gianduja), on dénote dans chacune de ces compositions une même plénitude des arômes, alors que sous la dent on apprécie la finesse des couvertures avant de savourer l'harmonie des saveurs. « Le chocolat est un peu comme le vin, souligne Jean-Paul Hévin. Avec une seule matière, il est possible de réaliser une large variété de produits et, justement, sans la variété, il n'est pas de plaisir possible. » Et le plaisir, il le définit également ainsi : « Je veux réaliser des chocolats très goûteux, avec un parfum assez frais et qui assurent une impression d'équilibre, une sensation de tendresse et même de poésie, en un mot procurer au gourmand un moment de bonheur. » Le bonheur par le chocolat, n'est-ce pas là la plus belle innovation que puissent proposer aujourd'hui les chocolatiers parisiens ?

JEAN-PAUL HÉVIN
Il n'y a pas que les boutiques qui soient design chez Jean-Paul Hévin. Toutes rondes dans leur emballage carré voici de délicieuses sucettes au chocolat, 70 % cacao, au packaging très soigné.

Parisien, Pierre Marcolini l'est d'adoption. Ce chocolatier belge, déjà largement reconnu dans son pays et au plan international, est venu à Paris chercher une consécration. Et une reconnaissance : car ce jeune artisan bruxellois se targue à juste titre d'être l'un des seuls artisans européens à réaliser lui-même sa couverture. Sous ce vocable un peu technique se cache une véritable déclaration d'indépendance : Pierre Marcolini a pris la décision de fabriquer lui-même son chocolat à partir des fèves de chocolat comme cela se faisait couramment au XIXe siècle, et cela il entend bien le faire savoir. Paris, capitale de la gastronomie, constitue la meilleure caisse de résonance. « L'élaboration du chocolat

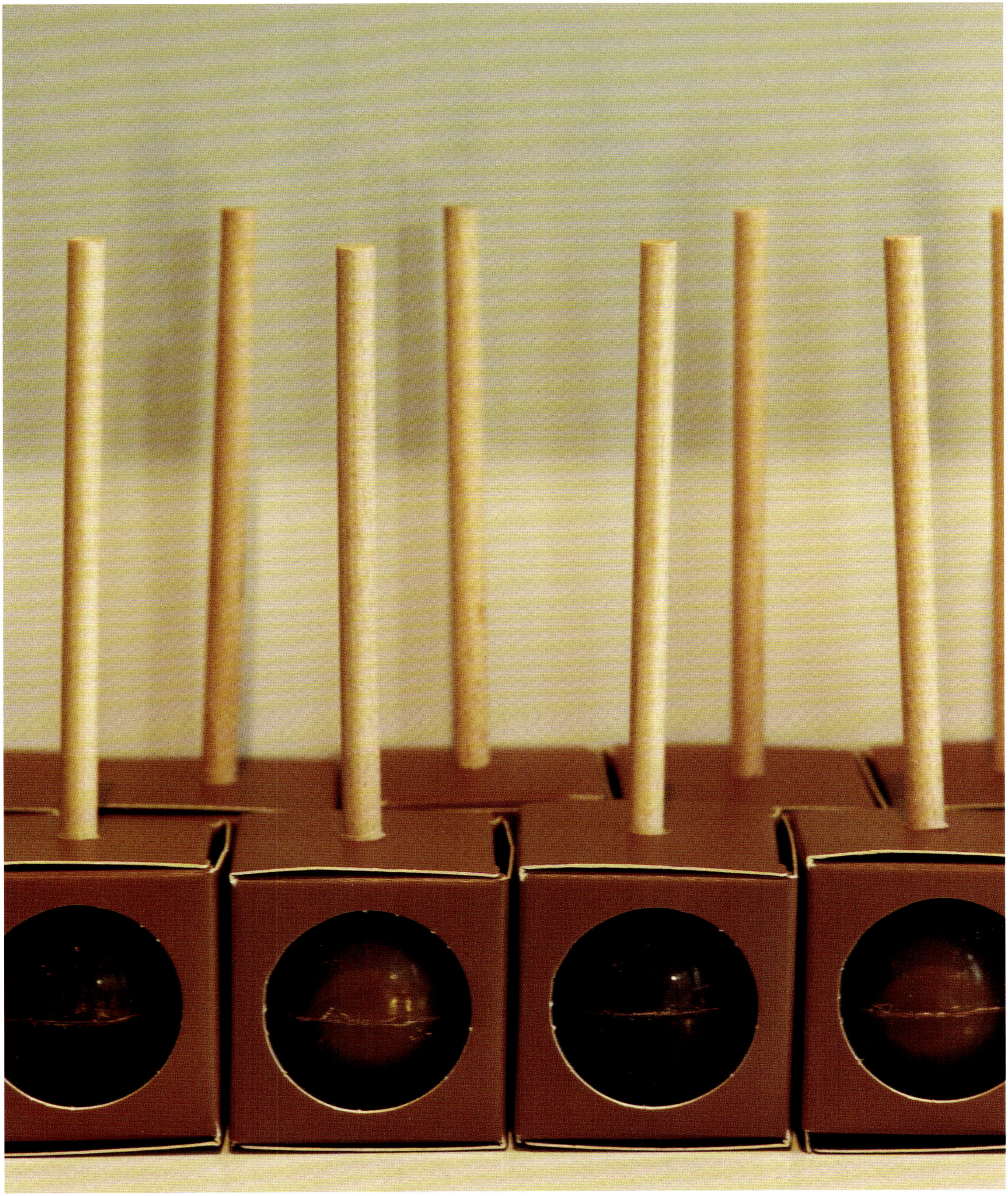

MARCOLINI
Pierre Marcolini, dans son salon de la rue de Seine, expose ses chocolats comme des joyaux dans un musée. Cœur framboise ou Carré ^{2} chocolat la prédilection de Pierre Marcolini pour la couverture donne à ses créations un aspect croquant des plus appétissants.

à partir d'approvisionnements directs permet une bien meilleure connaissance de la matière, explique-t-il. La fabrication personnelle autorise de plus la mise en œuvre d'ingrédients de première qualité. » Ainsi, pour la vanille, il utilise des gousses de Tahiti et il introduit la violette ou la cannelle dès le début du processus au lieu de faire appel en fin de parcours à des extraits incorporés « à la va-vite ». Le choix de fabriquer sa propre couverture entraîne bien sûr une autre manière de pratiquer le métier de chocolatier. Pierre Marcolini consacre une partie importante de son temps à parcourir chaque année les zones de production pour choisir lui-même ses cabosses. Cela lui a permis notamment de nouer des rapports personnels avec certains planteurs et de s'assurer l'essentiel de leurs productions, à des « prix équitables » cela va sans dire. Il a ainsi acquis pour plusieurs années l'ensemble de la production d'une exploitante mexicaine, Clara Echevaria, qui se bat depuis des années pour que sa fève d'exception, la « porcelana » cent pour cent « criollo » aux arômes de rose et de jasmin, ne disparaisse pas. Pierre Marcolini propose ainsi aux gourmands parisiens, si soucieux de la notion de terroir, la première tablette de propriété entièrement élaborée à base de « porcelana », le *Carré ^{2} chocolat – Limited Edition*. Longueur en bouche phénoménale, perfection des arômes et plénitude de la bouche, la dégustation de cette tablette procure les mêmes sensations que celle d'un grand cru.

Pour fabriquer lui-même, de manière artisanale, sa propre couverture, Pierre Marcolini a dû retrouver des machines ancestrales et réapprendre des gestes et des techniques, aujourd'hui oubliés parce que industrialisés. Les machines qu'il a chinées aux quatre coins de l'Europe, dans les marchés aux puces, il les a confiées à des vieux retraités des chocolateries belges qui étaient les derniers à savoir encore les faire fonctionner. Avec eux, il a réappris les gestes du broyage pour éclater la fève, la débarrasser de sa peau et la transformer en une pâte lisse puis la pétrir avec du sucre et des gousses de vanille. Il a réintroduit les gestes du conchage artisanal qui permet, en chauffant la pâte, de libérer les bons acides, notamment l'acide lactique et de se débarrasser des mauvais, en un mot de contrôler la fermentation du cacao à son goût. En fabriquant lui-même sa propre couverture, Pierre Marcolini est également libre de la parfumer à son idée, en ajoutant au stade de la torréfaction des parfums de café, de cardamome ou encore de gingembre. Que ce soit les palets ou les carrés, tous les chocolats de Pierre Marcolini se distinguent par un croquant dû à l'épaisseur de la couverture. Quarante pour cent au moins de la matière totale. Cela n'enlève rien à leur finesse, mais leur donne une personnalité qui séduit d'abord les vrais amateurs de cacao, ceux pour qui le chocolat est issu d'un produit noble et, finalement, assez rare.

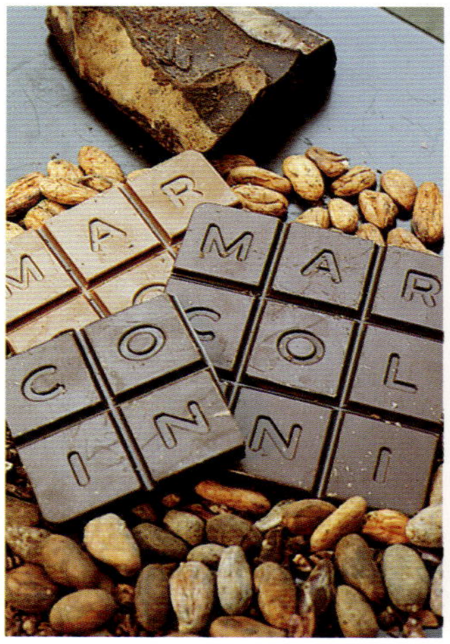

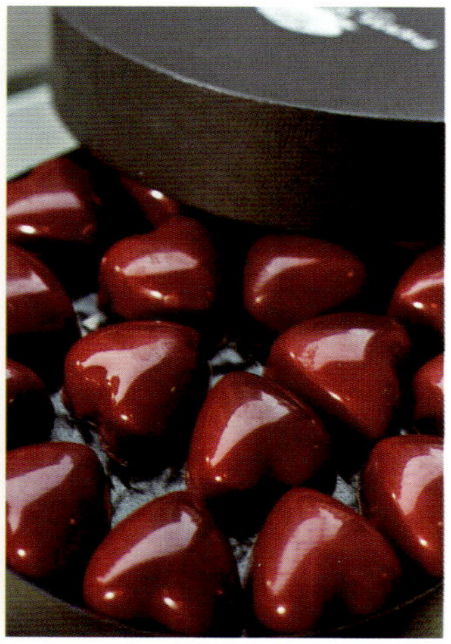

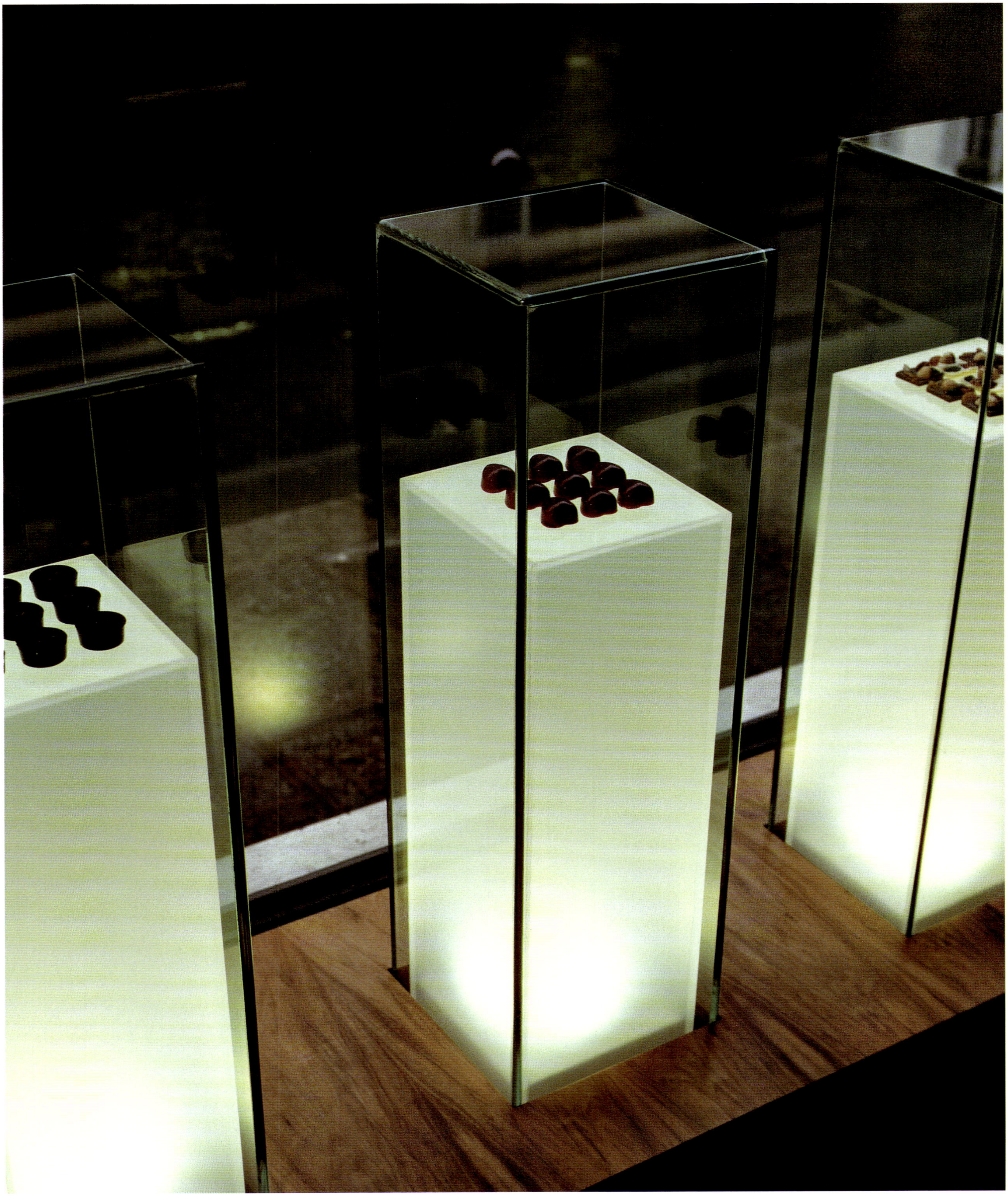

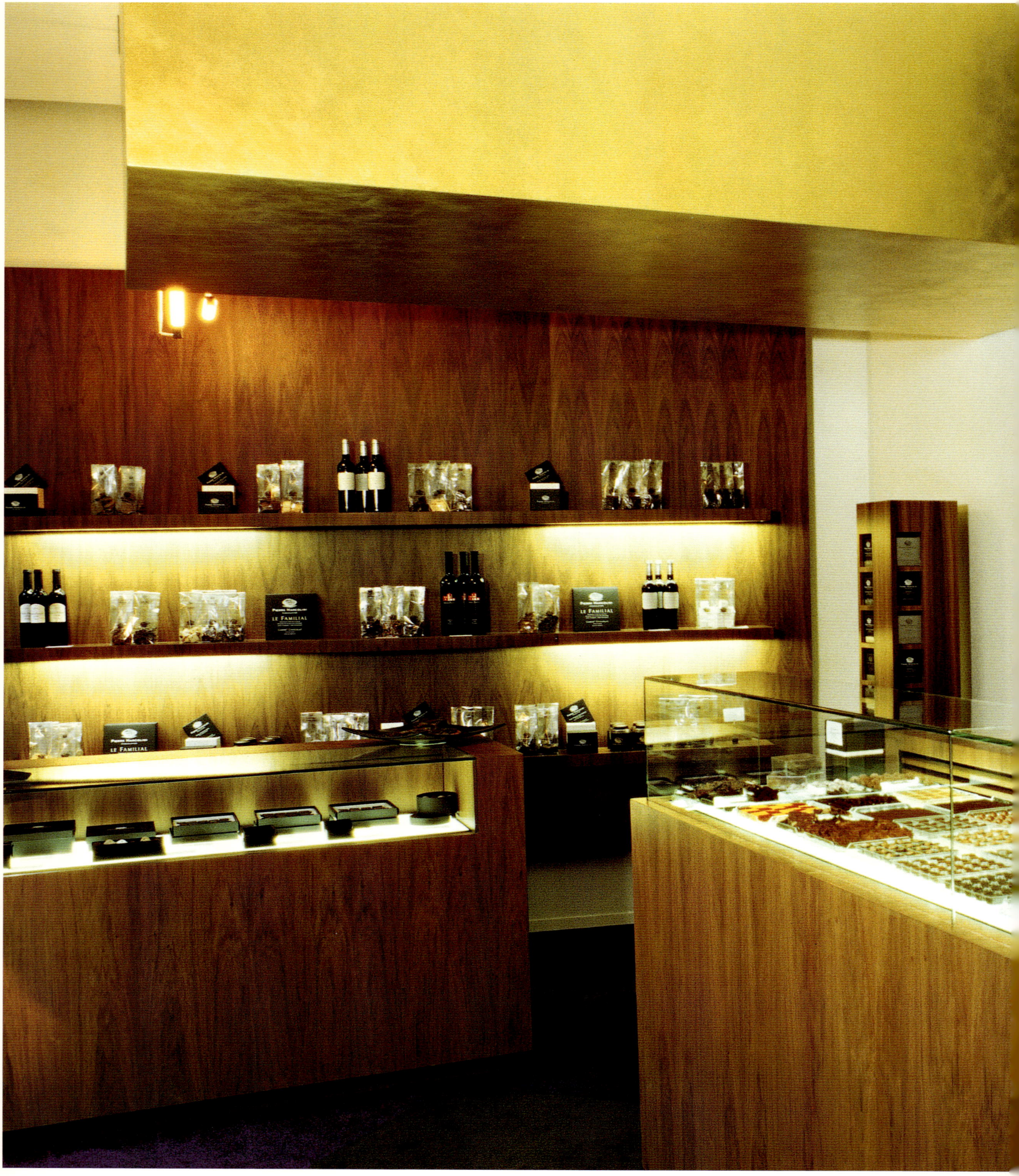
LE FAMILIAL

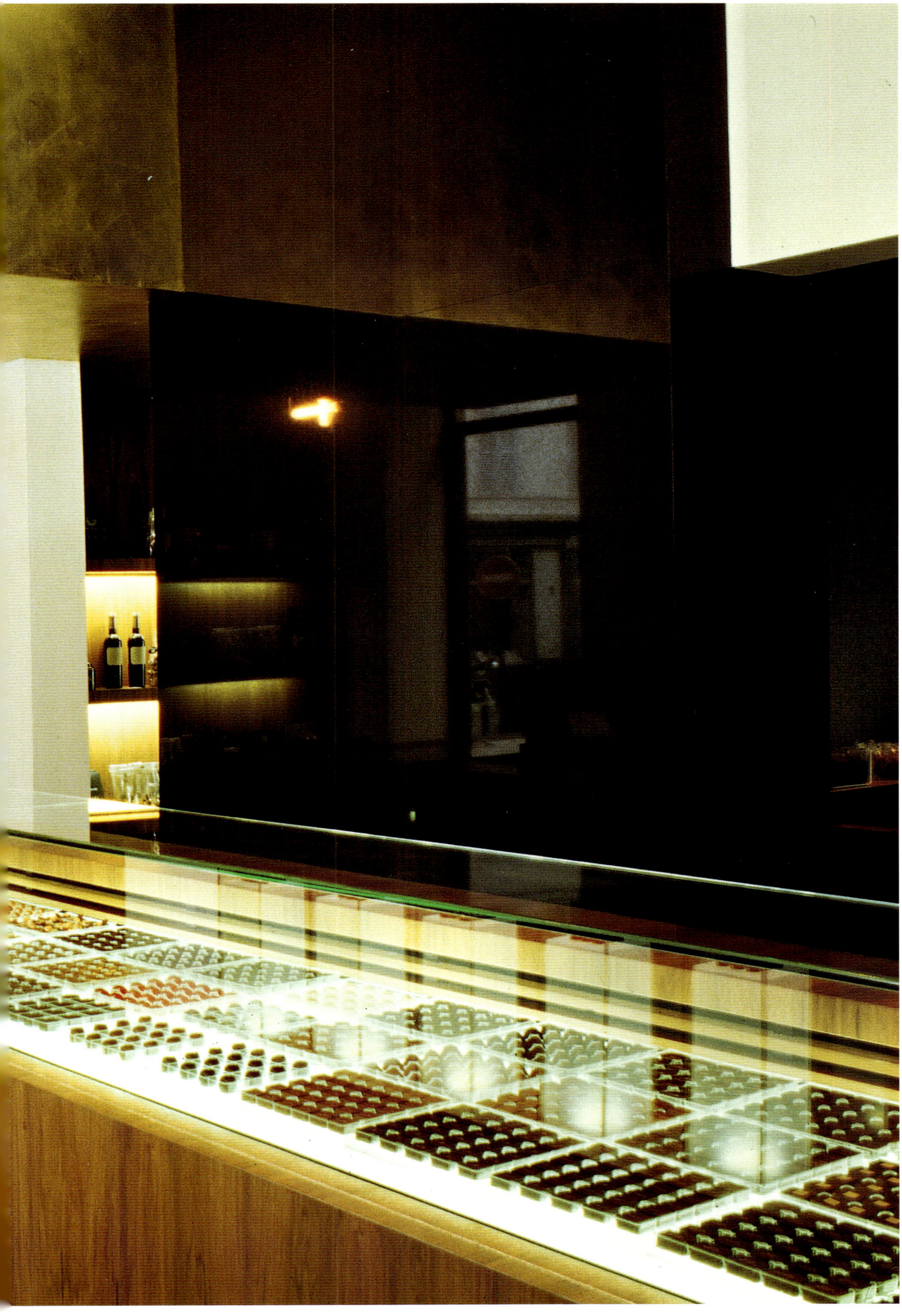

MARCOLINI

Bois exotique, vitrines immaculées, la boutique de Pierre Marcolini ressemble à un écrin dédié à la célébration du chocolat. Yan Pennor's, une des jeunes gloires du design français contemporain, est l'auteur de ce décor.

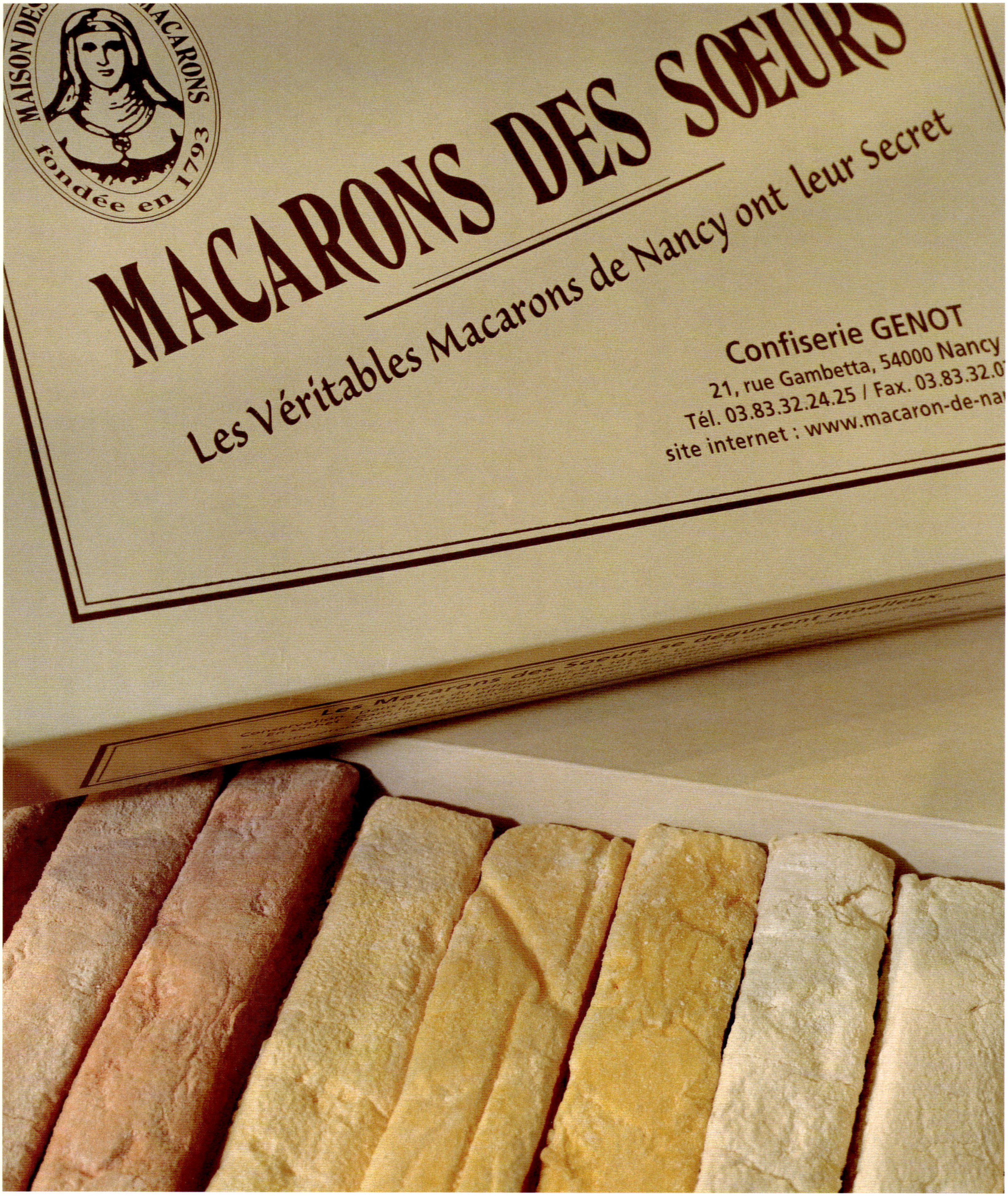
fondée en 1793
MACARONS DES SOEURS
Les Véritables Macarons de Nancy ont leur Secret
Confiserie GENOT
21, rue Gambetta, 54000 Nancy
Tél. 03.83.32.24.25 / Fax. 03.83.32.0
site internet : www.macaron-de-na
Les Macarons des Soeurs se dégustent moelleux

D'une autre manière, Paris est aussi la capitale du chocolat français dans sa variété artisanale qui n'est pas que parisienne, loin s'en faut. À deux pas du Moulin-Rouge, le petit magasin de L'Étoile d'Or que tient Denise Acabo constitue une étape obligatoire pour ceux qui n'ont pas le loisir, comme elle, de faire le tour des chocolatiers de province, et Dieu seul sait s'il en est de bons. Avec ses nattes et sa robe écossaise, Denise Acabo pourrait passer pour une excentrique, mais si elle l'est, c'est à la manière anglo-saxonne, une femme tellement passionnée par son sujet qu'elle en oublie les modes, le temps qui passe. Le sujet qui possède ainsi Denise Acabo, c'est bien sûr le chocolat, et les confiseries en général. Sa petite boutique reçoit la visite de nombreux touristes étrangers, descendus dirait-on tout droit des cars qui stationnent non loin de là, sur le boulevard Rochechouart. Ce qui les attire là ? Cette femme précisément ou plutôt son palais, infaillible, avec sa langue qu'elle n'a pas dans sa poche. Pour les chocolatiers qui n'ont pas pignon sur rue à Paris, être référencé par Denise Acabo équivaut à une sorte de reconnaissance nationale. Il faut dire qu'elle ne sélectionne que les meilleurs et encore se paie-t-elle le luxe de ne prendre dans leur production que la « crème de la crème ». Autant dire qu'une visite à son magasin équivaut à une plongée dans le meilleur de la production chocolatière française. À commencer par le fameux Maurice Bernachon, grand maître de la capitale rhodanienne dont elle a l'exclusivité à Paris. Son fils Jean-Jacques a maintenu la tradition artisanale et fabrique lui-même sa propre couverture apportant un soin particulier à la torréfaction des fèves de cacao qui proviennent des meilleures origines : Puerto Cabello, Guayaquil, Santa Fe, San Antonio, Madagascar, Jamaïque, Bahia. Mélangés, dans la grande tradition gastronomique, avec les plus nobles produits du terroir, beurre d'Échiré, crème d'Isigny et de la belle vanille en gousse, les chocolats de Bernachon se reconnaissent à leur onctuosité et leur finesse, véritables produits de luxe pour gourmands. D'ailleurs, ils s'exportent jusqu'à New York et Tokyo, gage de leur renom. Sans aller aussi loin, Denise Acabo propose à Paris toute la gamme Bernachon en exclusivité et notamment le fameux palet d'or, à la crème fraîche et au chocolat noir enrichi d'une feuille d'or ou encore l'aveline, praliné aux véritables noisettes du Piémont habillé d'une robe de chocolat et bien sûr, la remarquable série des tablettes de chocolat avec notamment les tablettes aux mendiants et celles aux nougatines. Autres chocolatiers de province qu'on retrouve avec plaisir et gourmandise sur les rayonnages et dans les vitrines délicieusement rétro de L'Étoile d'Or : Bernard Dufoux de La Clayette en Bourgogne, son chocolat noir garni de figues et de pruneaux entiers et sa bûchette aphrodisiaque fourrée au gingembre ; Palomas de Lyon, ses delicia, véritables hosties d'à peine plus d'un gramme de pur cacao et ses palets de Fourvière,

L'ÉTOILE D'OR

L'Étoile d'Or, à deux pas de Pigalle, est le conservatoire des friandises traditionnelles de France. Et qu'on se le dise, Denise Acabo a goûté et sélectionné personnellement toutes les spécialités qu'elle propose à la vente. À gauche, guimauves et la boîte vintage des macarons des sœurs de Nancy ; ci-dessous, berlingots, caramels et bonbons.

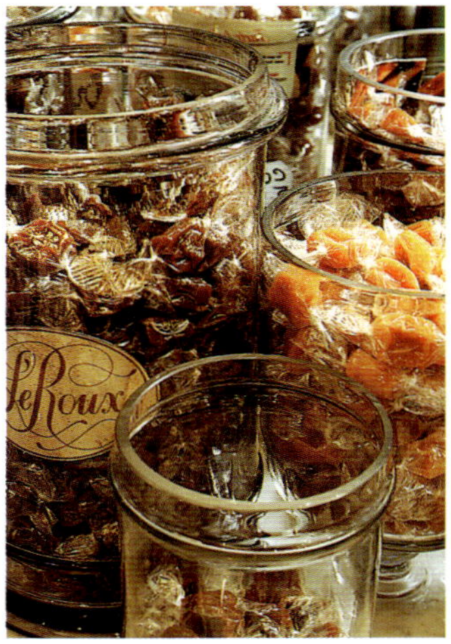

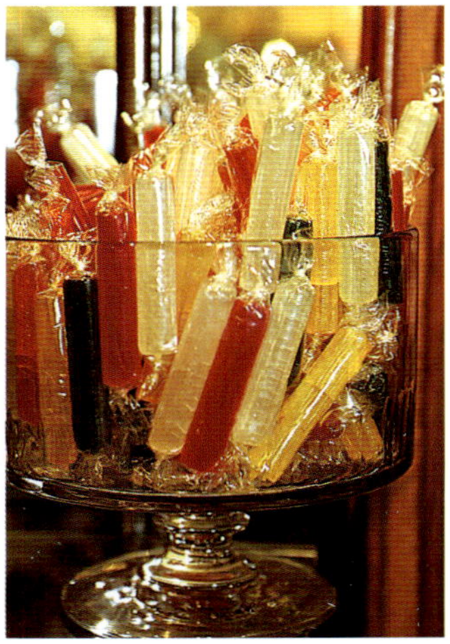

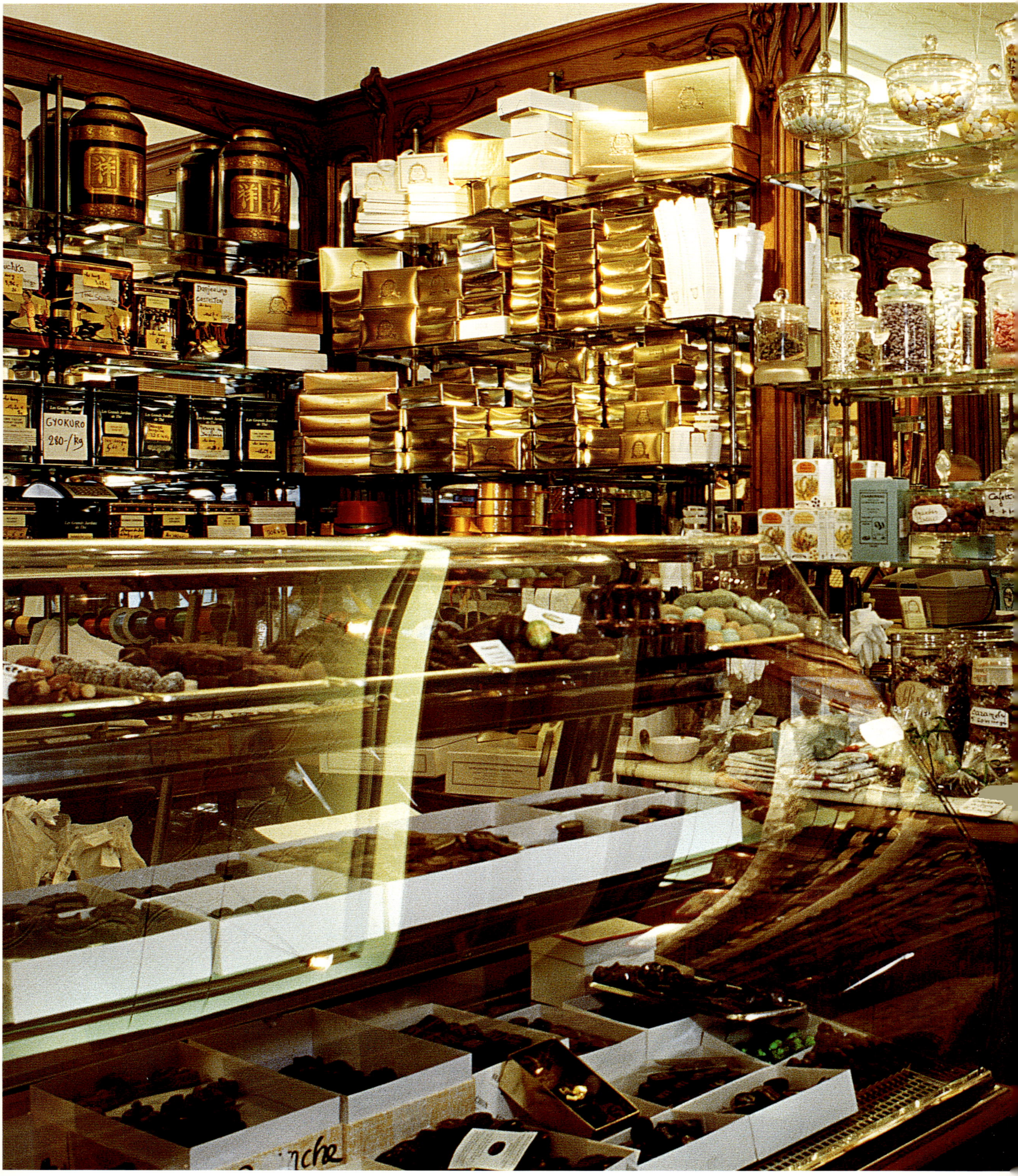
GYOKURO
280.-/kg

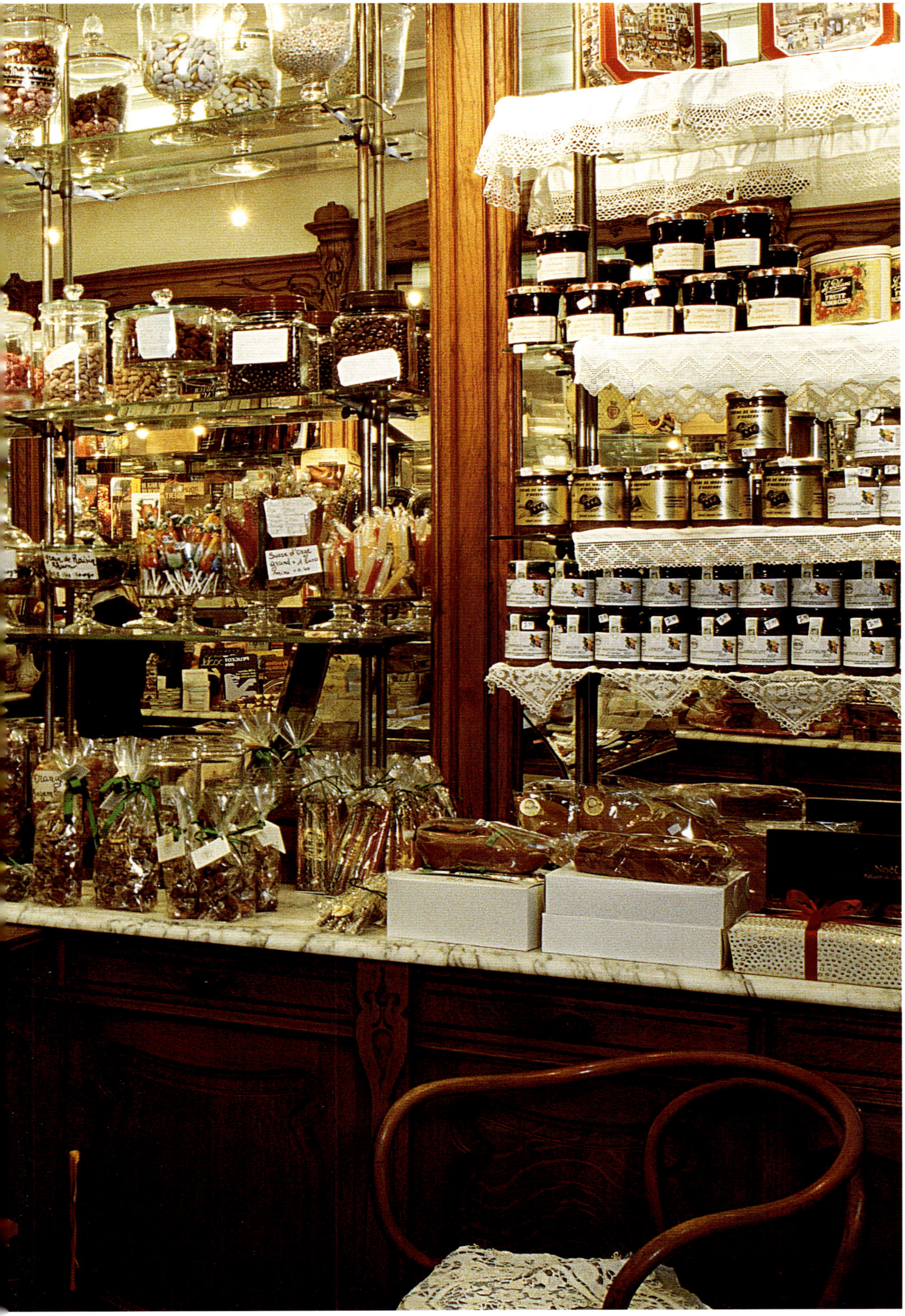

L'ÉTOILE D'OR
Minuscule boutique, encombrée de cartons, de bocaux et dévorée par une large vitrine pleine de chocolats. L'Étoile d'Or est un lieu où chiner les confiseries, un antiquaire de la gourmandise.

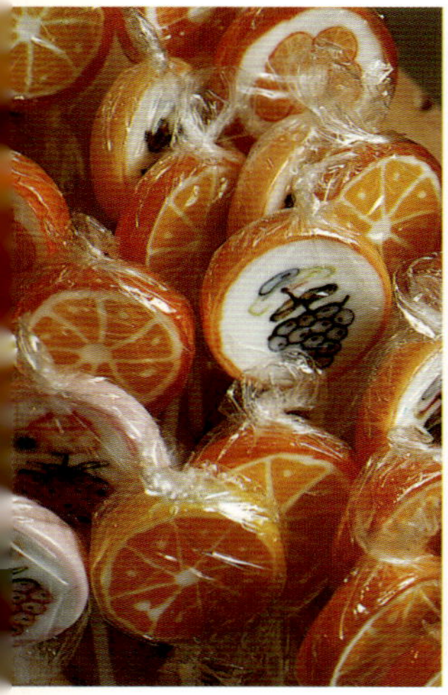

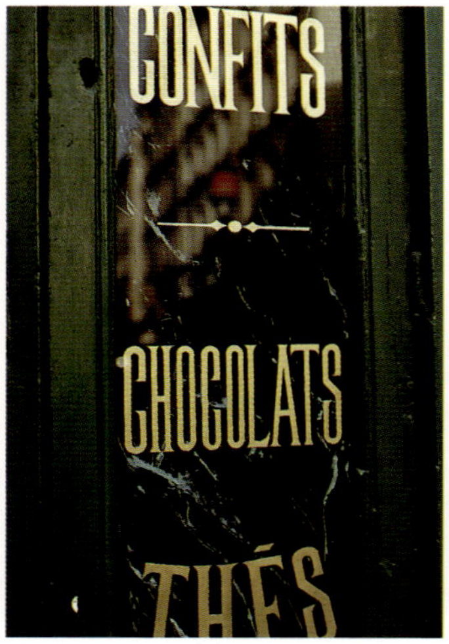

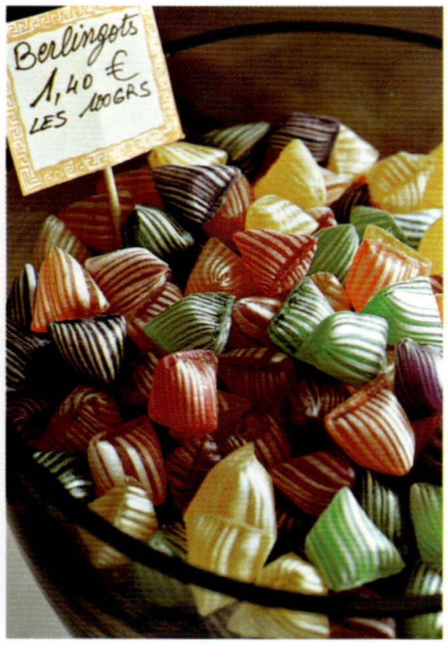

À LA MÈRE DE FAMILLE
À la Mère de Famille, rue du Faubourg-Montmartre, a longtemps été le temple des enfants sages. D'où les berlingots, les sucettes « frimousse » (ci-dessus), les armoires à récompenses à l'aspect inchangé depuis le XIXe siècle (page suivante) et les pétales de roses cristallisées dont la vue seule fait saliver les petits et les grands.

petits pralinés cacaotés enrobés d'une meringue parfumée au café ; ou encore Stéphane Bonnat à Voiron, sa krugette, lamelle d'orange confite, enrobée dans une couverture en fondant et son sicilien, fondant au miel et au rhum, couverture également en fondant. Denise Acabo les collectionne tous, à condition d'en avoir sur Paris l'exclusivité car, explique-t-elle : « Je suis très orgueilleuse, je veux être la seule. » Et il n'y a pas que le chocolat qui la passionne. Sa boutique est comme un manège où l'on serait récompensé à chaque tour, véritable rêve d'enfant. Voici les cerises noires du Pays basque de chez Goizetik, les confitures bio corses de Marie-Claude Scarbonchi et sa crème de marrons, le nougat de Provence de Fouque à Signes, garanti cent pour cent pur miel et amandes, le caramel au beurre salé de Quiberon d'Henri Salé. Elle les amoncelle toutes, ces spécialités improbables de la France profonde des confiseurs. Un monde qu'on croyait disparu et que Denise Acabo tient à bout de bras, dans sa boutique qui est, à Paris, la véritable arche de Noé des friandises.

Autre caverne d'Ali Baba, À la Mère de Famille est un délicieux capharnaüm qui nous plonge dans une atmosphère tirée tout droit d'une nouvelle de Maupassant. L'enseigne d'abord, véridique, car l'endroit est toujours fréquenté par d'élégantes mamans qui viennent accompagnées, ou non, de leurs enfants. La vitrine ensuite, pleine de compositions traditionnelles pour les fêtes majeures et notamment Pâques avec ses œufs en chocolat fièrement peinturlurés. La maison dispose de son propre atelier de fabrication du chocolat à Saint-Avertin, près de Tours, et propose notamment tout l'appareil pour confectionner le gâteau familial au chocolat, chocolat noir, poudre d'amandes et recette comprise. On a ici le goût des ganaches nature parfumées à l'alcool, des feuilletés craquant sous la dent et du mokaresse qui porte bien son nom, qu'on en juge : un cerneau de noix enrobé dans une ganache parfumée au moka et posée sur une plaque de nougatine. De toute évidence, la clientèle vient dans

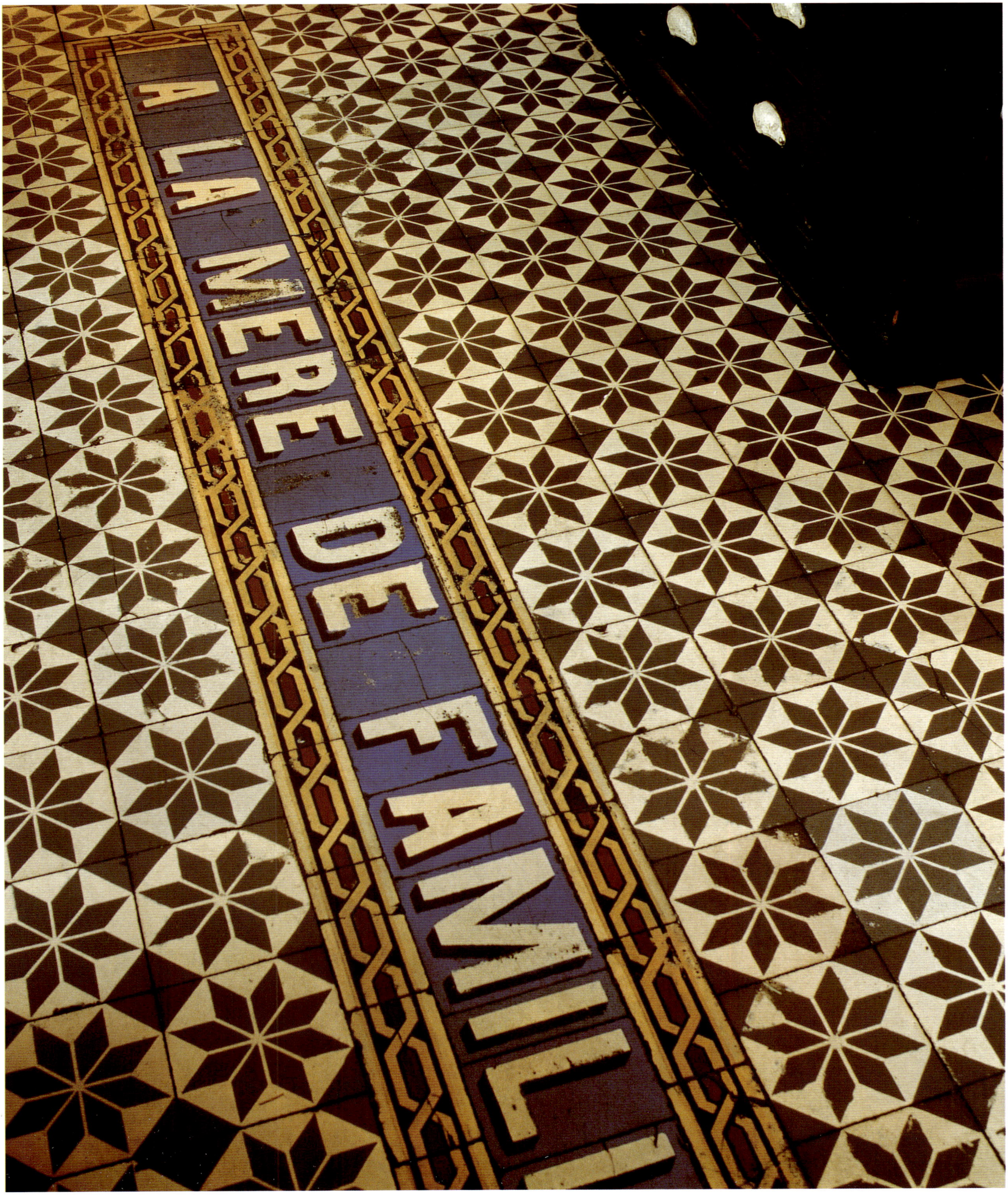
A LA MERE DE FAMIL

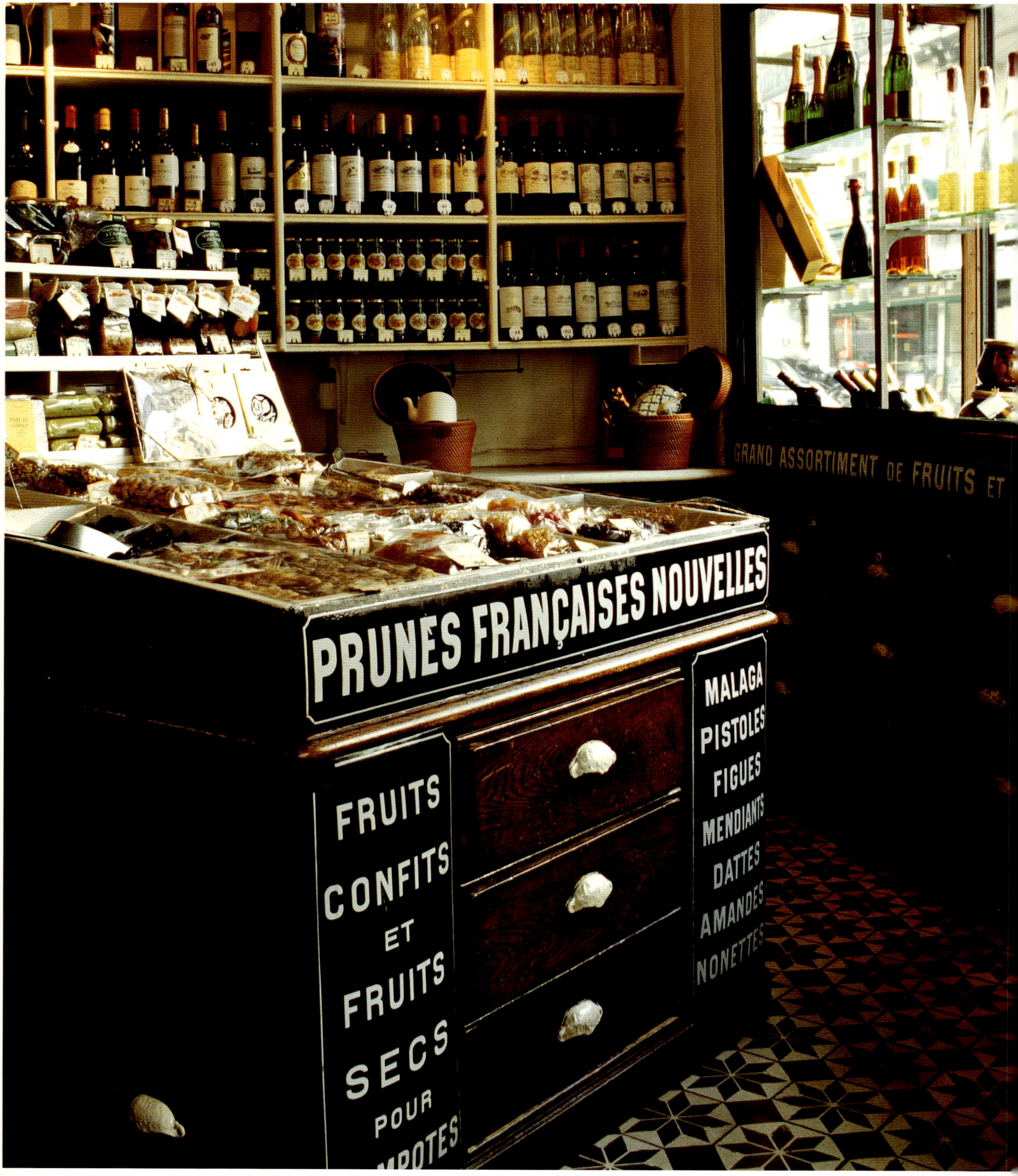
GRAND ASSORTIMENT DE FRUITS ET
PRUNES FRANÇAISES NOUVELLES
FRUITS CONFITS ET FRUITS SECS POUR
MALAGA PISTOLES FIGUES MENDIANTS DATTES AMANDES NONETTES

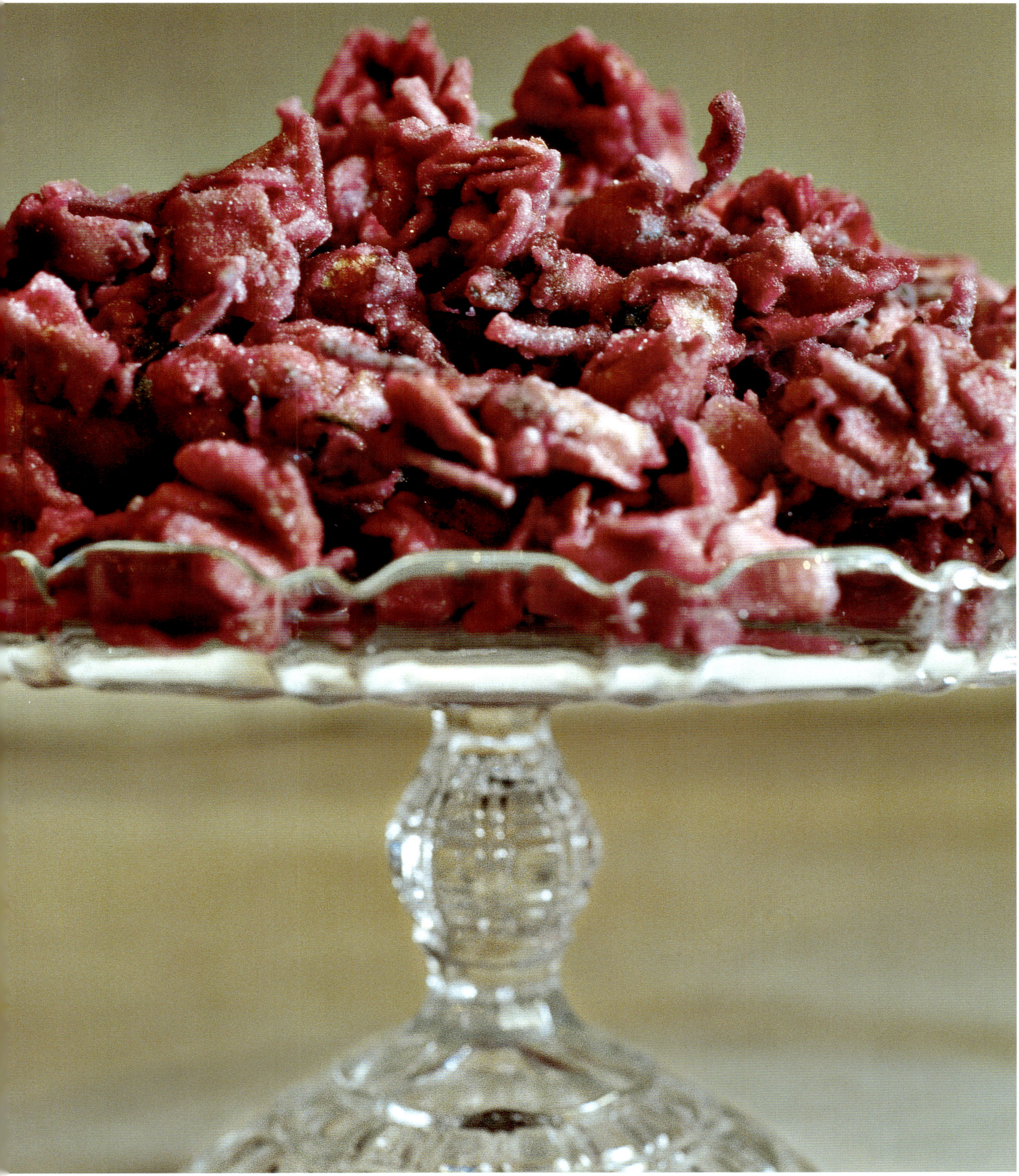

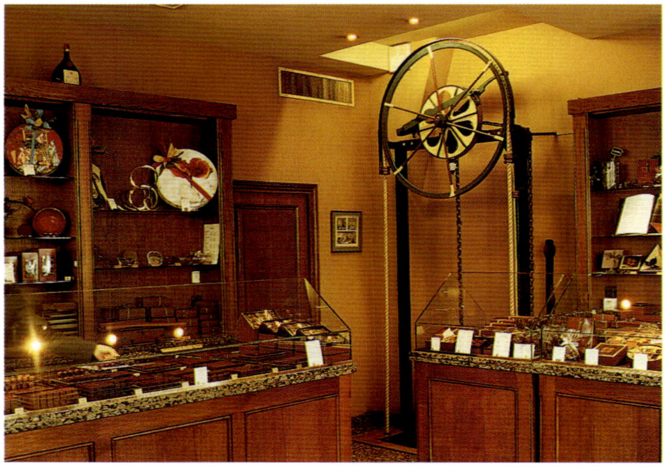

la boutique d'abord pour se faire plaisir. À commencer par le plaisir des yeux, car le « design » si l'on peut qualifier ainsi la décoration pur jus d'À la Mère de Famille n'a pas bougé depuis l'ouverture, à la fin du XIXe siècle. De même, ce sont toujours les mêmes bocaux qui abritent les fruits confits, angéliques, écorces d'orange et de citron, bigarrons, servant de garniture aux cakes. Et les mêmes vitrines, alignées à l'intérieur qui livrent au regard le dégradé pastel des différentes friandises à base d'amande, les appétissants calissons, les « amandins » déclinés en parfum à l'orange vodka, aux pruneaux armagnac et à la noix kirsch, ou encore les « grignotines » tentantes avec leur mélange d'orange et de chocolat. Les pâtes de fruits sont fabriquées par un artisan auvergnat, les marrons glacés viennent de l'Ardèche comme il se doit, les berlingots multicolores sont « violette coquelicot » ou « caramel au lait » et la praline est vraiment de Montargis. Un meuble de cuivre et de bois, plus haut qu'un confessionnal, abrite une caisse vénérable, les vendeurs servent à l'ancienne, en tablier et gants blancs et vous proposent en partant d'acheter encore des sucettes « frimousse ». Comment résister au charme rétro d'À la Mère de Famille, comment ne pas retomber en enfance ?

LA MAISON DU CHOCOLAT
La Maison du Chocolat, entre l'Étoile et le parc Monceau, est le temple de la distinction gourmande, l'équivalent de la haute couture en matière de chocolat. Ci-contre, gros plan sur les bouchées Faust à la mousse de truffe au rhum, coquines tentations en forme de sein.

« Vous êtes le sorcier de la ganache », l'avait apostrophé Jean-Paul Aron, philosophe et historien du *Mangeur du XIXe siècle*. C'était en 1987 et Robert Linxe inaugurait sa deuxième Maison du Chocolat à Paris, rue François Ier. Depuis, trois autres boutiques ont ouvert à Paris, soit cinq en tout, deux à Londres, deux à Tokyo et une à New York. La Maison du Chocolat est entrée au Comité Colbert, le club très exclusif des grandes entreprises françaises du luxe. L'art de la ganache a mené loin ce chocolatier d'origine basque qui, le premier, avec une audace qu'on mesure mal aujourd'hui, a osé consacrer un magasin entièrement au chocolat. Mais les chocolats que proposait Robert Linxe, dès 1977, n'étaient justement plus ce qui se débitait ailleurs sous ce nom. Il voulait réinventer le chocolat, et il avait une idée très précise de la manière d'y arriver : par la création d'une émotion esthétique. Faire de chaque bouchée une expérience comparable à la dégustation d'un grand plat ou à la contemplation d'une œuvre d'art impliquait à la fois « excellence, savoir-faire et bon goût », les trois maîtres mots qui allaient présider à sa démarche. L'excellence des produits, Robert Linxe se l'assurait en choisissant exclusivement ses cacaos chez Valrhona, le meilleur fournisseur de couvertures pour pâtissier et en s'associant au plus près à la mise au point des cacaos pure pâte qui entreraient dans la composition de ses produits ; le savoir-faire, il l'avait acquis au cours d'une longue carrière de traiteur et en sachant attirer à lui les meilleurs pâtissiers à commencer par Pascal Le Gac, en charge

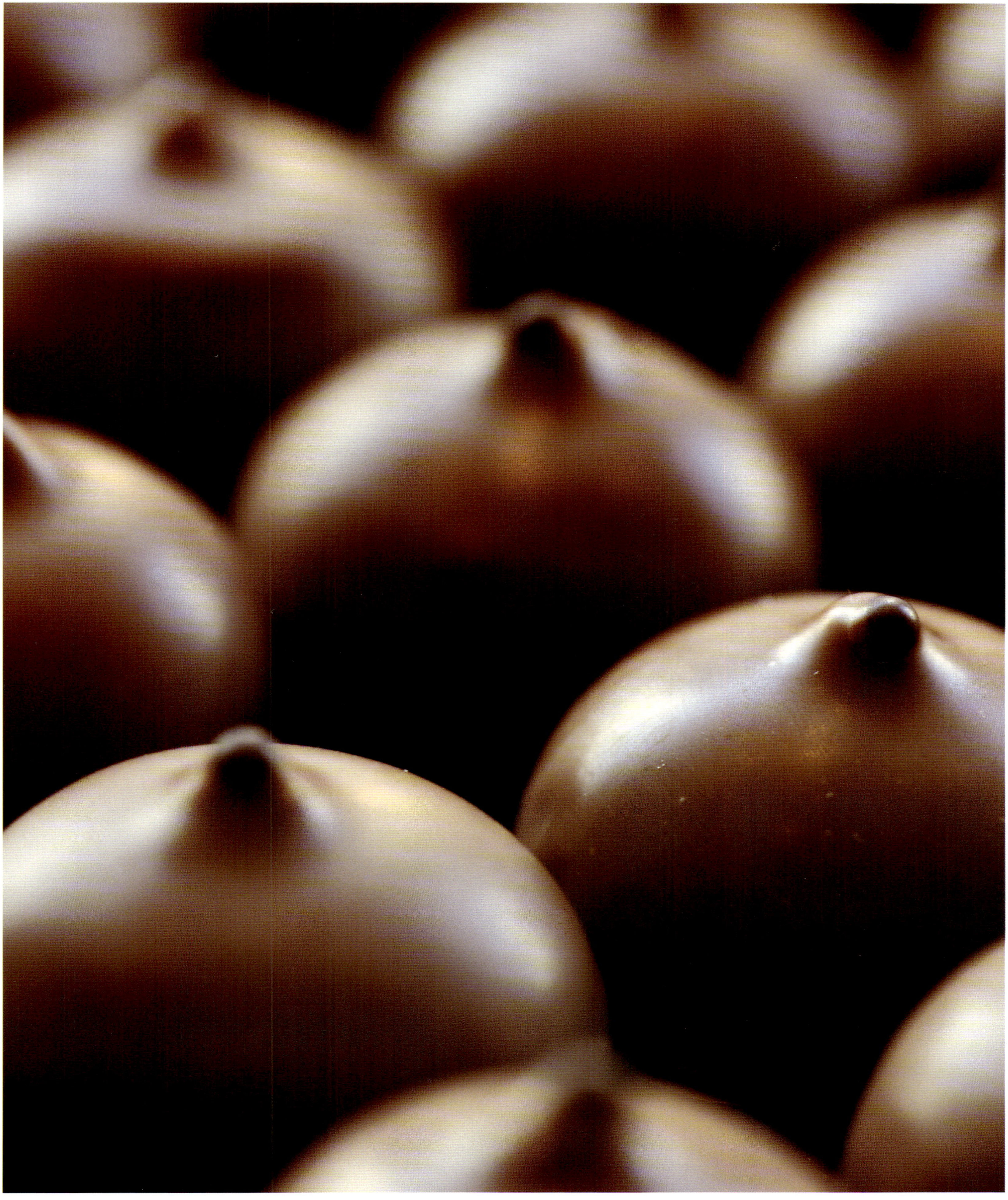

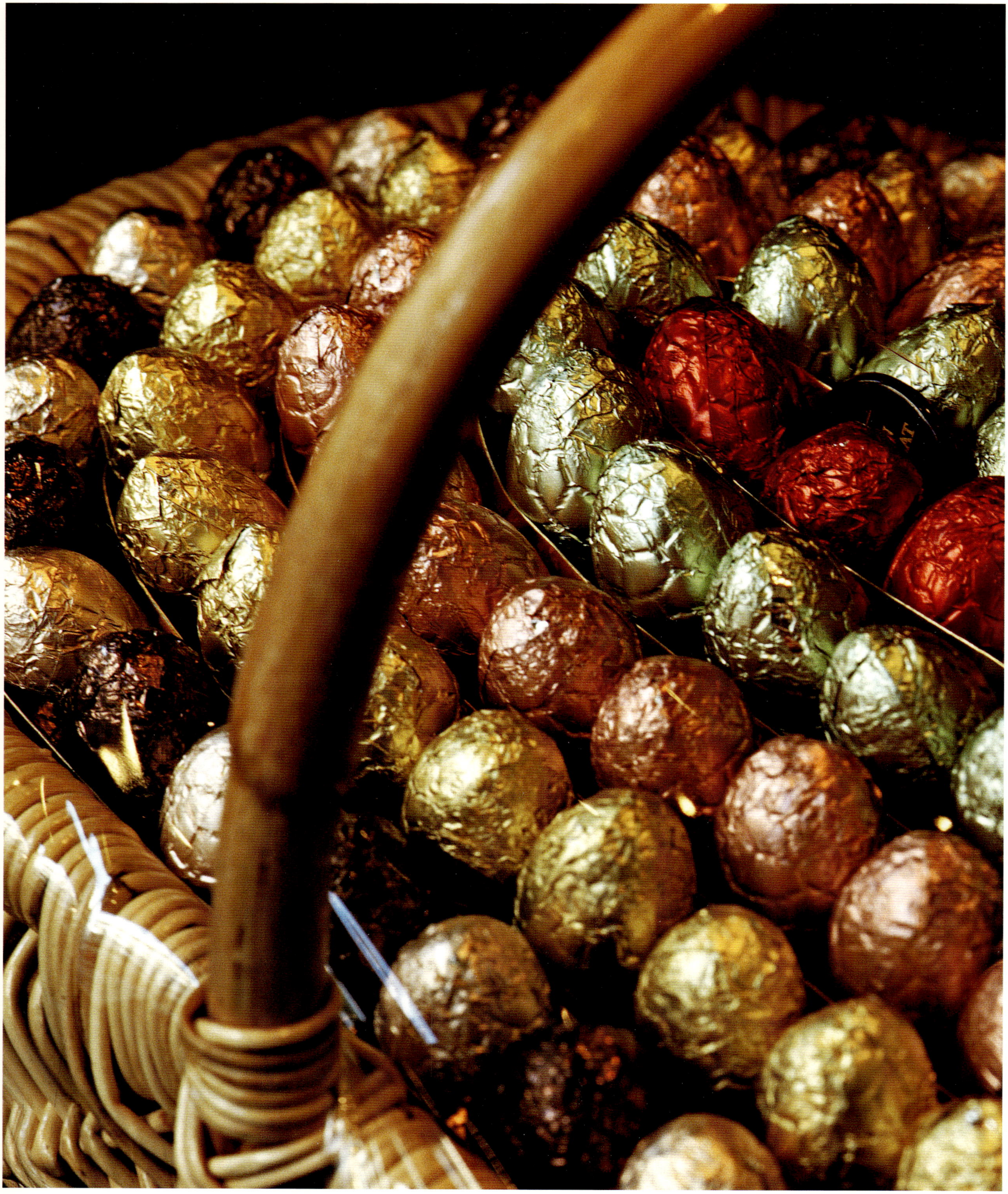

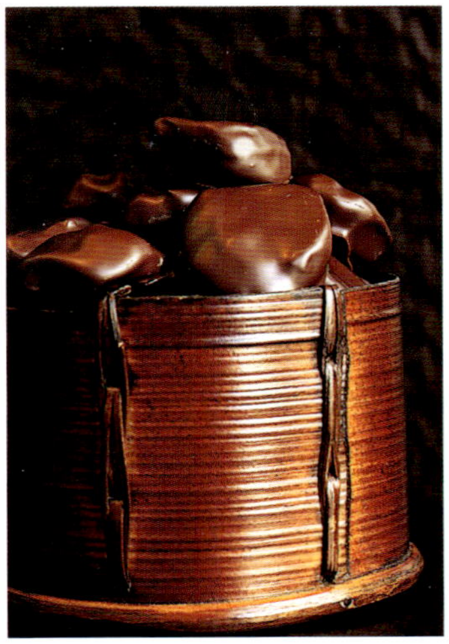
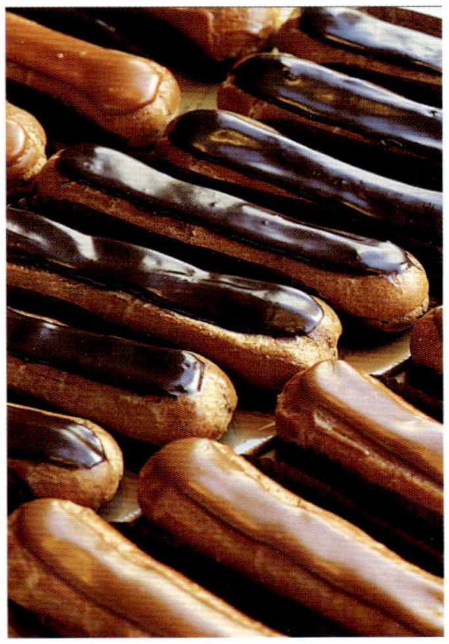
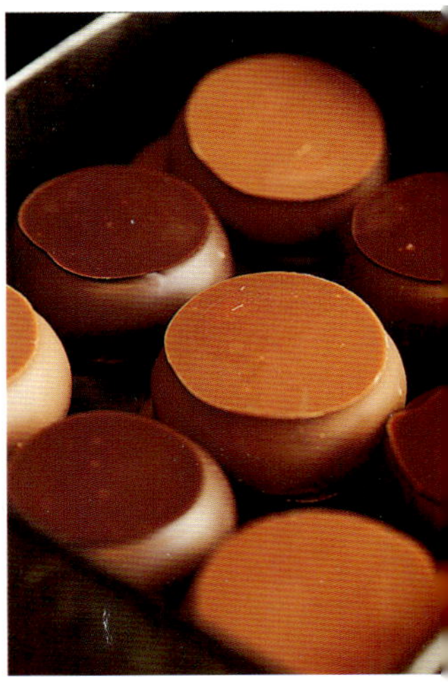

aujourd'hui de la création ; le « bon goût », il en avait la confirmation grâce à l'accueil enthousiaste des gourmets parisiens qui le confirmaient dans ses choix fondamentaux : une couverture aussi fine, craquante et surtout aussi neutre que possible pour mettre en valeur les parfums de chaque ganache ; des associations de crus différents pour chaque chocolat de manière à réaliser un équilibre parfait entre leurs caractéristiques organoleptiques et les flaveurs infusées dans la ganache ; une recherche enfin de l'inédit dans les saveurs sans pour autant masquer le goût originel du chocolat. Exemple, l'*Andalousie*, un des classiques les plus populaires de la Maison du Chocolat : sous une couverture au taux très moyen en cacao pour ne pas inférer avec le goût et la texture de la ganache, on découvre au palais un assemblage délicat où la force du *Trinidad* est atténuée par la douceur du *Ghana* avant de révéler en fin de bouche les effluves d'un zeste de citron légèrement infusé dans la crème fleurette. Délicieux et réjouissant. Dans le *Zagora* au contraire, l'infusion de menthe fraîche se révèle avec beaucoup plus d'ampleur sous le *Trinidad* et procure une sensation tout à fait rafraîchissante. Dans le *Garrigue*, enfin, Robert Linxe a joué d'un dosage léger de *Madagascar* aux arômes fleuris sur la base d'*Équateur*, beaucoup plus virile, pour mettre en valeur l'infusion de fenouil rehaussée d'une pointe d'anis étoilée et souligner la surprise du goût de badiane. Dans chacun de ces chocolats et dans tous ceux proposés par la Maison du Chocolat, on retrouve les mêmes qualités : légèreté de la ganache, netteté et précision des arômes, très grande longueur en bouche. Des chocolats qui font saliver au sens propre du mot.

LA MAISON DU CHOCOLAT
Promesses tenues à la Maison du Chocolat : ci-contre le panier de chocolats pralinés. Ci-dessus, de gauche à droite, les pruneaux au chocolat, les éclairs au chocolat et au caramel, et le marroni à la mousse de marrons glacés, noir ou au lait, déclinent le plaisir de découvrir à chaque fois un nouveau parfum, une émotion inédite.

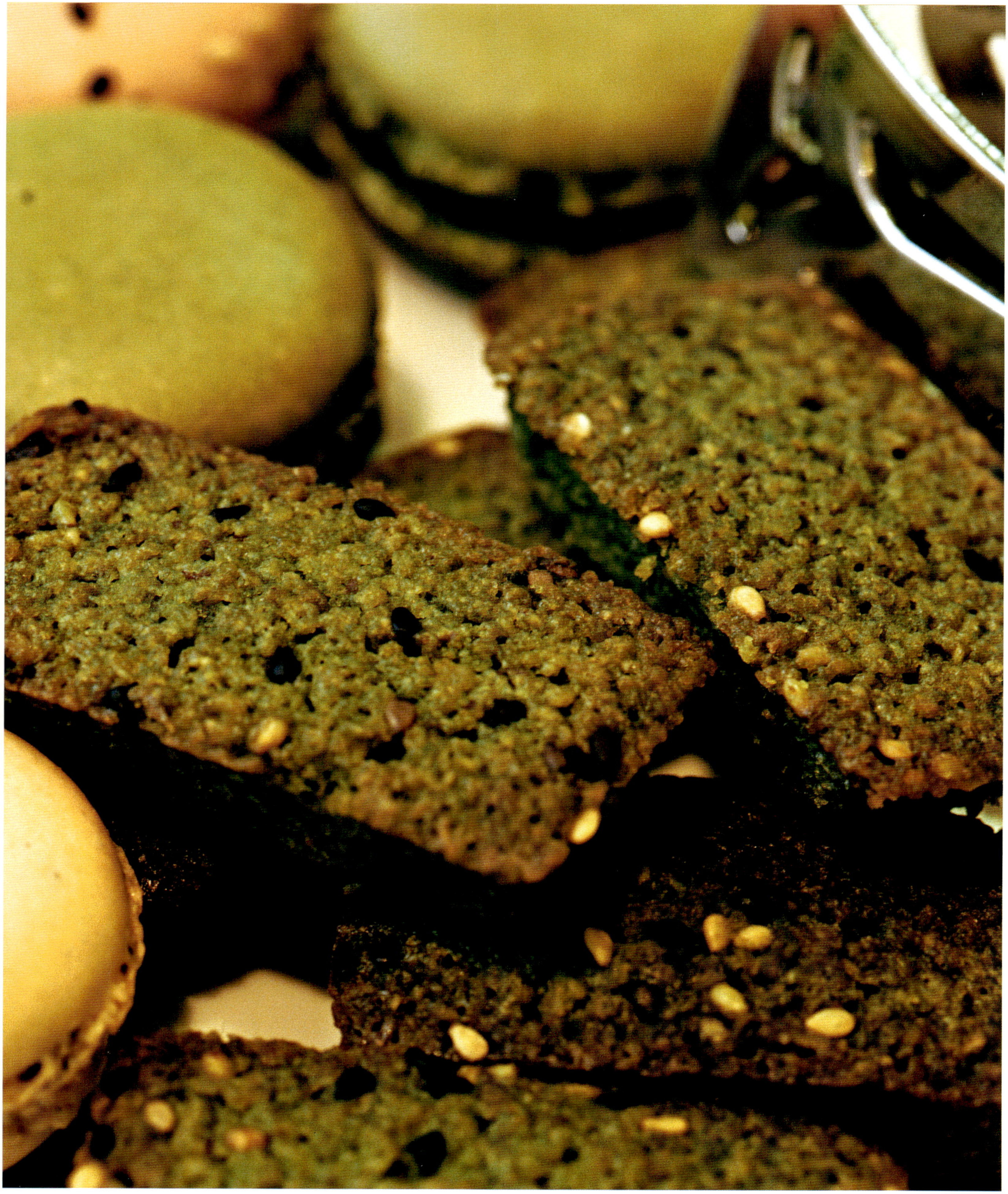

Gâteaux petits et grands

Tout commence par la pâtisserie. Même si les gâteaux concluent un repas, le gourmand parisien laisse toujours une place pour le dessert. Une habitude qui remonte à l'enfance : le dimanche, seule l'apparition des gâteaux sur la table familiale illuminait cette journée interminable, en constituait le point d'orgue. Chaque Parisien vous parlera avec des superlatifs de « sa » pâtisserie de quartier mais en même temps, le même sera capable de faire de longs pèlerinages, d'une rive de la Seine à l'autre, des faubourgs au centre ou *vice versa*, pour goûter ici un opéra, là un millefeuille, ailleurs un baba. Longtemps, les salons de thé n'ont été que des lieux prétextes pour s'autoriser, sous couvert d'une petite tasse entre amies, le commerce des friandises. En somme des endroits où la gourmandise pouvait se dédouaner, se déguiser en passe-temps chic. Longtemps aussi, la pâtisserie n'a été que l'annexe de la boulangerie. Là, au milieu des baguettes et des pains de campagne, exceptionnellement, comme un péché mignon, on se permettait des excursions dans la vitrine où s'assoupissaient les vacherins et dormaient les charlottes. C'était toujours à l'occasion d'une fête, d'un anniversaire, de Noël qu'on se livrait à cette petite orgie, à cet écart minuscule... Et toujours le dimanche, ce satané dimanche parisien, si triste que pour en marquer la solennité, le distinguer des jours maigres, il fallait bien ramener à la maison le petit carton enrubanné qui faisait pétiller les yeux des enfants.

Le Parisien d'aujourd'hui n'a plus de ces pudeurs. Il assume son penchant pour le sucré avec franchise en plébiscitant quelques lieux qui s'affichent pour ce qu'ils sont, des temples du gâteau. Et il les fréquente par tous les temps, en toute saison, sans plus se donner de raison. C'est devenu simplement une passion que tempèrent seuls les impératifs de la ligne, les diktats de la diététique. Et encore. Car le pâtissier malin a réduit le volume de sucre, de farine et d'œuf à sa plus simple expression. Pour séduire sa clientèle, la retenir et la faire revenir, il a remplacé les épaisses volutes de crème bien grasse par des mousses onctueuses et légères, rendu ses pâtes à choux et ses feuilletages aériens, et diversifié les appareils au point de créer pour chaque saison des lignes ou des collections, à la façon des créateurs de haute couture. La pâtisserie du coup est devenue une boutique, élégante et stylée comme les boutiques de mode, un lieu à la fois gourmand et ludique où le plaisir des yeux prépare aux plaisirs de la bouche. Des boutiques, ces pâtisseries ont adopté le décor. Elles se sont

PÂTISSERIE AOKI
Clin d'œil à ses origines asiatiques : Aoki Sadaharu propose des financiers et des macarons au thé vert macha.

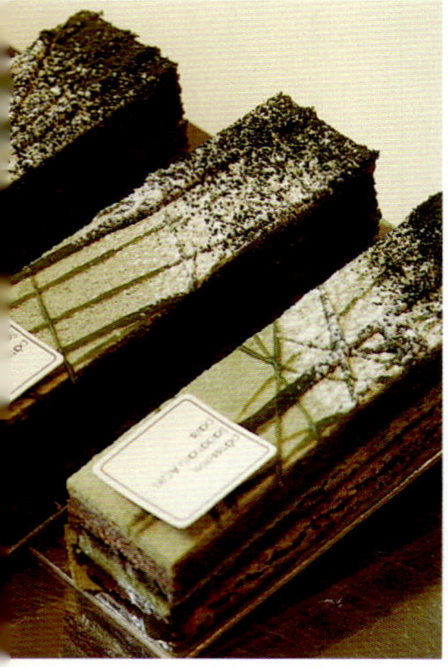

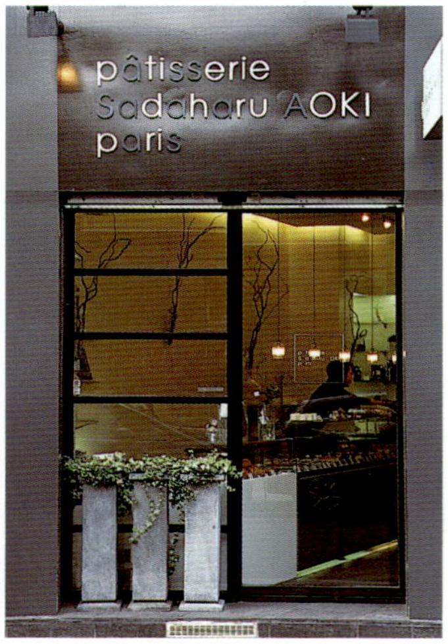

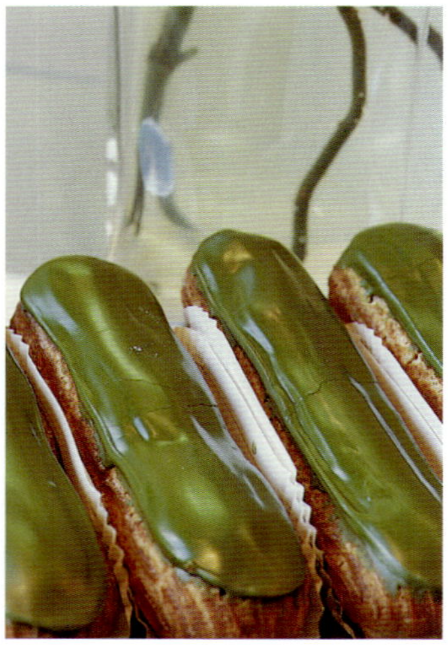

PÂTISSERIE AOKI
Sous les dehors zen de sa boutique de la rue Vaugirard, et en dépit des parfums exotiques de ses créations, ici des éclairs au thé vert, Aoki Sadaharu est un véritable pâtissier français dont les pâtisseries sont confectionnées dans le respect d'un tour de main ancestral.

« revampées ». Du design fonctionnel de la pâtisserie d'Aoki Sadaharu au décor de bonbonnière kitsch des Cakes de Bertrand, en passant par la tendance résolument shopping du Delicabar au premier étage de la Grande Épicerie du Bon Marché, il y en a pour tous les goûts. Comme si les pâtissiers parisiens, en référence au grand cuisinier Carême qui voyait dans la pâtisserie « la branche principale de l'architecture », se voulaient aujourd'hui autant concepteurs d'espaces que promoteurs d'émotions gustatives. Sans doute pour compenser ce que les gâteaux ont perdu en volumes et en volutes depuis le temps de Carême ?

Aoki Sadaharu le dit à sa manière. Le pâtissier d'origine japonaise s'est parfaitement fondu dans le paysage parisien en raison d'une formation sur le terrain qui l'a mené chez les meilleurs maîtres. D'abord apprenti dans le mythique établissement de Lucien Peltier, rue de Sèvres (dont une succursale aujourd'hui, ironie du sort, se trouve à Tokyo), Aoki Sadaharu, après un passage au restaurant La Méditerranée en face du Théâtre de l'Odéon, fait ses armes de chef chez Freddy Girardet, le trois étoiles Michelin de Crissier, près de Lausanne. Puis il rejoint Paris où il intègre l'un des bastions de la tradition, la Pâtisserie Couderc, boulevard Voltaire. Durant toute cette période de formation, il collectionne les prix, à la façon d'un bon élève appliqué : finaliste du Mandarin Napoléon, trois fois deuxième au Charles Proust et au Trophée Peltier d'Arpajon, vainqueur du Trophée Jean-Louis Berthelot de Romorantin, au terme de ce qu'il faut bien appeler un parcours sans faute le petit apprenti japonais est devenu un grand pâtissier français. Quand il se décide à ouvrir à Paris sa propre boutique, à la fin de l'année 2001, sa conviction est forgée, basée sur sa connaissance intime de deux mondes, l'occidental et l'oriental : « À Paris, il y a beaucoup de bons pâtissiers mais pas assez de belles pâtisseries, alors qu'au Japon c'est l'inverse », confie-t-il à l'organe de la profession, le *Journal du*

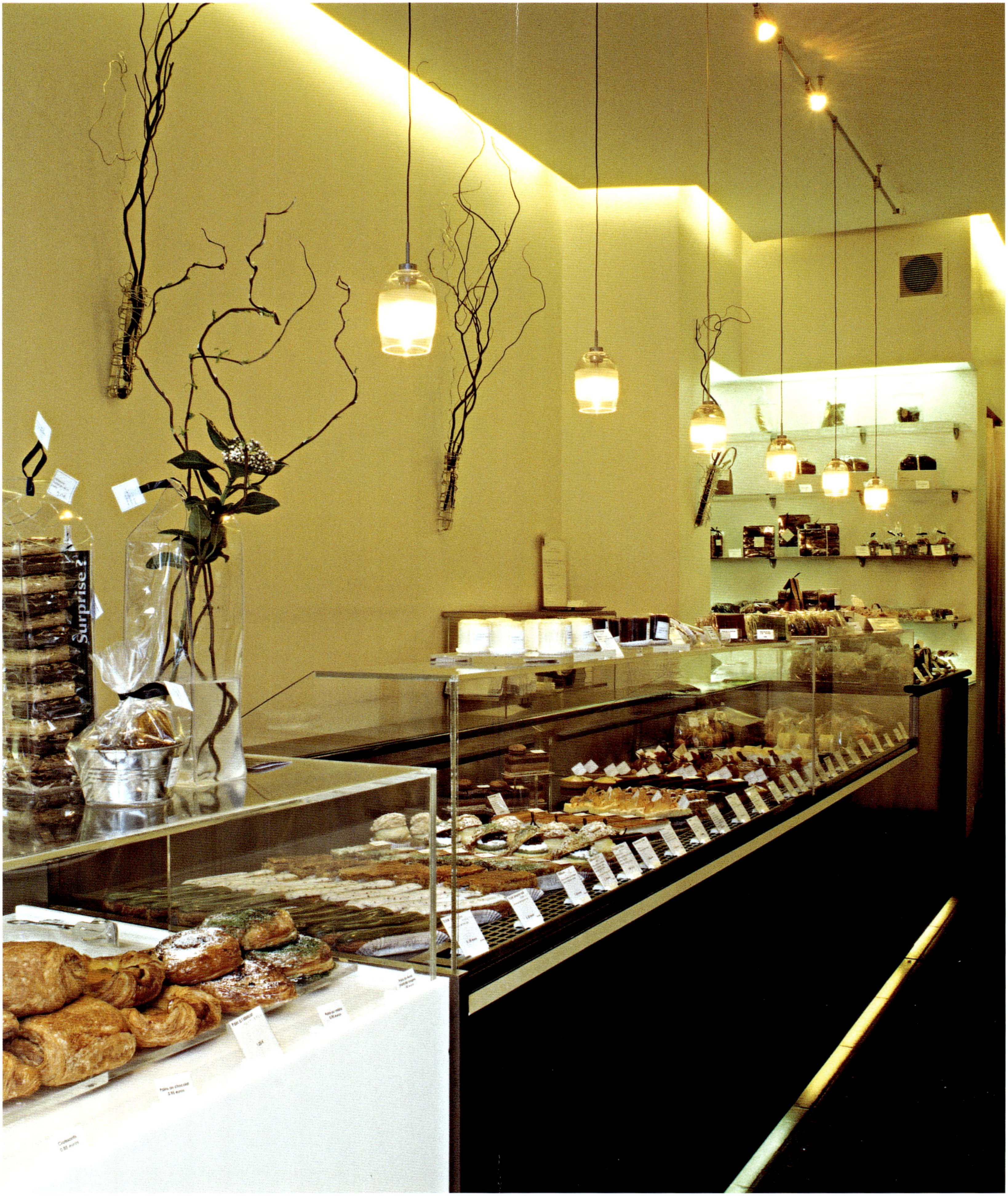
Surprise?

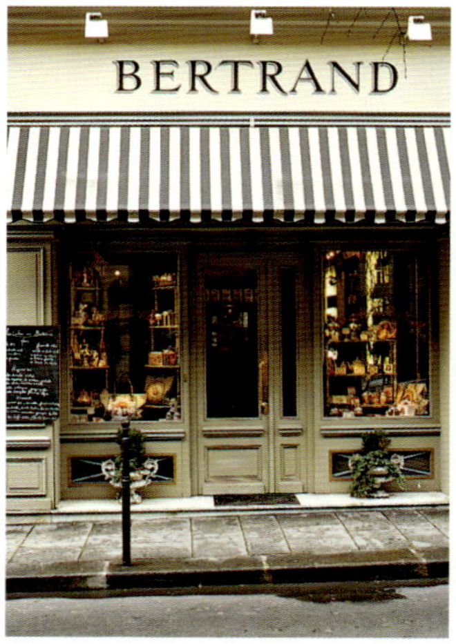

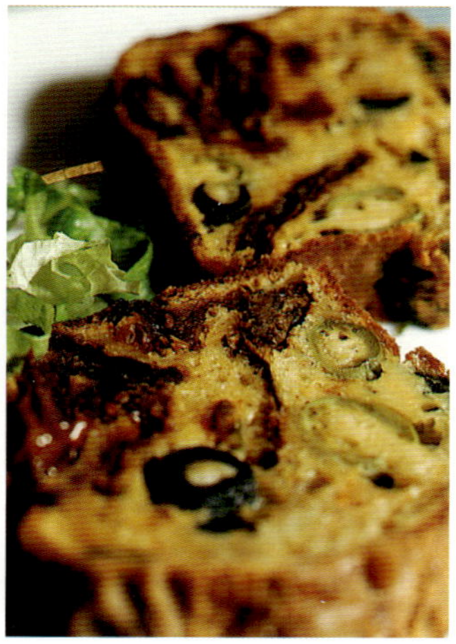

LES CAKES DE BERTRAND
Le kitsch élégant des Cakes de Bertrand, dans le quartier de la Nouvelle Athènes, ne doit pas faire illusion : on vient pour le décor, on revient par gourmandise, comme en témoignent les carrés de chocolat ou le feuilleté aux cerises de la page suivante.

pâtissier. Son ambition va donc être de réaliser la synthèse de ces deux approches. En pénétrant dans sa pâtisserie de la rue de Vaugirard, on est frappé par la netteté clinique, le caractère presque froid du décor s'il n'y avait dans les vitrines, alignées comme à la parade, un assortiment de pâtisseries, tentantes comme des bijoux. Car à ce niveau de qualité, c'est bien de joaillerie dont il s'agit. Aoki Sadaharu, avec la ténacité du disciple qui dépasse ses maîtres, a choisi de porter la pâtisserie traditionnelle à son point de perfection. Ce qui frappe en effet, à la dégustation, ce sont moins les crèmes pâtissières exotiques, au thé vert par exemple, dont il garnit certains de ses mille-feuilles ou de ses éclairs, que la réalisation quasi parfaite de ses gâteaux. « Je choisis toujours les meilleurs ingrédients », se plaît à souligner Aoki Sadaharu, « qu'il s'agisse du beurre des Charentes et de la farine de blé pour les pâtes à choux, des fruits de saison pour l'appareil ou encore des œufs et de la poudre d'amandes pour les biscuits. » Le reste est affaire de technique impeccable. Le pied des éclairs par exemple, aussi moulé et ferme que la croûte d'une baguette mais avec le sucré en plus. Aoki Sadaharu pose la pâte à choux dans le four sur trois plaques au lieu d'une et fait cuire à feu presque doux, cent cinquante degrés, trente à quarante minutes au lieu des quinze à vingt habituelles. Résultat, la base de l'éclair reste sèche et ne se ramollit pas avec la crème, offrant un contraste de textures délicieux sous le palais. Pareil à ces chefs qui n'inventent pas mais recréent sans cesse avec une maniaquerie de perfectionniste jusqu'à obtenir l'accord absolu, le pâtissier japonais de Paris peut avoir une gamme limitée de gâteaux, il représente le meilleur de la tradition. Et si la première fois on entre chez lui à cause de la vitrine, verre et acier comme une innovation du Bauhaus, on y revient pour les gâteaux immémoriaux, intangibles témoignages de la grandeur pâtissière française.

Aoki Sadaharu pousse à la perfection la pâtisserie traditionnelle, les Cakes de Bertrand en réinventent le décor de toujours, créent de toutes pièces le petit salon de thé de quartier façon Faubourg Saint-Germain. Pourtant, c'est sur la rive droite, au cœur du quartier de la Nouvelle Athènes que se trouve cette minuscule boutique. Avec ses rideaux festonnés comme des fanfreluches, on pourrait presque croire qu'elle est là depuis des temps immémoriaux. Depuis le temps en tout cas où les premiers romantiques firent de ce faubourg alors excentrique de Paris leur quartier général. 1820, 1825... Approchons-nous encore un peu, pénétrons dans le salon de thé d'apparence si vieillot et changeons de perspective. L'humour un peu distancié de ce décor nous saute alors aux yeux. Certes, il y a les cadres dorés, baroques et solennels à souhait. Mais les représentations qu'ils mettent en

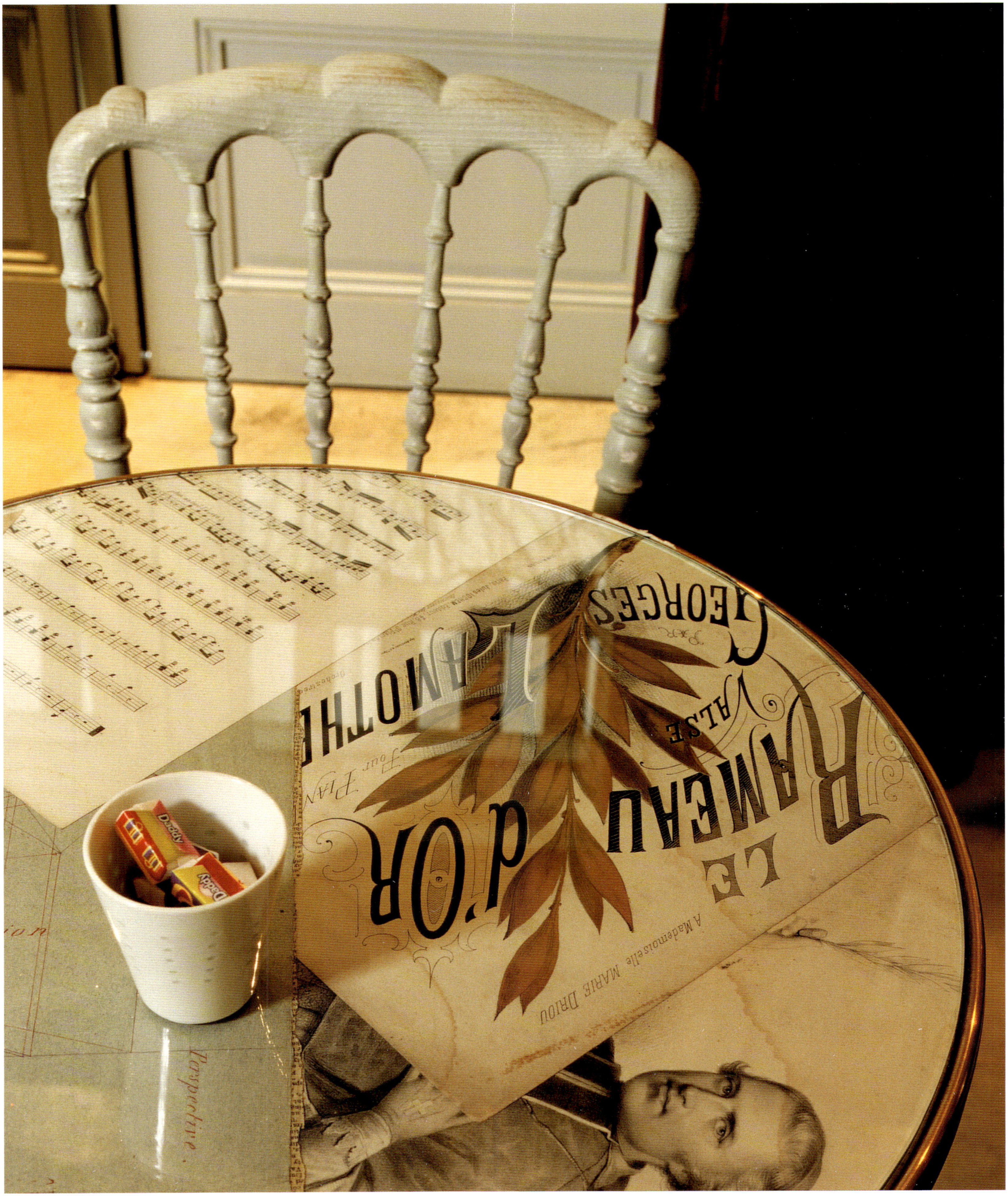
LE RAMEAU d'OR
VALSE
GEORGES LAMOTHE
A Mademoiselle MARIE DRIOU
Perspective

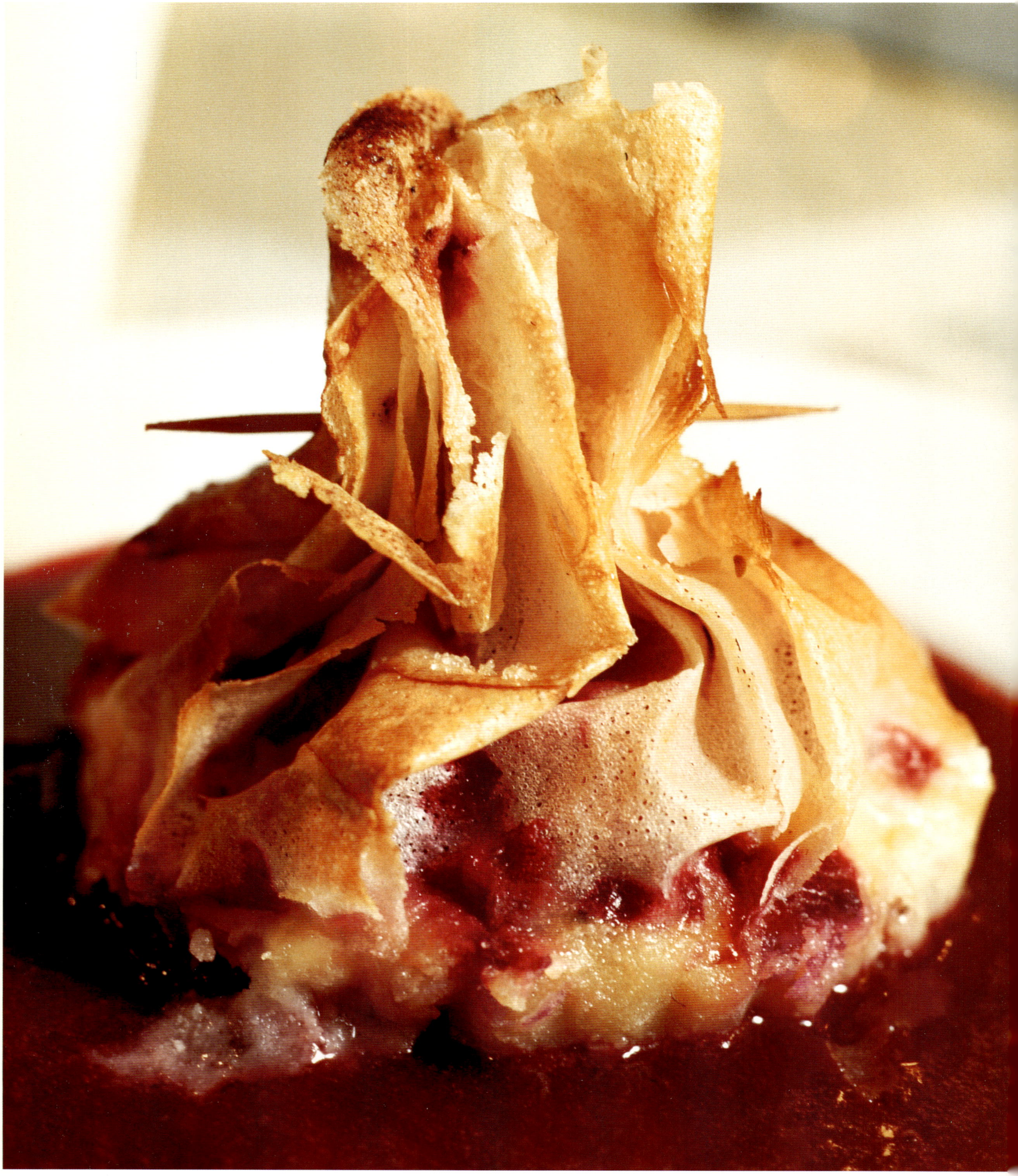

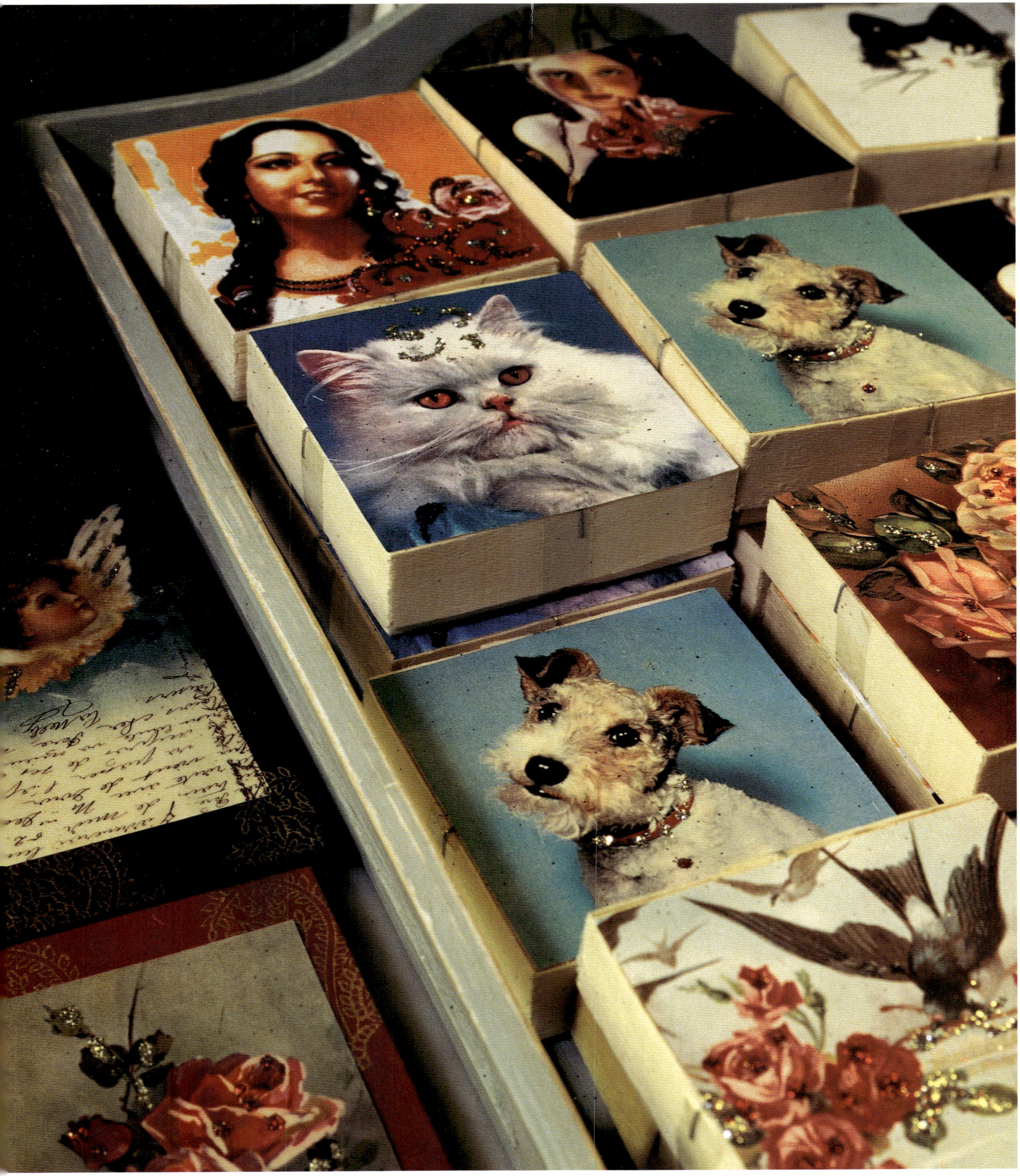

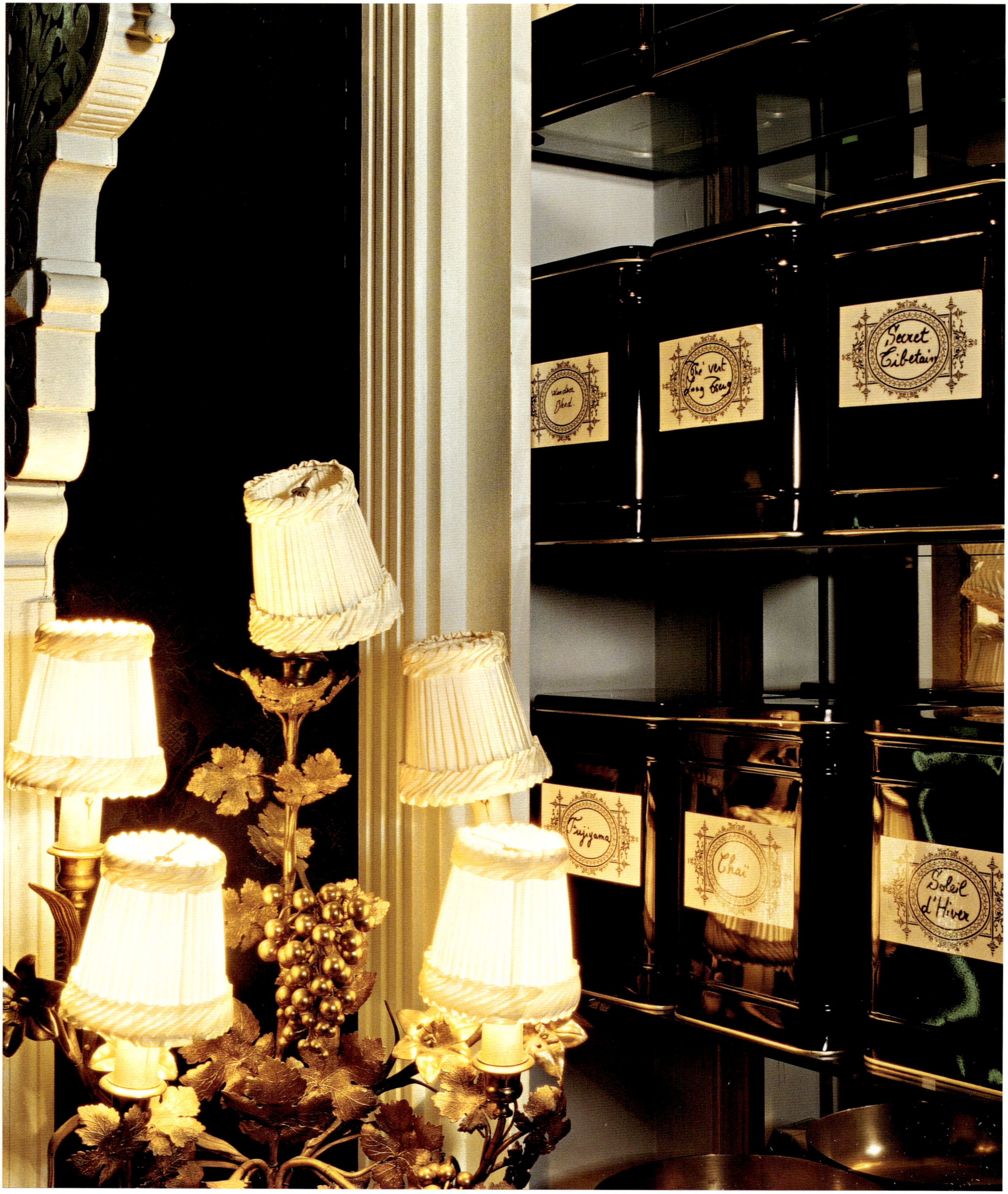
Secret Tibetain
Thé vert
Fujiyama
Chaï
Soleil d'Hiver

valeur ne sont pas saint-sulpiciennes. Plutôt délicieusement décalées, rappels des temps heureux du siècle passé – les années vingt, les années soixante – quand « Paris était une fête ». Un Ritz en minuscule, comme gravé sur un grain de riz et dont la pompe serait solennelle si elle n'était pas subtilement ironique. Que peut-on bien goûter ici, à l'enseigne d'un Bertrand qu'on devine soudain plein d'arrière-pensées, à l'image de la sensibilité postmoderne qui informe cet endroit au décor si intrigant ? Des gâteaux, certes, mais voilà qu'on découvre que le cake de grand-mère se décline sur la carte en sucré et en salé, en fruité et en épicé. Didier Bertrand, puisqu'il faut le nommer, n'est pas un pâtissier professionnel. Ce pourquoi il prend plus de libertés peut-être qu'un autre et s'amuse à métamorphoser une recette ultra-classique, qu'il a commencé par apprécier d'abord en étant gamin. Ce diététicien « passé à l'ennemi », comme il le dit drôlement, a fait afficher au-dessus de sa caisse une devise qui dit tout : « Nul n'est heureux s'il n'est gourmand. » Il se préoccupe donc de notre bonheur mais le fait avec la liberté d'un autodidacte qui ne connaît pas de limites. Pas de limites pâtissières d'abord. Ainsi, à côté des cakes traditionnels aux fruits confits, il a ajouté une gamme de pains de Gênes au chocolat, aux épices, aux essences naturelles et même aux fleurs. Et s'est préoccupé bien vite de sortir le cake de son ghetto de douceur pour lui offrir une nouvelle vie en salé. Pour cela, il a fallu mettre au point une pâte plus fluide et où entre un peu de fromage râpé. L'ère des métamorphoses a pu alors commencer : cake à la fourme d'Ambert, cake aux olives, lardons et graines de fenouil, cake au poulet tandoori, le cake a trouvé son aède. Didier Bertrand, à la manière des artistes contemporains, s'amuse à décliner un thème, à en explorer les variations, en un mot à le recréer. Le cake, malléable et ductile, universel et familier, se prête bien à ce jeu. Mais le gourmand ingénieux qu'il est s'était déjà essayé à d'autres exercices. Avec la soupe, notamment, dont il a proposé dans sa première boutique, derrière la gare Saint-Lazare, des mutations délirantes tel ce bouillon « tibétain », à l'orge perlée, au gingembre et au chèvre frais, ce velouté glacé de courgettes ou encore une crème de tomates aux épices de Fès. On retrouve dans cette inventivité la notion de série, de gamme, de ligne, chère également aux créateurs de haute couture. Pas étonnant alors que les Cakes de Bertrand soient devenus également une marque d'accessoires de prêt-à-porter. Le lien avec la mode était implicite, présent dans l'imagerie décalée que le décor de la boutique véhiculait déjà. Il manquait une occasion. Celle-ci a été fournie par les tablettes de chocolat de Bernard Castelain, un chocolatier de Châteauneuf-du-Pape, vendues dans la boutique dans un habillage « tendance ». « On ne pouvait pas laisser nos clientes fourrer simplement ces petites merveilles dans leurs sacs. Il leur fallait un écrin, un étui

LES CAKES DE BERTRAND
Beau choix de thés, mais aussi de confitures et de cakes au chocolat dans le petit temple mignard des Cakes de Bertrand.

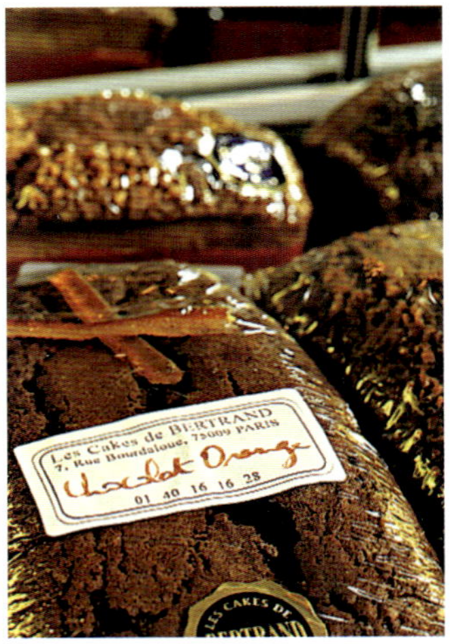

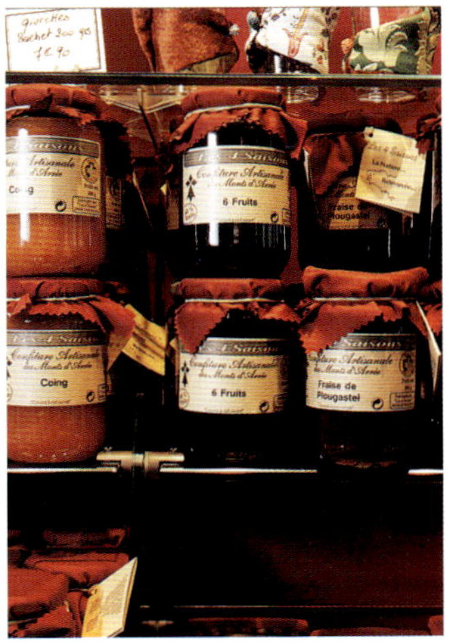

LA BAGUE DE KENZA
Les montagnes de gâteaux de La Bague de Kenza, dans le quartier de la République, tentent le passant au premier coup d'œil. On vient ici se dépayser, bien sûr, mais surtout se régaler de spécialités authentiquement algéroises, mises au goût français, c'est-à-dire allégées et juste un peu (trop) sucrées, tels les djiriates, *gâteaux traditionnels algérois aux amandes miel et vanille et les poires en pâte d'amandes, (double-page suivante), qui se dégustent encore mieux avec un verre de thé à la menthe.*

à leur mesure », souligne Didier Bertrand pour expliquer la naissance des fameuses « trousses à chocolat » aux dimensions de la plaquette. Ces enveloppes dont le style oscille entre le glamour et le romantisme ont connu un succès inattendu et sont diffusées désormais dans quatre cents points de vente dans le monde. « Elles correspondaient à un besoin, celui de la gourmande soucieuse de préserver sa chère tablette et de dérober en même temps aux regards l'objet de sa convoitise. » Depuis, les Cakes de Bertrand ont exploité cette proposition, mais toujours en gardant le lien entre mode et gourmandise. Ils ont ainsi créé une ligne de cabas pour les courses et de porte-monnaie. Et bien que Didier Bertrand se refuse à devenir traiteur, il a fait une exception pour les backstages des défilés de mode, Yohji Yamamoto, Yves Saint Laurent. Affirmant ainsi la parenté profonde qu'il perçoit entre le monde du style et le monde du goût.

Samira Fahim tient au qualificatif : sa pâtisserie est « algéroise », elle n'est pas « orientale ». Ce petit bout de femme énergique a ouvert il y a cinq ans rue Saint-Maur un lieu dont tous les bourgeois bohèmes du quartier Oberkampf raffolent. Derrière les vitrines, des pyramides de gâteaux généreux et dorés attirent l'œil et incitent à la gourmandise. Amoncellements de baklavas, montagnes de makrouts, superpositions de cornes de gazelle, l'abondance règne dans ce magasin tout droit sorti des *Mille et Une Nuits*. Mais Samira Fahim n'en démord pas. Tout juste veut-elle bien reconnaître que les pâtisseries qu'elle dispose ainsi ont une ascendance vaguement turque, du temps où Alger était gouvernée par un bey. Seulement, si le baklava aux noix est originaire de Constantine, le baklava aux amandes de la capitale lui paraît tout de même supérieur, bien qu'elle propose les deux à sa clientèle. On l'aura compris, La Bague de Kenza se définit d'abord comme un petit bout de Bab-el-Oued posé sur le pavé parisien et la garantie de son authenticité réside d'abord dans cette revendication assumée des origines. Le reste est une question de goût et Samira Fahim a l'âme assez généreuse pour faire la place aux spécialités des autres régions d'Algérie. D'ailleurs, ce qui frappe dans son choix de gâteaux, plus que l'éventail de pâtisseries somme toute assez traditionnel, c'est la légèreté. Légèreté des pâtes cuites avec un minimum de matière grasse – margarine ou huile de tournesol –, légèreté aussi de la main qui a saupoudré de sucre ou versé du miel, légèreté en un mot de la bouchée. On y revient d'autant plus volontiers. En traversant la Méditerranée, Samira Fahim a su adapter cette pâtisserie algérienne dont elle est l'ardente ambassadrice aux impératifs de la diététique européenne. Sans perdre pour autant la puissance des arômes et l'intensité des saveurs. Résultat :

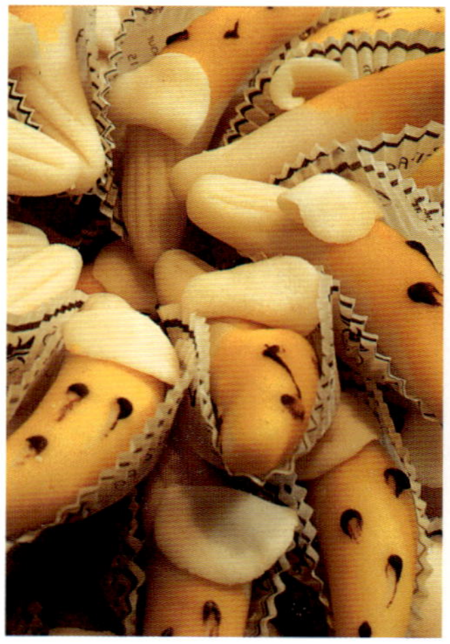

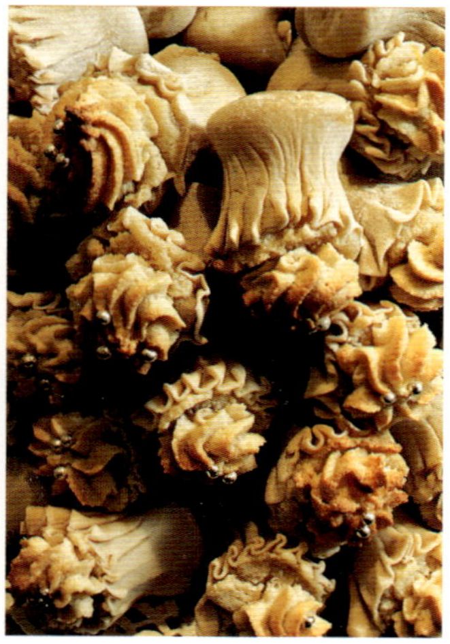

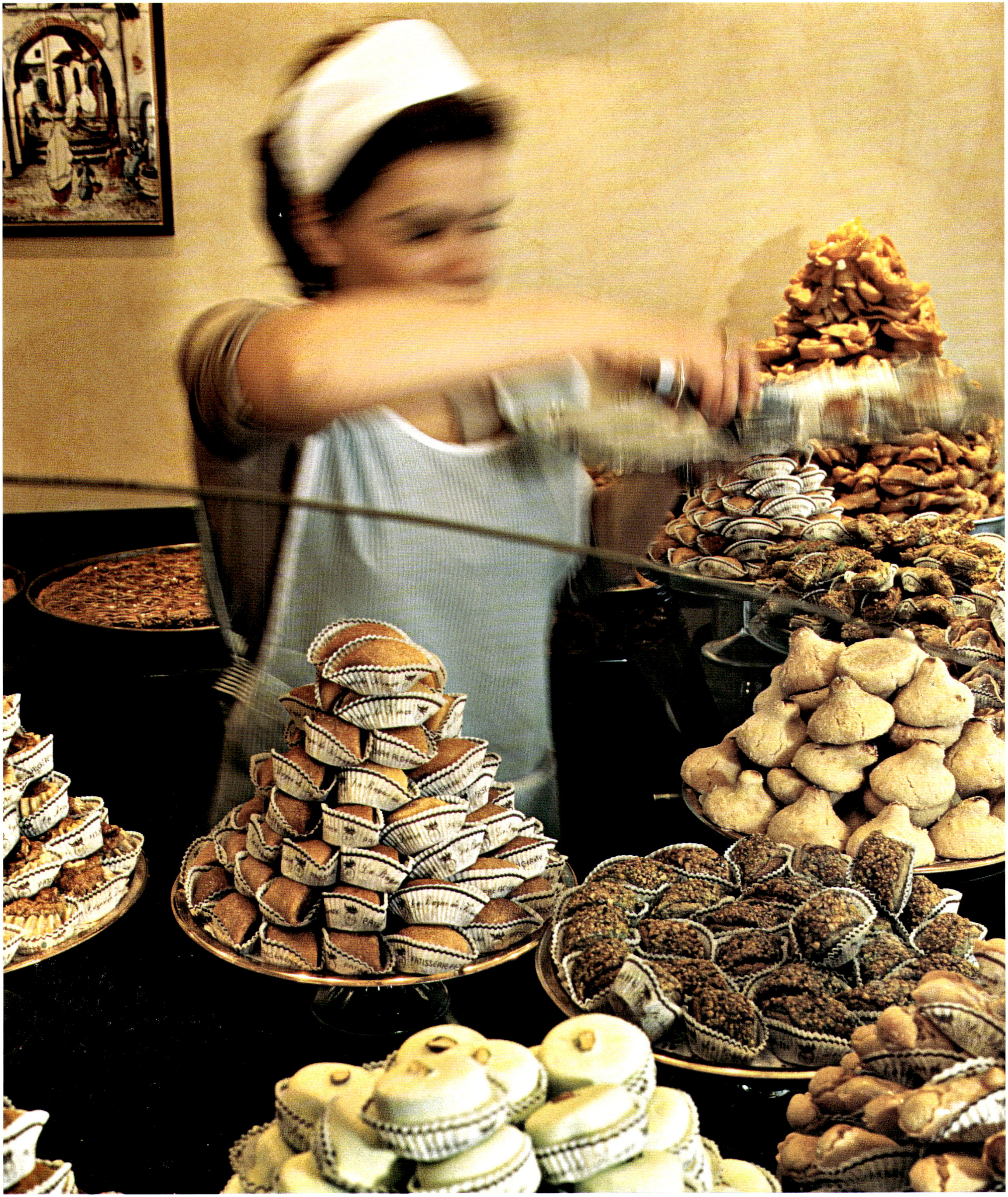

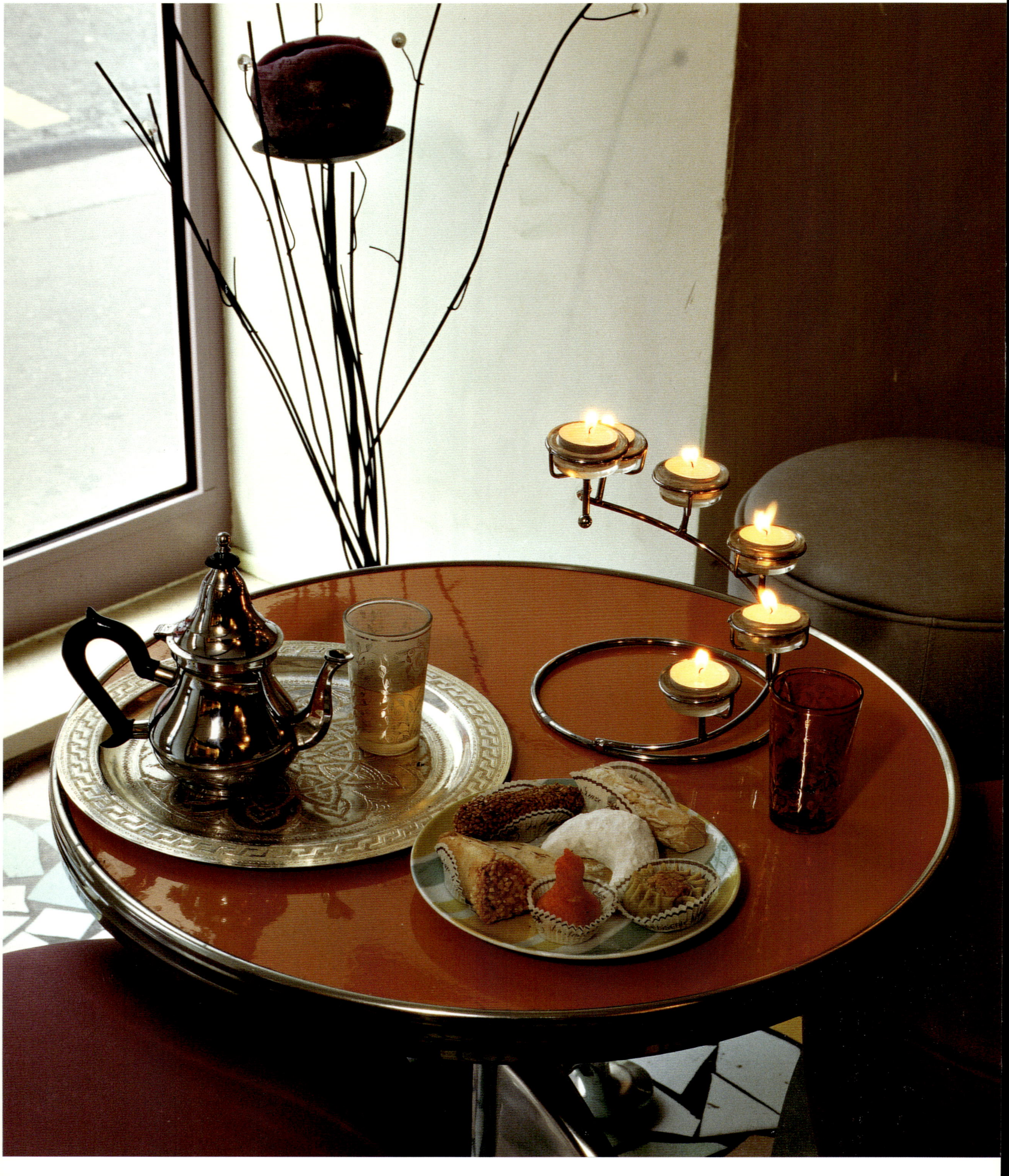

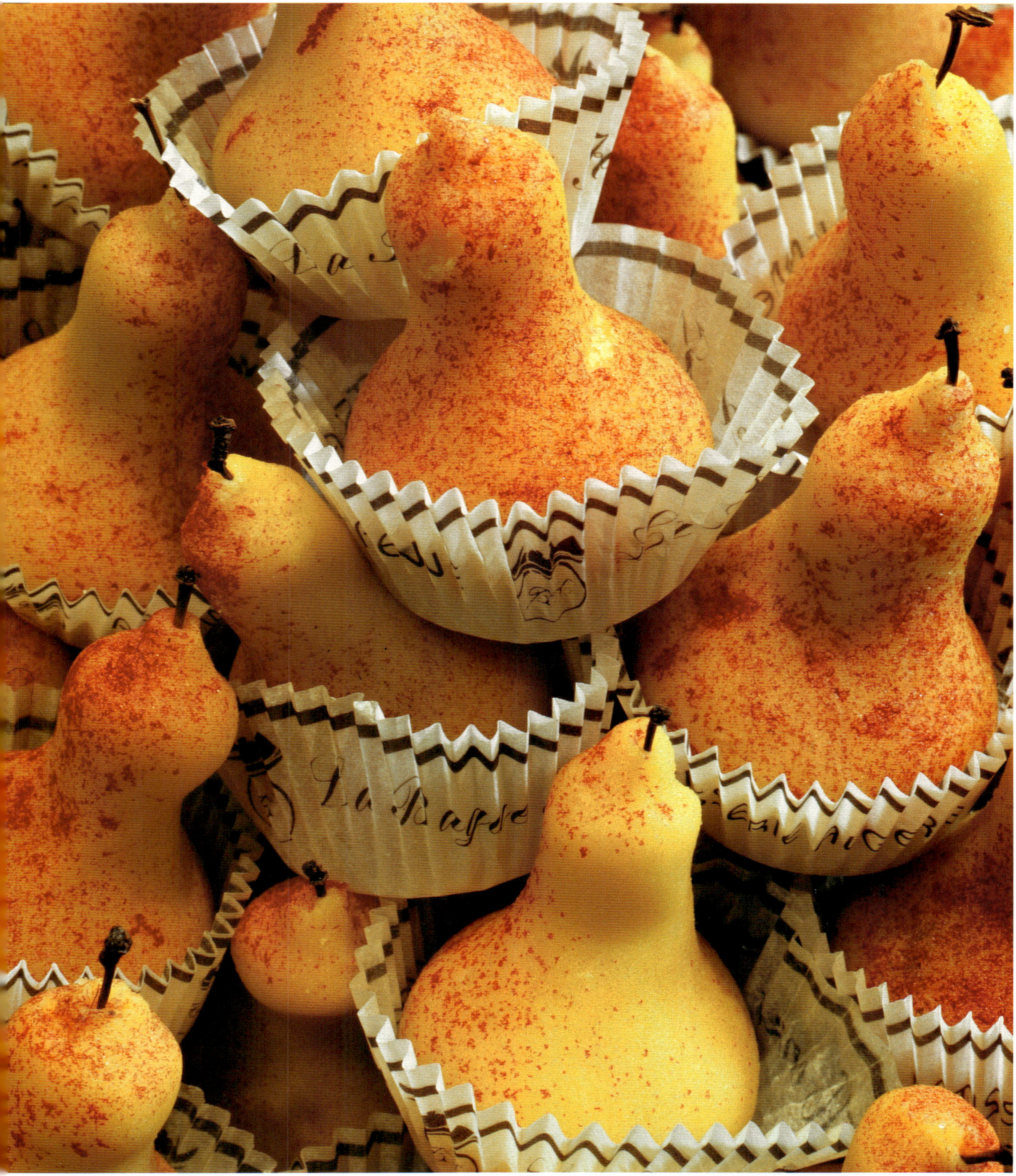

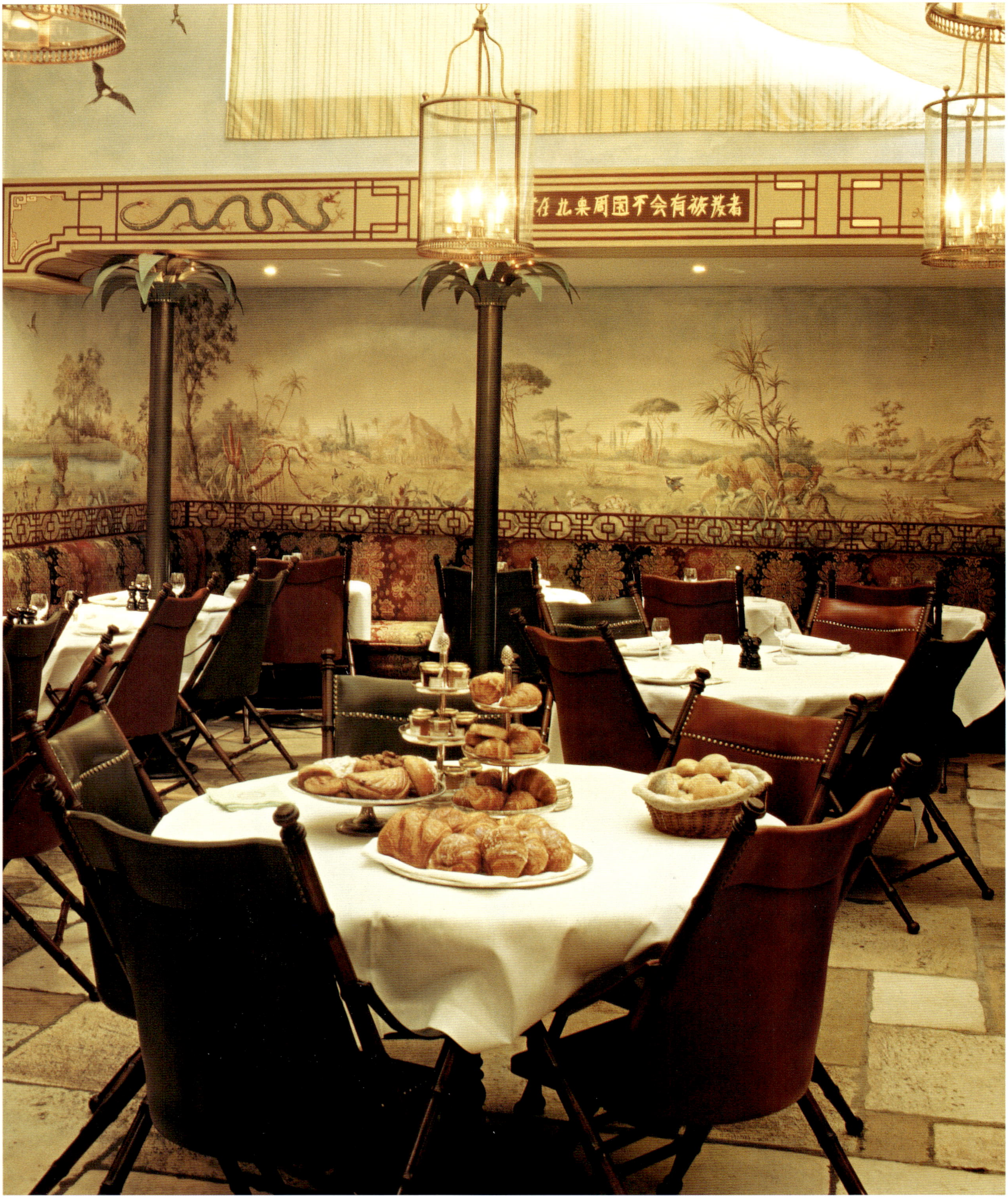

de sa pâtisserie si typique et si ancrée dans une réalité exotique, on peut dire également qu'elle est typiquement parisienne. La greffe a réussi. Et La Bague de Kenza fait partie de ce paysage gourmand sans avoir pourtant rien perdu de son authenticité.

On ne présente pas Ladurée. Ladurée existe hors de tout effet de mode, et tient boutique depuis 1862, au même numéro de la rue Royale, le seize, une adresse où les plus gourmands des Parisiens peuvent se rendre les yeux bandés. La raison de cette fidélité tient en un seul mot : macaron. Mis au point au début du siècle dernier par le petit-fils du fondateur Ernest Ladurée, Pierre Desfontaines, ce petit-four à la fois sec et moelleux – deux coques, constituées d'amandes broyées à la granulométrie irrégulière, de sucre glace et de blanc d'œuf, enserrant une ganache parfumée –, devrait donc s'appeler un « ladurée » comme on dit une madeleine ou une tarte tatin en souvenir de leurs inventeurs. Seulement voilà, il n'y a pas de brevets en matière de trouvaille pâtissière. Celle de Pierre Desfontaines consiste à avoir enrichi un gâteau sec introduit en France au temps de Marie de Médicis par les pâtissiers italiens en en faisant ce que les Américains appellent un « double decker », un double pont, et en le fourrant d'une délicieuse pâte d'amandes. Coup de génie qui transformait un simple « cookie », pour reprendre une autre expression américaine, en une douceur miniature, séduisante comme un tanagra. Car tout réjouit dans le macaron. Sa forme est rondelette, rassurante et aimable tentation. Sa couleur, à l'origine douce et subtile, s'est parée de la palette de tous les parfums que l'inventivité des pâtissiers qui se sont succédé à la tête du laboratoire de Ladurée lui a conférée. Et surtout sa taille menue et discrète mais si appétissante, car d'une bouchée voluptueuse on le gobe sans s'interroger autrement, en fait le plaisir innocent par excellence. D'où le succès de cette pâtisserie, non démenti au cours du siècle, et qui a fait celui de la maison.

Aujourd'hui, c'est Philippe Andrieu qui règne sur le macaron Ladurée. Ce maître pâtissier est entré rue Royale en 1997, après une carrière exemplaire qui l'a mené du restaurant de Georges Blanc à Vonnas à celui de Michel Bras à Laguiole, jusqu'à Paris chez Fauchon, la célèbre épicerie fine. Entre-temps, Ladurée avait ouvert une deuxième succursale sur les Champs-Élysées, puis rue Bonaparte dans le sixième arrondissement de Paris, pour se rapprocher d'une clientèle gourmande qui ne peut plus se passer de son macaron quotidien. Car sous la baguette de Philippe Andrieu, le macaron est devenu protéiforme. Macaron d'été, macaron d'hiver, chaque saison voit surgir de nouveaux parfums, de plus en plus subtils, exotiques, surprenants : à la réglisse, à la griotte Amaretto, au citron vert

LADURÉE

Ladurée, rue Jacob, est le navire amiral de ce célèbre pâtissier à qui l'on doit l'invention du macaron. Petit déjeuner d'affaires ou goûter en amoureux, tous les prétextes sont bons pour venir s'isoler dans ce salon de thé, luxueux et calme comme un hammam. On peut également s'y procurer des boîtes bayadères garnies de douceurs telles que pâtes de fruits, rochers au chocolat ou guimauves à la violette ou encore d'excellents chocolats (ci-dessous).

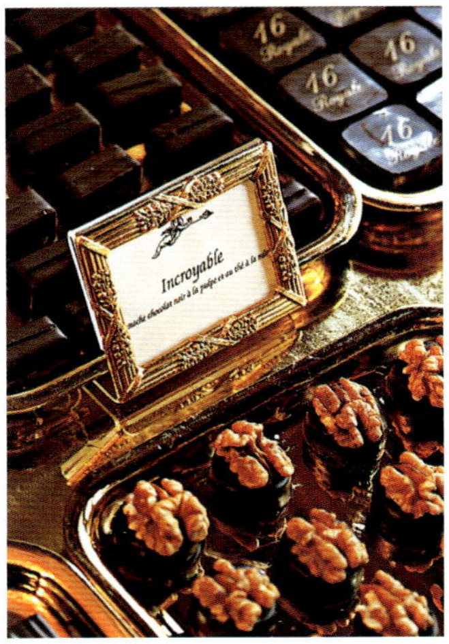

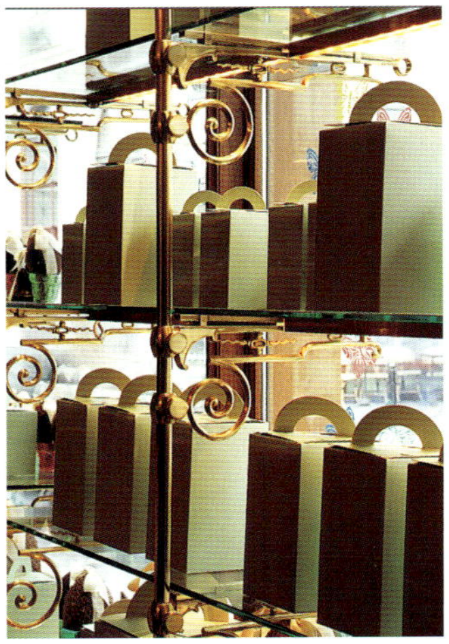

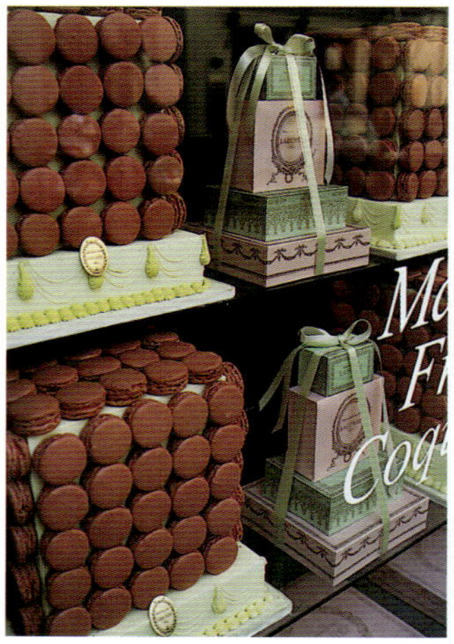

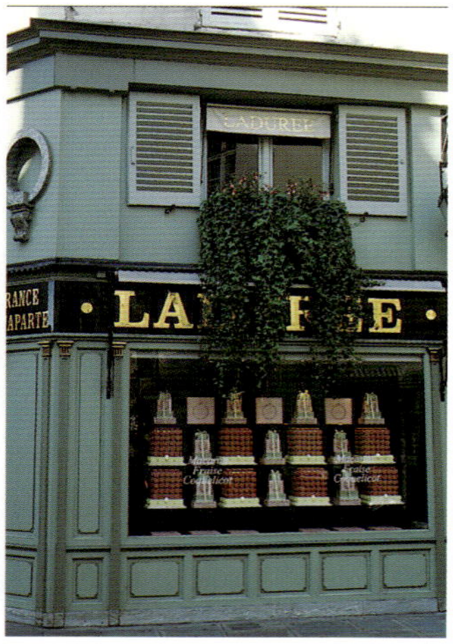

LADURÉE

On décline chez Ladurée les macarons par saison, par parfum et par couleur. Dans la vitrine de la très jolie boutique à l'angle de la rue Jacob et de la rue Bonaparte et qui fut autrefois celle d'une antiquaire célèbre, Madeleine Castaing, on peut voir désormais des carrés de macarons tout aussi prestigieux.

basilic, à l'anis, à la menthe, au thé Yunnan ou encore au caramel parfumé à la fleur de sel... La maison si sage de la rue Royale s'est emballée soudain au tournant du nouveau siècle pour réinventer sa valeur sûre, lui donner à la manière des grands indémodables – le tailleur Chanel, le sac Vuitton ou Kelly – un coup de jeune. Et une nouvelle génération a été conquise par le macaron. Qu'on se rassure : le traditionaliste peut toujours trouver ses parfums fétiches dans les boutiques de Ladurée. La vanille, le café, le chocolat figurent toujours à la carte. Mais on est libre désormais de leur ajouter des couleurs aussi singulières que le noir, le rose ou le vert. Sans que le macaron perde pour autant son âme. Alors, Philippe Andrieu peut bien présenter, à côté de ce véritable porte- avions, un festival de pâtisseries toutes plus originales les unes que les autres. Le parti pris de la maison reste toujours le même. Partir d'un classique qui a fait ses preuves et le réinventer. La religieuse gagne soudain de la fantaisie et se retrouve habillée pour l'été de cassis parfumé à la violette, de rose framboise ou de pistache griotte. Le saint-honoré, traditionnellement paré de crème à la vanille, se présente désormais sous de nouveaux atours : cassis violette, pistache griotte sans perdre pour autant sa couronne de chantilly. Et puis il y a les créations qui défieront peut-être le temps à leur tour. Philippe Andrieu s'amuse ainsi à proposer pour la Saint-Valentin un biscuit en forme de trèfle à quatre pétales supportant chacun un double parfum au mariage aguicheur : cassis violette, rose framboise, fraise coquelicot, chocolat menthe. Des couples modernes et délurés à l'image de ceux qui fréquentent aujourd'hui Ladurée. Ou encore, pour satisfaire une envie de gâteau au chocolat, il en désamorce le côté sucré, en alliant une ganache de chocolat au poivre de Sarawak avec des zestes de citron vert, nappée dans une couverture de chocolat Java, afin que ressorte le côté acide et piquant qui plaît tant aux nouveaux amateurs de cacao brut. « L'important, confie-t-il, est de procurer un plaisir à notre clientèle. » En cela, il reste fidèle à la tradition de Ladurée qui a bâti son renom sur une adéquation parfaite avec les envies gourmandes des Parisiens.

Nous avons évoqué la figure de Carême. On connaît son célèbre jugement : « Les beaux-arts sont au nombre de cinq, à savoir : la peinture, la sculpture, la poésie, la musique et l'architecture, laquelle a pour branche principale la pâtisserie. » Sa réflexion mérite d'être prise au sérieux et non pas comme une boutade ainsi qu'on le fait trop souvent. Car la pâtisserie est bien considérée comme un art en France et « l'école de Paris », comme on l'a vu tout au long de ce chapitre, apporte à cet art des qualités qui sont celles d'une esthétique proprement française : classicisme et équilibre, sobriété et attention aux détails.

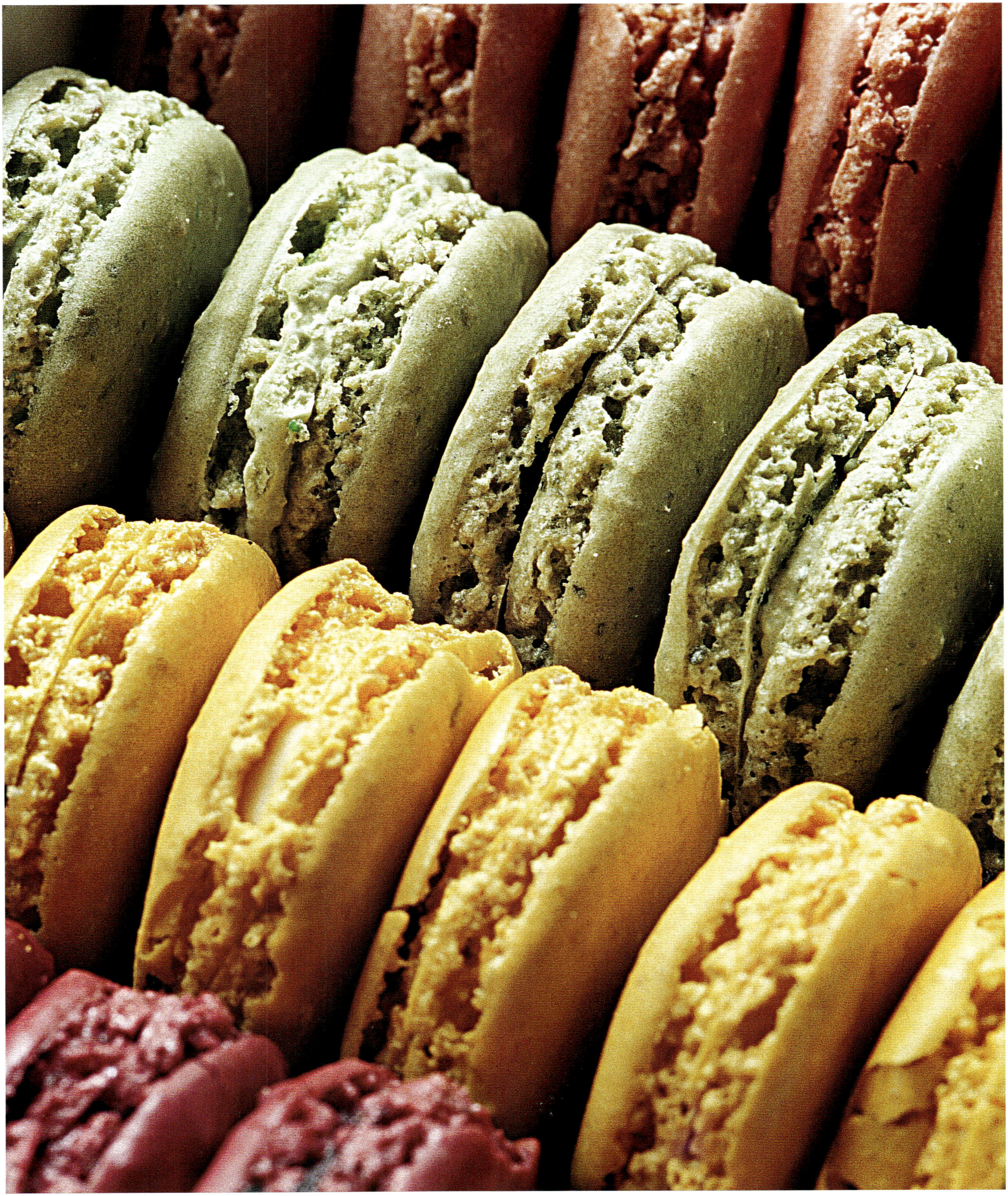

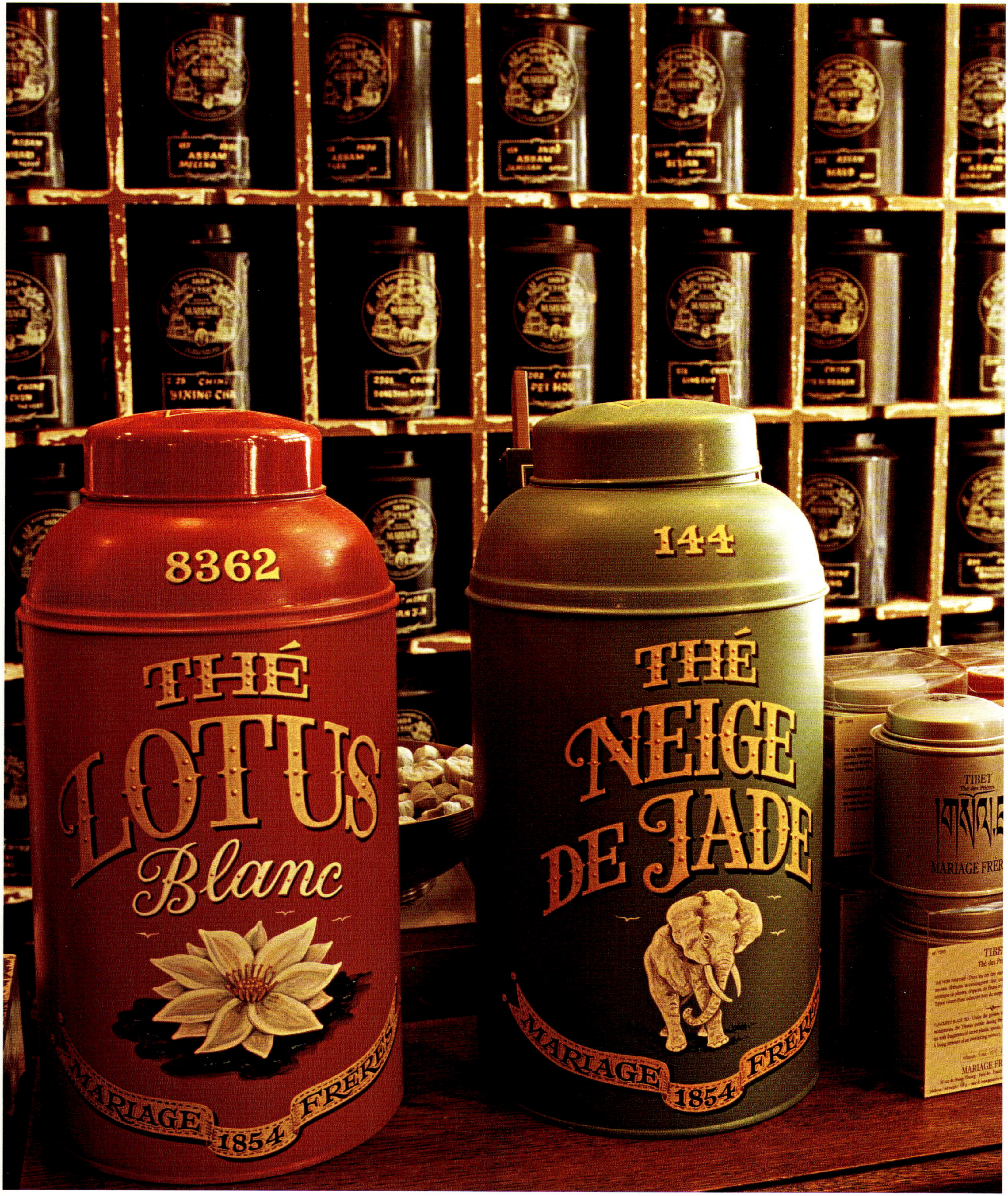

8362
THÉ
LOTUS
Blanc
MARIAGE 1854 FRÈRES
144
THÉ
NEIGE
DE JADE
MARIAGE 1854 FRÈRES
TIBET
Thé des Prières
MARIAGE FRÈRES

Thés et cafés

Le thé est une boisson nationale pour les Chinois bien sûr, les Japonais, les Anglais, les Russes et l'est également dans le monde arabe. Mais en France ? Le salon de thé à la française, à la parisienne devrait-on dire, ne porte ce nom que par une espèce de coquetterie. On y mange surtout des pâtisseries et le thé n'a jamais été pour celles et ceux qui les fréquentent qu'un prétexte à satisfaire une petite faim. Le choix du thé y est traditionnellement limité : thé à la bergamote, Darjeeling ou Ceylan génériques, le tour de la carte est vite fait. Mais ouvrez les yeux et regardez autour de vous dans les vitrines et sur les chariots : ce ne sont qu'appétissants babas, choux à la crème et éclairs au chocolat. Les salons de thé parisiens sont d'abord des pâtisseries de luxe. Sont ? On devrait dire aujourd'hui étaient. Bien sûr, d'Angélina rue de Rivoli à Carette place du Trocadéro, le genre perdure, mais un phénomène nouveau apparaît. Les Parisiens commencent à prendre le thé au sérieux, à reconnaître à cette boisson vertueuse les qualités qu'ils attachent traditionnellement au vin, à devenir des dégustateurs. Ils découvrent les terroirs des différents jardins de Darjeeling, se passionnent pour le thé vert, s'enchantent de la hiérarchie compliquée des thés chinois. Ce nouveau rapport au thé n'est pas lié à un moment particulier de la journée tel le goûter dînatoire du thé à l'anglaise ou du samovar à la russe, ni à une vision métaphysique du monde à la façon de la cérémonie du thé japonaise. Plutôt, le rapport des Parisiens au thé s'apparente, encore modestement, à la manière des experts chinois soucieux de reconnaître les origines, d'établir une échelle de qualité, d'apprécier en un mot la particularité de chaque variété, de chaque récoltant. Deux phénomènes concomitants témoignent de cette flambée d'intérêt. D'abord l'émergence d'un art français du thé, même si l'expression peut paraître antinomique compte tenu de l'absence de production en France. Ensuite, l'émergence, ou plutôt le choix de Paris par certains experts asiatiques comme relais occidental du négoce de thé de grande qualité dont on sait que Honk Kong, Singapour et Taipei sont les places fortes dans le monde.

MARIAGE FRÈRES

Mariage Frères a été le premier détaillant à Paris à présenter ses thés « en boîte » permettant aux clients de humer les arômes et de choisir leur breuvage en toute connaissance de cause.

Existe-t-il donc une manière française de consommer le thé ? Le mérite d'avoir posé les bases d'une approche autochtone du thé revient à deux « étrangers » : un Hollandais, Richard Buono, petit-fils d'un planteur en Indonésie, et un Thaïlandais, Kitti Cha Sangmanee, amateur de thé comme il se doit dans son pays. Les deux hommes découvrent à la fin des années soixante-dix l'enseigne d'un

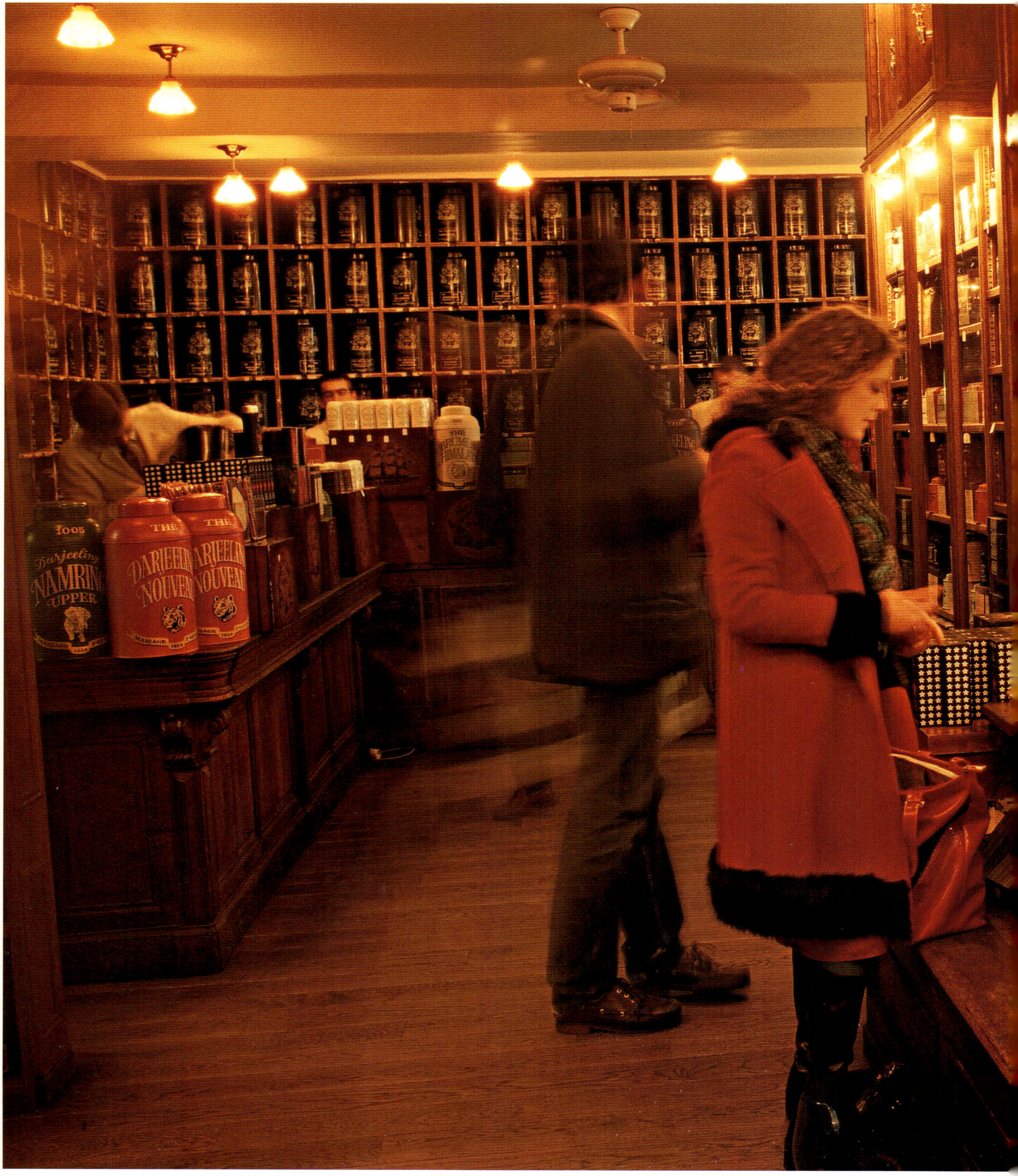
1005
Darjeeling
UPPER
THÉ
THÉ

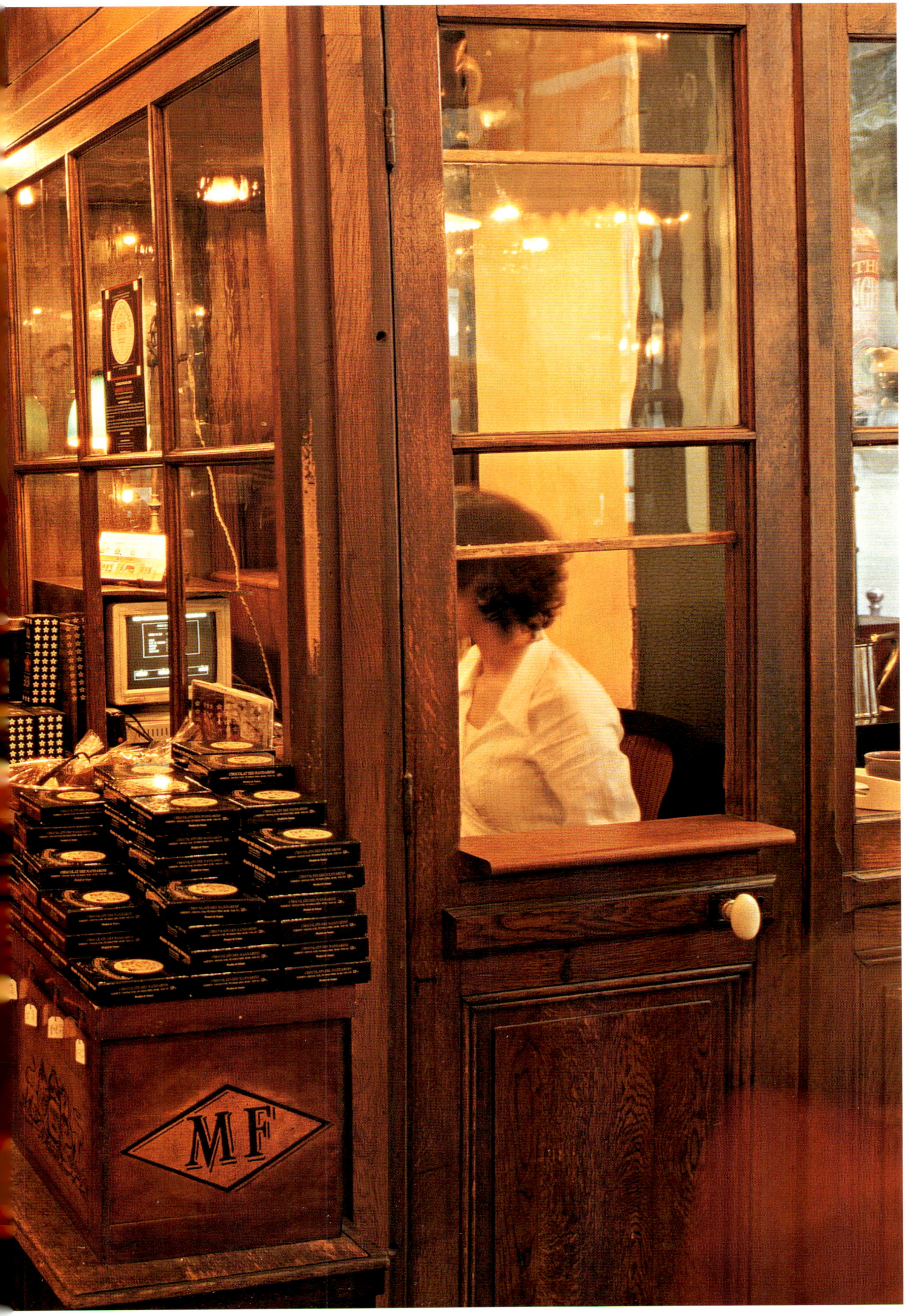

MARIAGE FRÈRES
La boutique Mariage Frères de la rue du Bourg-Tibourg, dans le Marais, a été conçue sur le modèle des anciens comptoirs à thé du XIXe siècle. Atmosphère coloniale, chargée de parfums et ambiance véritablement dépaysante font aussi partie de l'expérience du « thé à la française ».

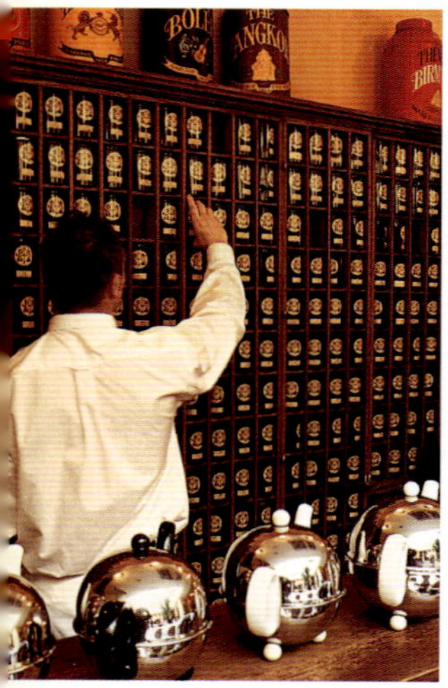

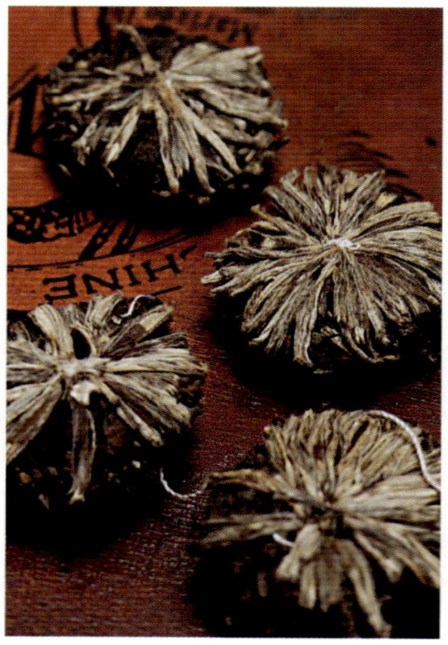

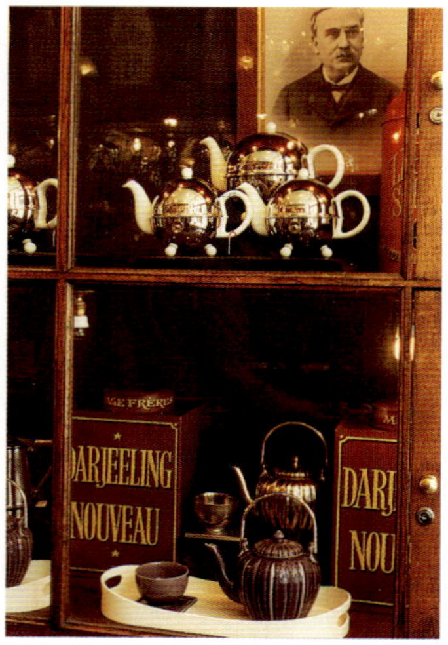

MARIAGE FRÈRES

Choisir son thé mais aussi le boire. Mariage Frères en ouvrant un véritable salon de dégustation dont la carte compte autant de références que de crus proposés à la vente offre un véritable espace d'initiation.

négociant en vrac, Mariage Frères, qui a pignon sur la rue du Cloître-Saint-Merri, dans le Quartier latin. Cette maison familiale est dirigée par une dame, Marthe Cottin, dont l'aïeul est Henri Mariage qui a créé l'entreprise. Richard Buono et Kitti Cha Sangmanee sont séduits par l'atmosphère à la fois authentique et surannée de la boutique, réservée aux détaillants : meubles imprégnés de poussière de thé, mains en cuir, vieilles balances. Ils se lient d'amitié avec Marthe Cottin qui va les initier au négoce du thé « à la française » puis, les considérant comme ses véritables héritiers, leur vendre l'affaire. En fait, les Mariage étaient négociants en thé depuis le XVIIe siècle et pratiquaient dès cette époque l'art de sélectionner les thés des grands jardins, de les assembler et de les proposer aux différents marchés européens. Les nouveaux propriétaires, tout en gardant l'ancienne activité, vont innover en ouvrant en 1985 une première boutique pour le grand public, dans le Marais, rue du Bourg-Tibourg. Ce faisant, ils gardent les éléments de décor qui les ont enchantés du temps où ils fréquentaient la maison mère en simples clients : boiseries, meubles à thé, objets. Et proposent pour la première fois à Paris un choix vraiment étendu : plus de cinq cents références originaires de trente-six pays différents. Sachant le public parisien démuni d'informations en la matière, ils instaurent également une véritable pédagogie du thé avec notamment la mise au point d'une table d'infusion donnant les températures et les temps adaptés à chaque variété. Un véritable engouement s'empare des Parisiens. Car pour la première fois, on leur propose un thé qui leur « parle ». Mariage Frères, sous la gouverne de ses nouveaux propriétaires, privilégie en effet une approche conforme aux exigences d'un public gastronomiquement raffiné et que les vulgaires thés en sachet ne pouvaient satisfaire. Mariage Frères va donc faire un choix entre les différents types de thé et distinguer d'abord, dans ses cinq cents références, les grands crus d'une part, thés de jardin qui peuvent porter à juste titre le nom de « terroirs », les mélanges d'autre part, assemblages de différents thés ou thés aromatisés avec des

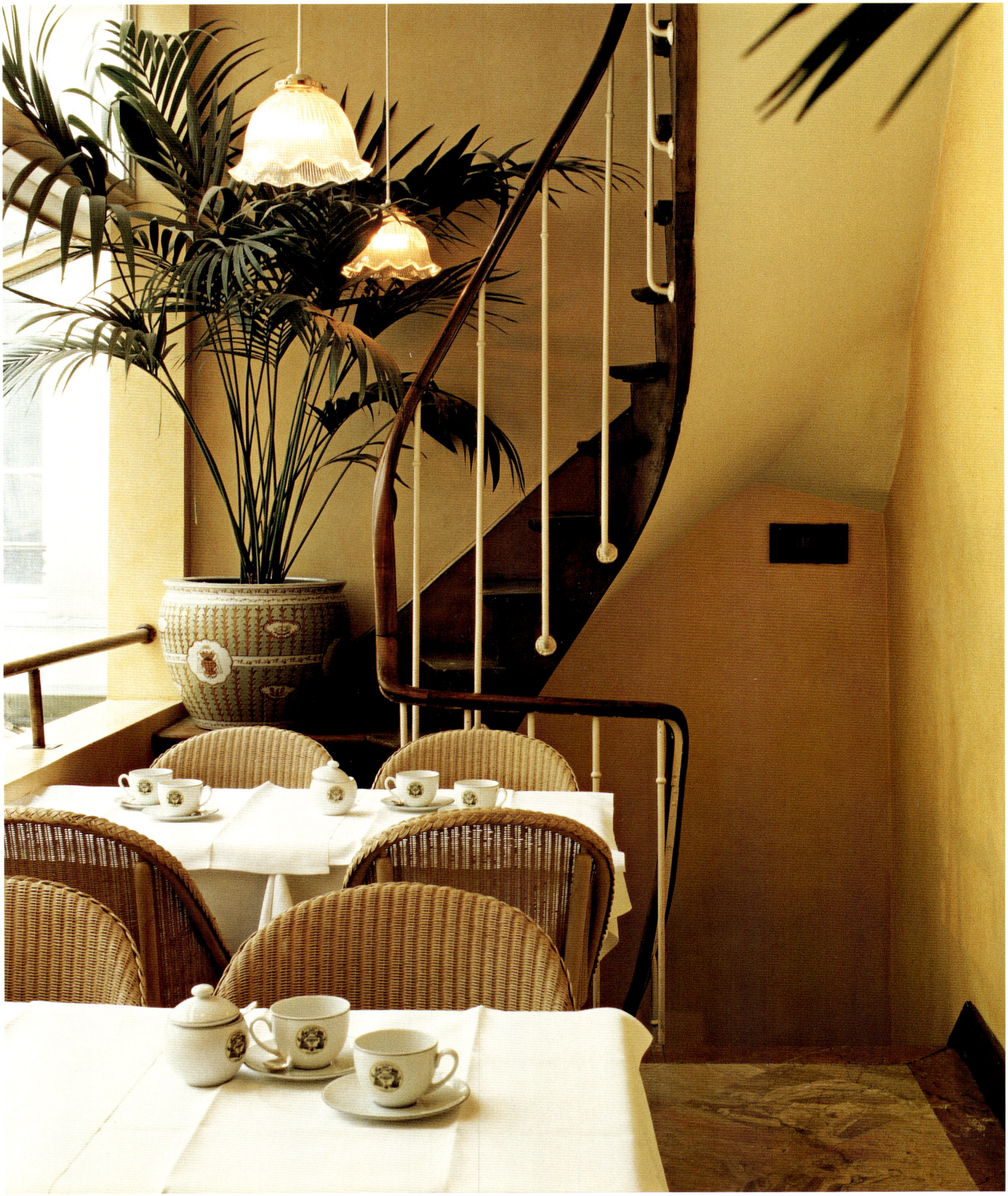

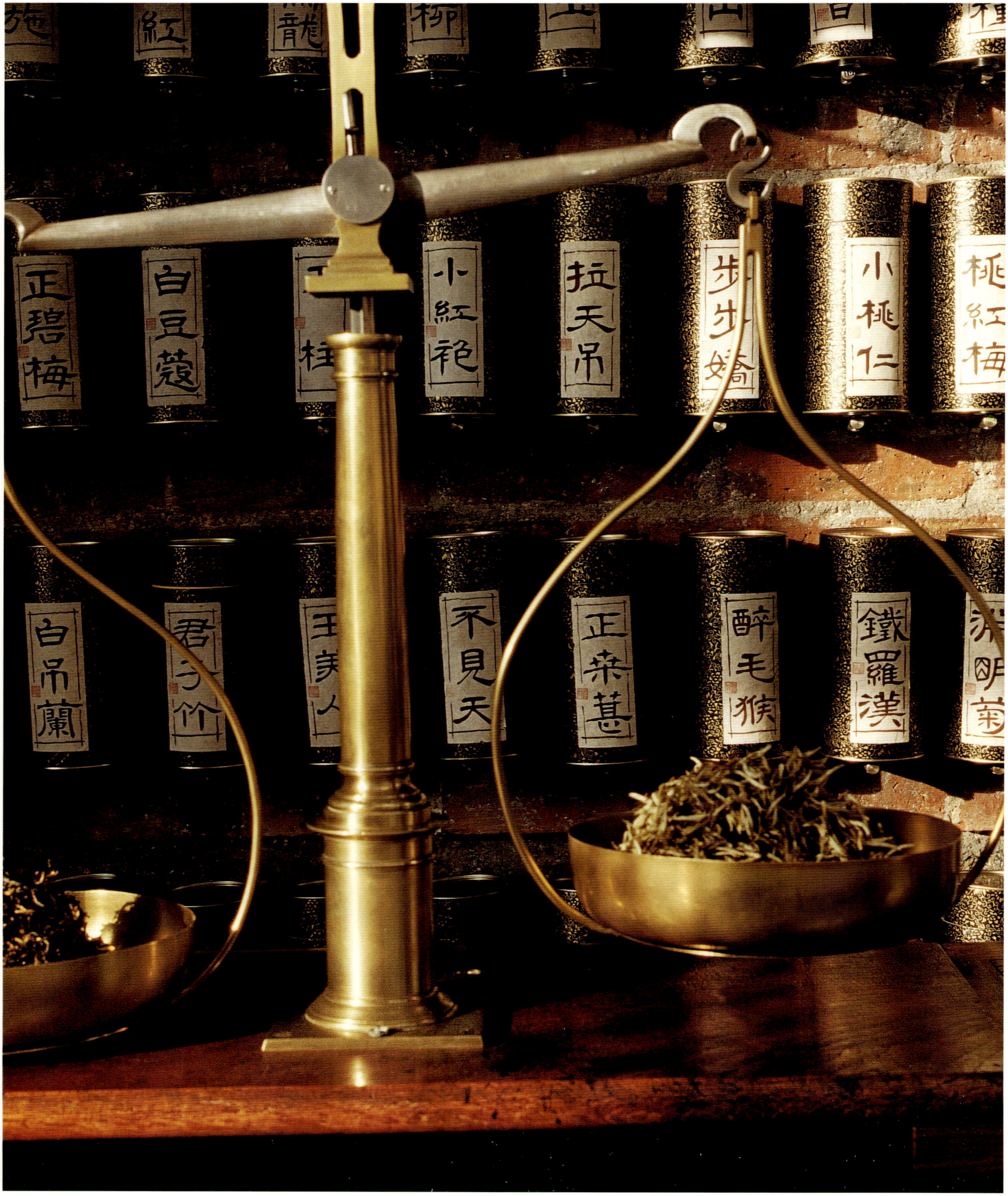

正碧梅
白豆蔻
小紅袍
拉天吊
步步嬌
小桃仁
桃紅梅
白吊蘭
君子竹
不見天
醉毛猴
鐵羅漢

essences d'épices, de fleurs, de fruits ou de racines. Deux métiers sont ici à l'œuvre : le premier comparable à celui de l'œnologue capable de sélectionner et d'amener à maturation le produit qu'il élève, le second proche de celui de parfumeur, combinant des arômes et des saveurs pour créer un résultat original. Et l'approche du thé devient d'autant plus compréhensible que les deux animateurs du nouveau Mariage Frères ne se contentent pas, dans leurs boutiques, aujourd'hui au nombre de trois à Paris, de mettre en scène l'antique comptoir : ils choisissent de vendre les thés en boîte, un geste à l'époque inédit à Paris, de le donner à humer à leurs clients. Et puisqu'il s'agit d'une approche gourmande, ils ajoutent bientôt à leur point de vente de la rue du Bourg-Tibourg un salon de thé, non pas une pâtisserie, mais une véritable petite guinguette où l'on peut, à toute heure de la journée, boire et se restaurer. Ainsi, dans ce mouvement d'expansion commerciale, inaugurent-ils une nouvelle façon de déguster le thé à Paris. Du même coup, ils orientent le goût des Français vers une façon particulière de s'approprier le thé : en mangeant, non pas seulement des gâteaux, mais du salé comme du sucré. Le thé devient par ce biais un accompagnement possible du repas, de tous les repas, du petit-déjeuner au dîner, une alternative non plus seulement au traditionnel café du matin, mais aussi au vin. Il n'est pas question ici de prétendre que les Français sont sur le point de substituer le thé au vin. Seulement, il s'opère, chez ceux qui apprécient le thé, une prise de conscience que, comme le vin, des alliances peuvent se nouer entre des plats et une boisson qui a un caractère aussi universel que le vin. Mariage Frères a d'ailleurs publié un livre de deux cents recettes originales qui se marient avec le thé. En cela, l'affirmation selon laquelle Mariage Frères a développé un « art français du thé » paraît légitime. Cet « art du thé à la française » commence à avoir un début de consécration internationale avec l'ouverture de mini-comptoirs Mariage Frères dans trois « department stores » japonais à Tokyo, Osaka et Kyoto. Si les Japonais eux-mêmes se mettent à reconnaître la spécificité du thé à la française, c'est qu'une petite révolution s'est opérée dans ce monde éminemment asiatique.

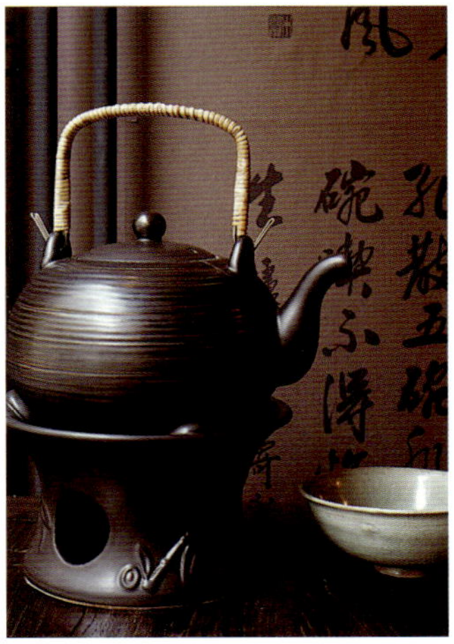

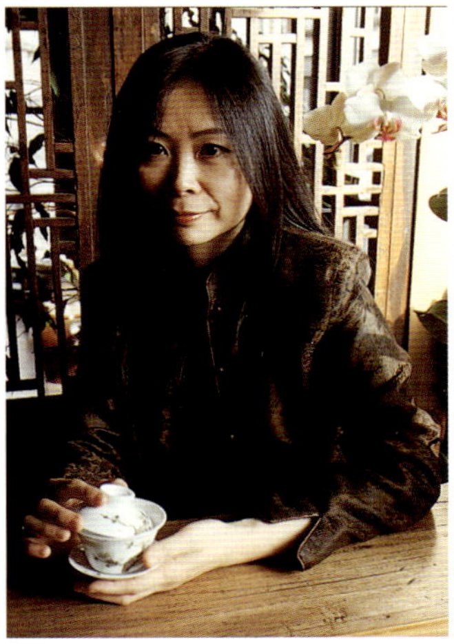

LA MAISON DES TROIS THÉS
À la Maison des Trois Thés, c'est une véritable experte qui officie, Mme Tseng Yu Hui (ci-dessus). Le thé est préparé selon la méthode chinoise traditionnelle et pesé sur d'antiques balances tandis que les boîtes n'affichent que des idéogrammes.

Un autre signe ne trompe pas : l'établissement à Paris, rue Gracieuse, derrière le Panthéon, d'un comptoir de thés rares et précieux, la Maison des Trois Thés. Une vitrine sans produits apparents, une sonnette à l'entrée, un décor sobre de style Ming, quelques tables, l'important se passe ailleurs, dans les sous-sols où dorment dix-sept tonnes de thé à température et hydrométrie contrôlées. Nous sommes ici dans un véritable centre du négoce international du thé et, même si l'endroit est ouvert aux particuliers, les véritables clients sont des professionnels ou des collectionneurs venus du monde

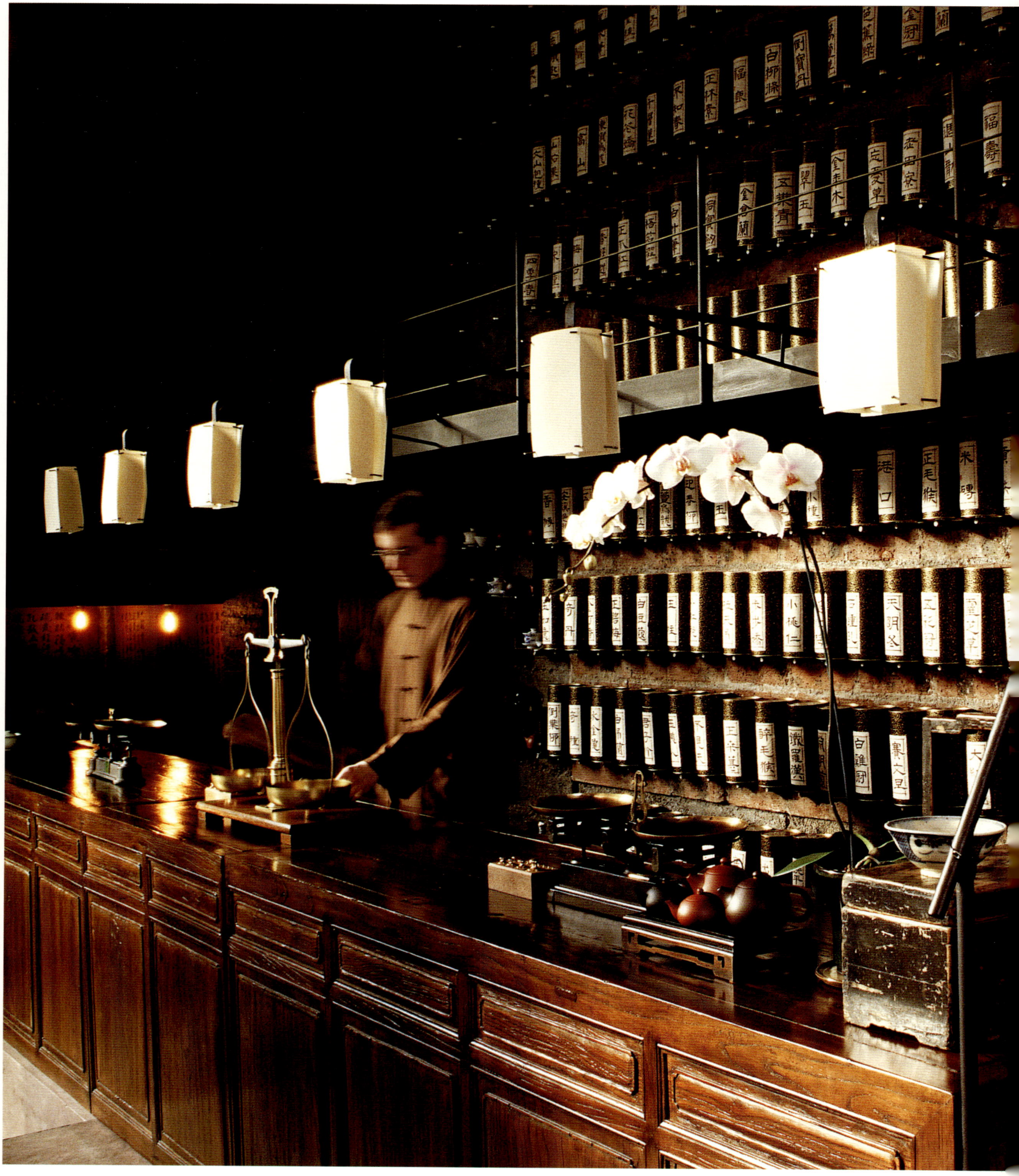
福壽
白柳條
鐵羅漢
白雞冠

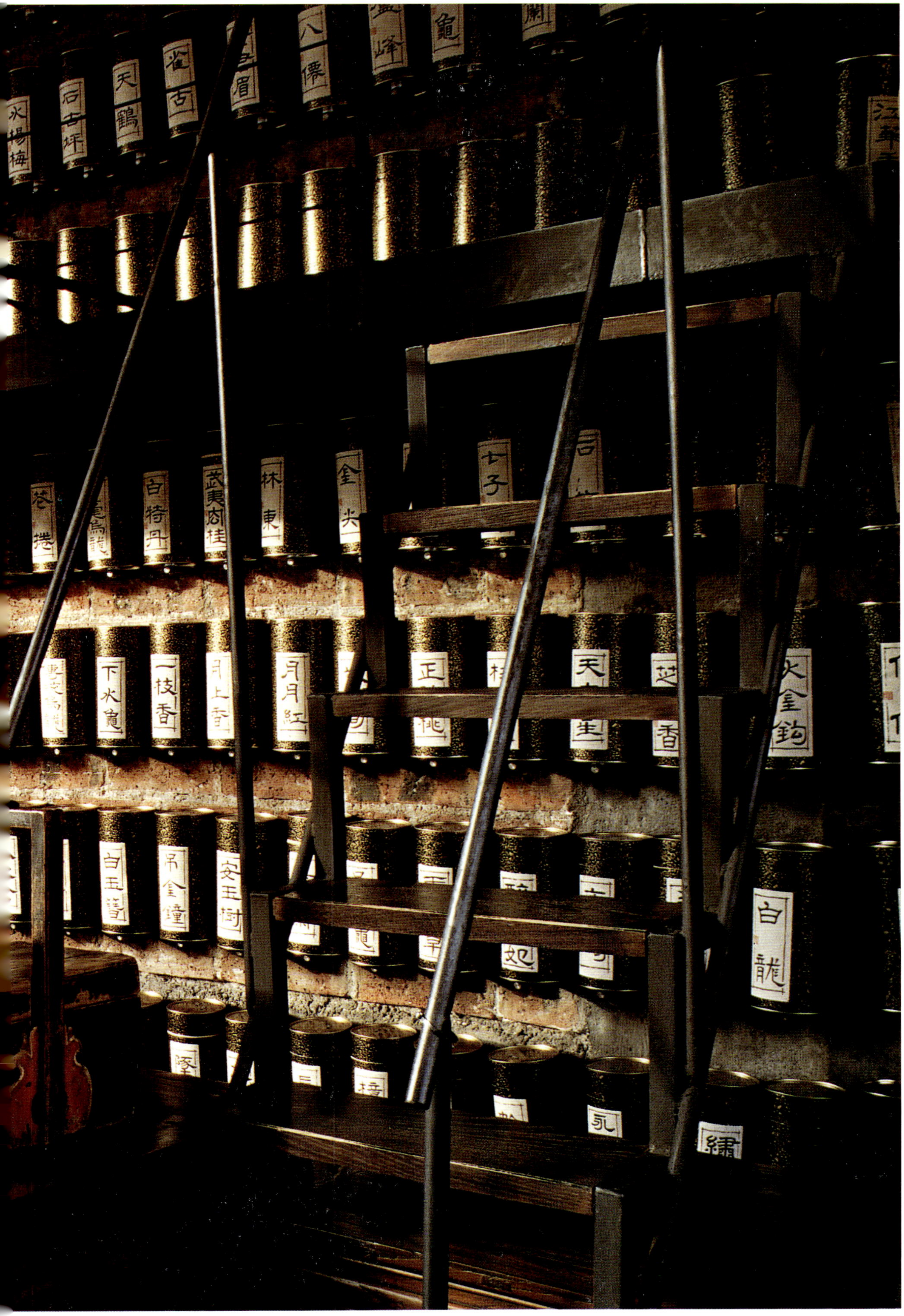

LA MAISON DES TROIS THÉS
Pékin ? Shanghai ? Taipei ? Non, la Maison des Trois Thés à Paris, rue Gracieuse au pied de la montagne Sainte-Geneviève, en passe de devenir grâce à cet établissement singulier décoré par François Muracciole, un des grands centres du négoce international.

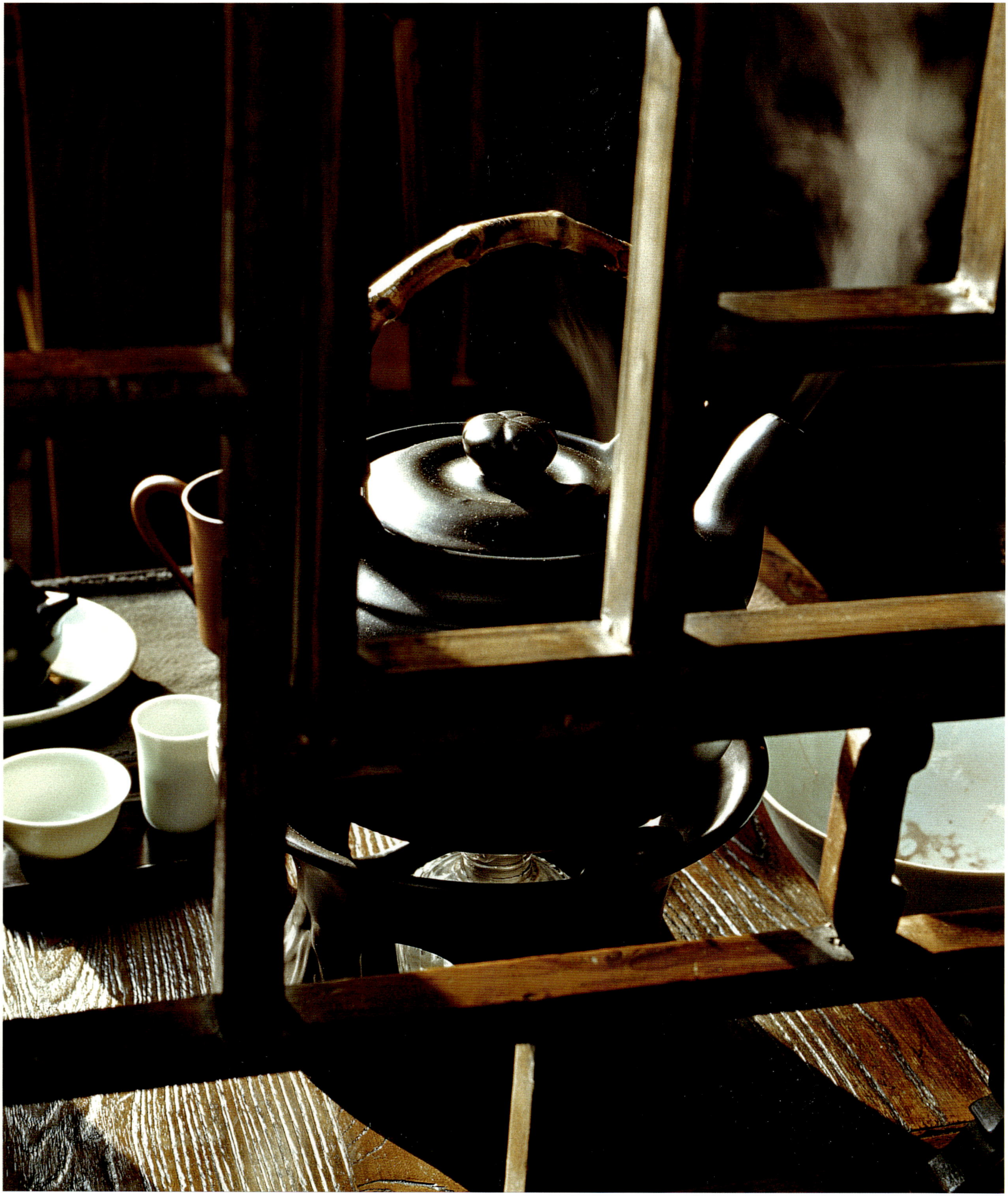

entier. Preuve que Paris existe désormais sur la carte du grand négoce théier, c'est l'un des experts chinois les plus reconnus qui a choisi de faire de la capitale française, la base opérationnelle de son activité. Un expert ou plutôt une experte, puisqu'il s'agit d'une femme, Mme Tseng Yu Hui. Mais qu'entend-on par expert dans le domaine du thé ? Il faut d'abord souligner que cette qualification est d'autant plus importante qu'il n'existe pas dans le domaine du thé, contrairement à celui du vin, d'appellation d'origine contrôlée. La renommée des jardins et les prix de certains thés prestigieux dépendent donc de l'avis de ces spécialistes qui se recrutent par cooptation dans un monde très fermé de planteurs, de négociants et de grands connaisseurs. Justement, Mme Tseng Yu Hui appartient à ces trois cercles. Du côté maternel, elle descend d'une famille de planteurs du Fujian, région traditionnelle de production des oolongs, les thés semi-fermentés. Implantés à Taiwan, il y a deux cents ans, ses ancêtres ont été parmi les pionniers de la culture du thé dans cette île. La famille possède toujours à Nan To des jardins d'où provient un des oolongs les plus réputés, le Jong Ding. C'est dans cet environnement que Mme Tseng Yu Hui a grandi. Depuis, pour s'assurer l'exclusivité de certaines productions d'exception, elle a lancé à Taiwan et en Chine continentale plusieurs plantations, poursuivant ainsi la tradition familiale. Son activité de négociant, elle l'a commencée paradoxalement à partir de l'Europe, au début des années quatre-vingt-dix, faute de trouver sur place et notamment à Paris les grands thés de son enfance. Mme Tseng Yu Hui depuis voyage cinq à six fois par an en Chine et à Taiwan où elle achète sur pied. Mais elle est aussi négociante en thés millésimés, les fameux pu-erhs ou thés oxydés qui vieillissent aussi bien et plus longtemps parfois que les grands bordeaux. À Taiwan, Mme Tseng Yu Hui dispose de cinq cents références et propose à Paris une carte remontant jusqu'au début du XXe siècle. Les prix atteints par ces thés millésimés sont littéralement astronomiques et peuvent se chiffrer en plusieurs dizaines de milliers d'euros le kilo. Encore faut-il, pour les apprécier vraiment, avoir le profil d'un véritable connaisseur. Nous entrons ici dans un domaine très asiatique, celui de l'initiation, qui n'est pas seulement une initiation au thé. Les maîtres de thé dont Mme Tseng Yu Hui a été l'élève ont dépisté très tôt, dès son plus jeune âge, ses prédispositions. Outre la connaissance du thé, ils ont imposé à sa famille de développer sa sensibilité en lui donnant une formation spéciale. D'abord dans le domaine traditionnel, et notamment la médecine chinoise et la calligraphie. Ensuite, en développant ses capacités artistiques. Dans le cas de Mme Tseng Yu Hui, ce fut la musique, au point de devenir clarinettiste et concertiste professionnelle. Sa carrière l'amène à Paris où elle découvre à la fois une grande capitale culturelle du monde occidental et une société orientée sur les plaisirs de la table.

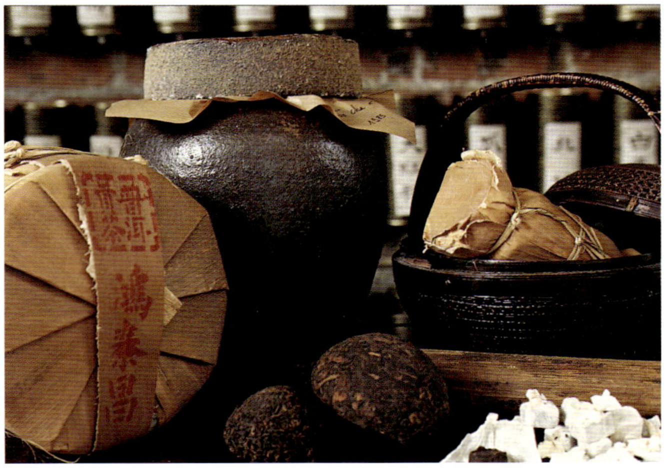

LA MAISON DES TROIS THÉS
Bouilloire en terre cuite, ballots de thés, tasses et bols en porcelaine, la civilisation chinoise du thé s'est implantée sur les bords de la Seine, pour la plus grande joie de ces amateurs curieux que sont les Parisiens.

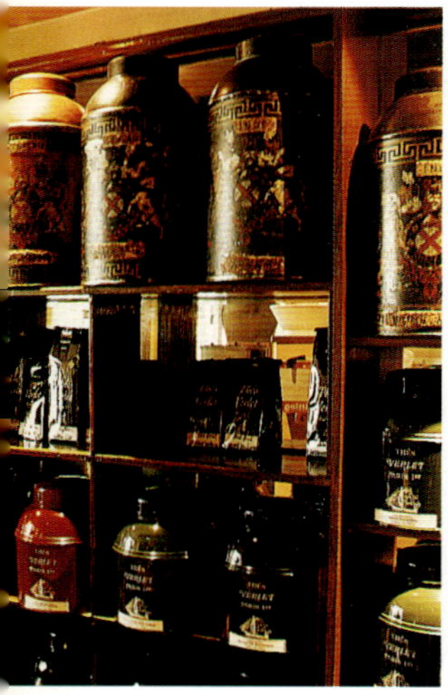

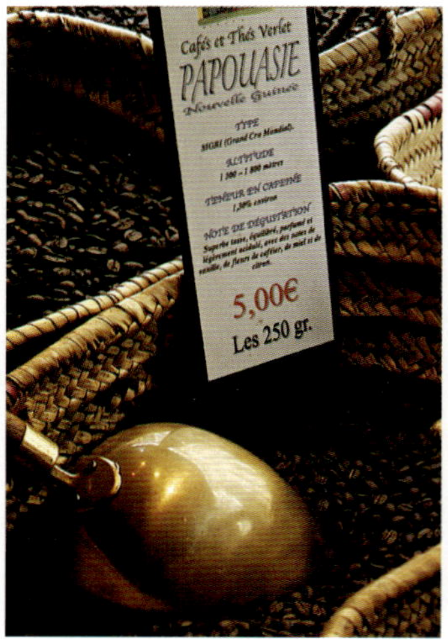

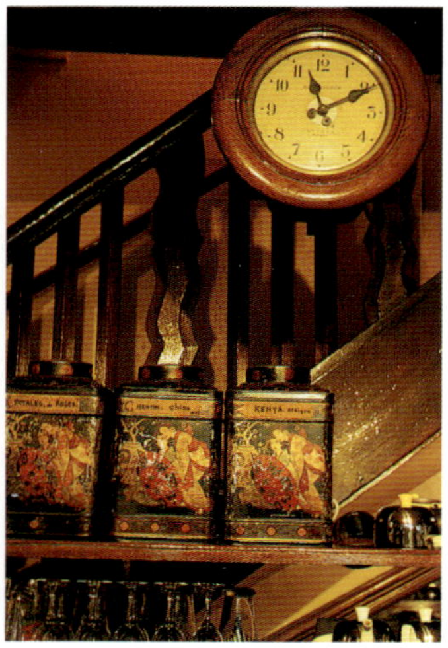

CAFÉ VERLET

Au Café Verlet, près des jardins du Palais-Royal, l'antique percolateur sert toujours à infuser les cafés proposés en vrac, sous l'horloge méditative qui rythme les heures de cet endroit hors du temps.

Elle réalise alors que, de Paris, elle peut organiser le sauvetage de la grande tradition chinoise du thé, malmenée par les péripéties de la révolution. Et aussi améliorer l'image du thé en Occident. L'ouverture de la Maison des Trois Thés correspond donc à cette double ambition. L'avenir dira si Paris, grâce à cette implantation, peut devenir une grande capitale du thé en Occident. En attendant, il y a comme un printemps et les théiers parisiens sont en fleur.

Paris est la capitale du petit noir. Pris sur le zinc à toute heure de la journée ou encore assis à une terrasse, en regardant passer les élégantes et les élégants, il structure la vie parisienne et lui donne sa spécificité. Londres a ses pubs où l'on consomme de la bière et des alcools forts, Rome ses bars où l'on boit aussi du café mais à la va-vite, debout et sur le pouce, Paris a ses cafés et ce n'est pas par hasard si le lieu le plus fréquenté par les Parisiens porte justement le nom de cette boisson, même si l'on y boit aussi du vin et des sodas. Pourtant, les Parisiens se plaignent de plus en plus de la qualité de leur stimulant favori. Sans être des adeptes du « ristretto » des Italiens, exagérément amer et fort à leur goût, et sans partager non plus le goût des Américains pour un liquide trop douceâtre pour être honnête, les Parisiens constatent avec nostalgie que leur café fout le camp. Il y a vingt ans encore, on pouvait voir trôner dans les « bois charbons » la Cona, cette cafetière à vide chauffée par une lampe à pétrole et surmontée d'une tulipe en verre dans lequel le café était aspiré pour infuser longuement avant de retomber dans la verseuse. L'espresso a supplanté cette aimable invention sans rien apporter qu'un bruit insupportable de machine à vapeur et une concentration excessive, néfaste à la bonne appréciation du café. Car celui-ci privilégie l'épanouissement des arômes et rien ne vaut une infusion longue et tempérée, sans aucun contact avec le métal, pour épanouir les qualités du moka ou de l'arabica torréfiés. Les vrais amateurs se sont donc réfugiés dans leurs

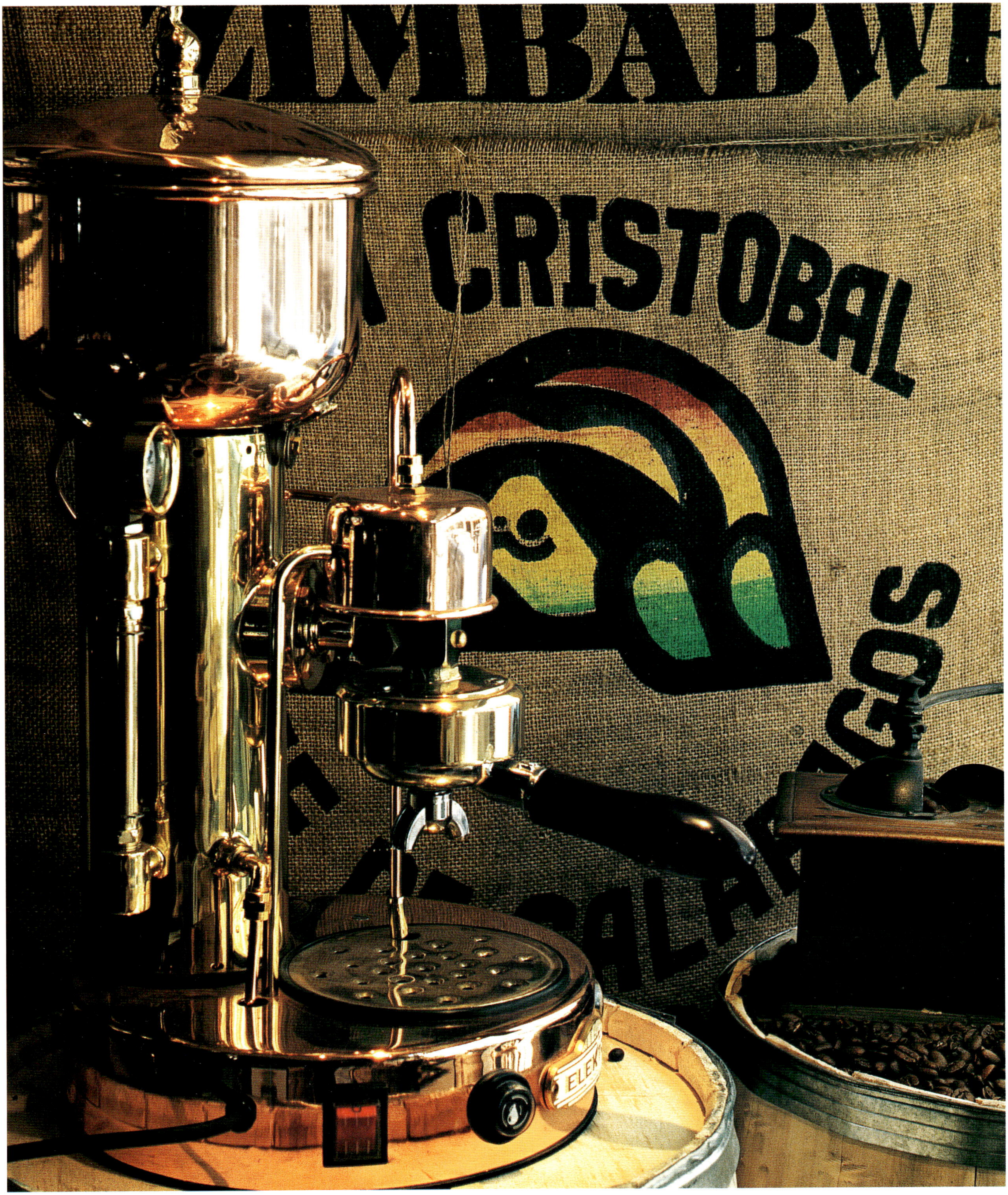
CRISTOBAL

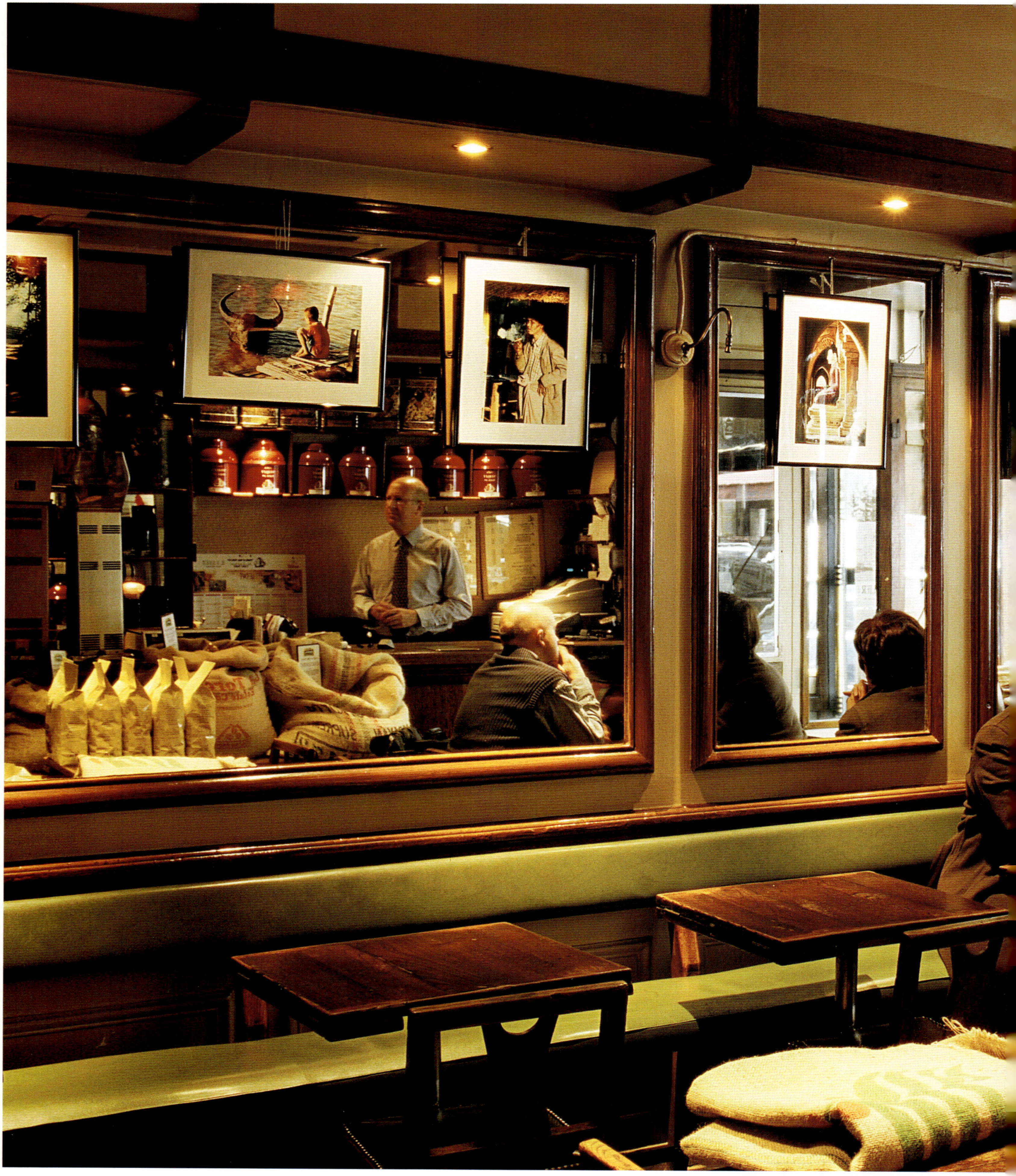

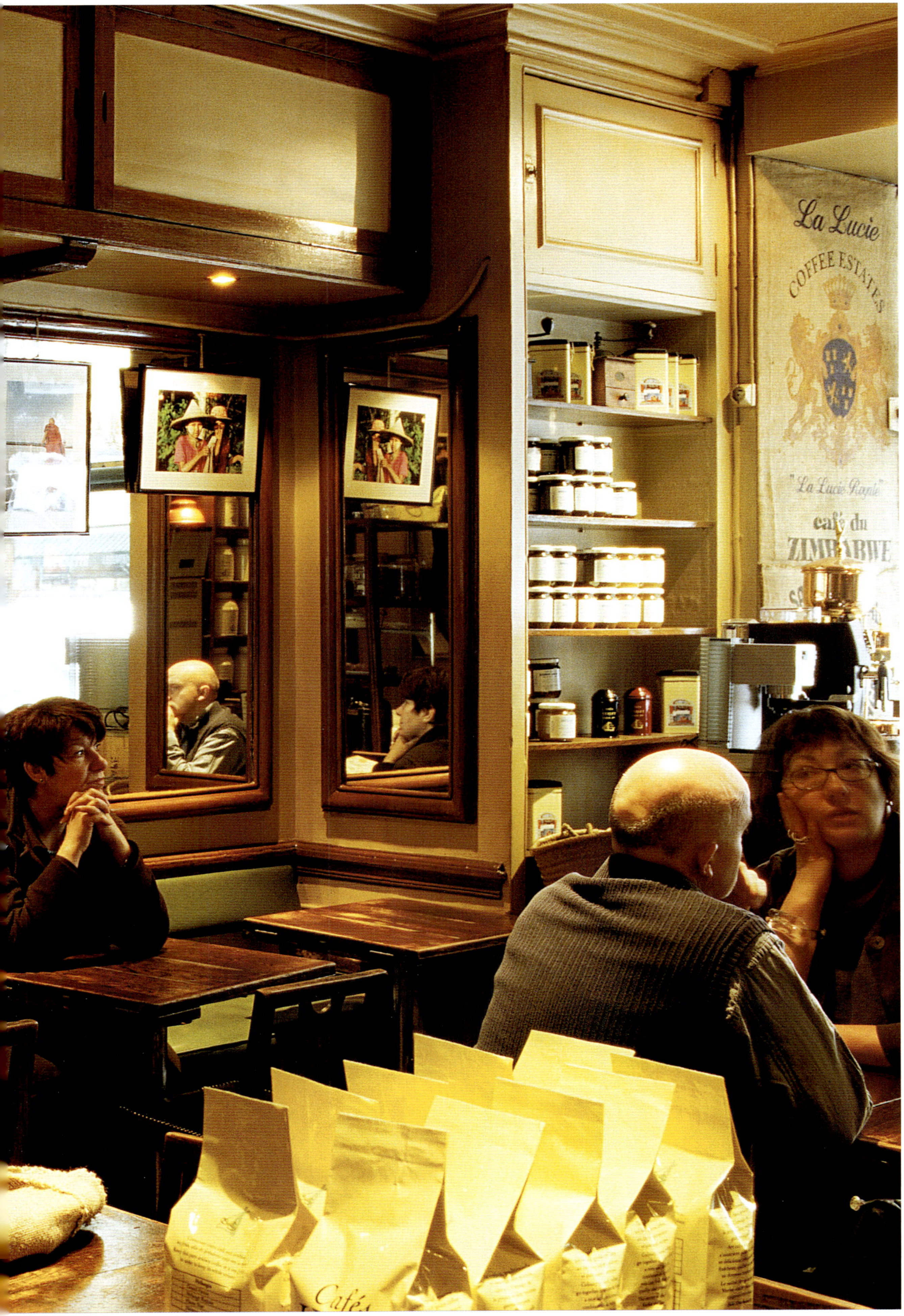

CAFÉ VERLET

Où mieux pratiquer l'art traditionnel de la conversation que chez un torréfacteur qui fait aussi café? Chez Verlet, les hommes ont du talent et les femmes de l'esprit.

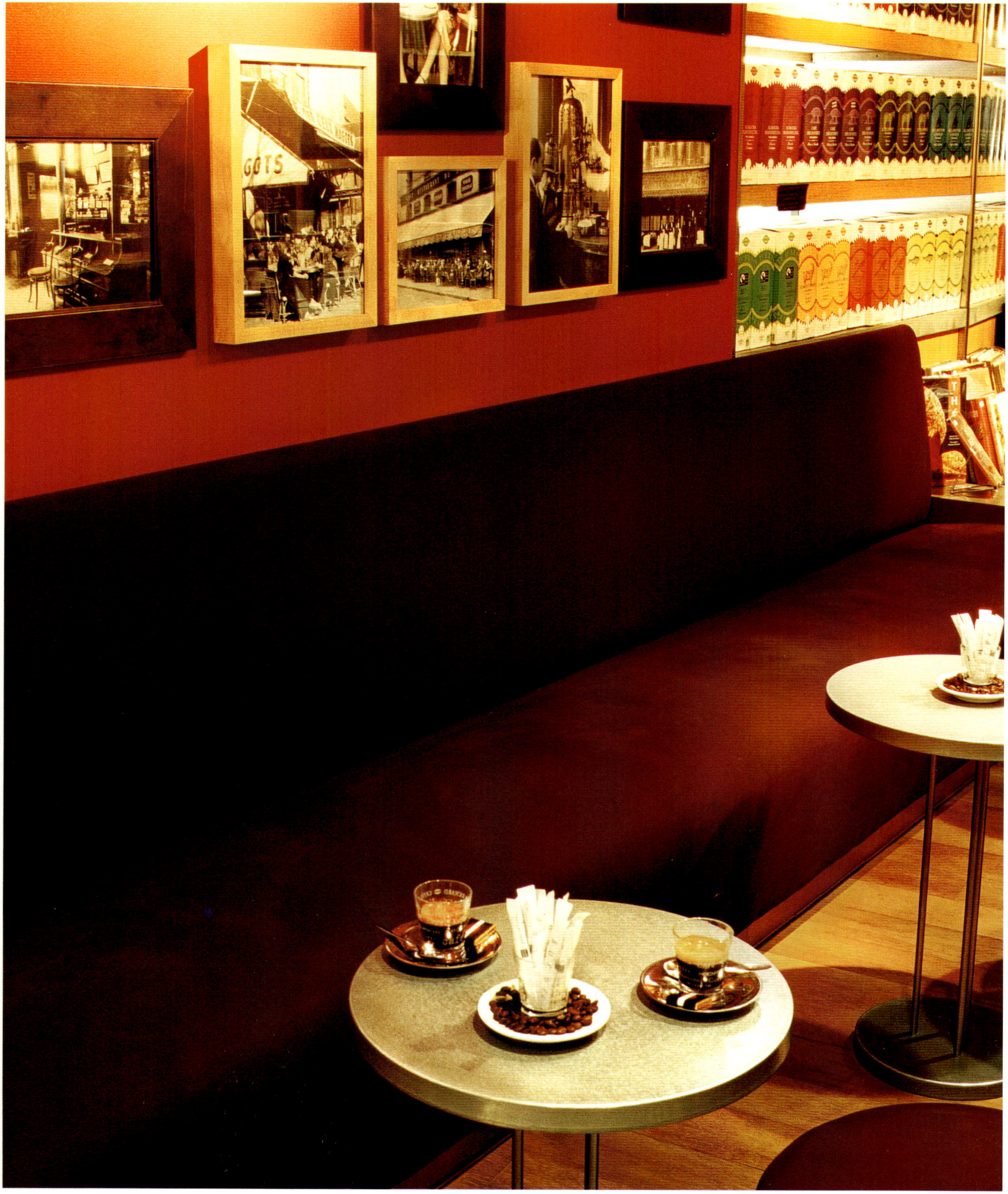
GOTS

cuisines où ils perpétuent avec délice cette tradition si parisienne du bon café. Car celui-ci est d'abord le combustible indispensable à cet art si français de la conversation. Dans les salons littéraires, à la ville comme à la cour, le pétillement de l'esprit a souvent été pris en mauvaise part et les Parisiens pour des gens superficiels. Plus lucide, Talleyrand, homme du XVIIIe siècle égaré dans la Révolution et sous l'Empire, disait que « la parole a été donnée à l'homme pour dissimuler sa pensée », manière d'excuser cette propension nationale à « parler pour ne rien dire. » Aussi admirait-il le café auquel il conférait toutes les vertus, du moins celles qui comptaient à ses yeux : « Noir comme le diable, chaud comme l'enfer, pur comme un ange et doux comme l'amour. »

Ce café idéal, il suffit de passer la porte du Café Verlet, une boutique située non loin du Palais-Royal, rue Saint-Honoré, pour réaliser que les torréfacteurs parisiens en ont gardé la tradition. Ou plutôt l'ont réinventé, car c'est seulement à partir de 1965 que Pierre Verlet s'est mis à proposer des crus d'arabica « d'origine pure » d'abord aux restaurateurs, ensuite au public. Aujourd'hui, alors que les grandes marques de café se mettent également à vanter l'origine de leurs produits, Éric Duchossoy qui préside désormais aux destinées du Café Verlet s'enorgueillit, lui, de s'approvisionner directement auprès des meilleurs planteurs et de proposer des cafés de terroir, issus d'une même plantation. Même s'il ne se range pas sous la bannière du « commerce équitable », il en observe les grands principes. Ainsi, d'octobre à janvier, au moment de la récolte du café, on le voit parcourir le monde, du Cameroun au Laos, du Mexique au Panamá, armé de son torréfacteur à échantillons et d'une cafetière à piston, pour être en mesure de déterminer sur place la qualité des récoltes. Il a déniché ainsi sur le plateau des Boloven, au Laos, la ferme de Thong Set. Au sortir de la guerre, les Méos se sont remis à cultiver les plants d'arabica que des botanistes français, du temps de l'Indochine coloniale, avaient acclimatés dans cette zone au climat propice à la culture des caféiers. Un peu plus à l'ouest, en Birmanie où la culture de l'arabica date des années trente, avec des plants de bourbon en provenance de la plantation créée par Karen Blixen au Kenya, il a élu la production du village de Memyo. Dans les Amériques, au Panamá, la ferme de Torcaza est cultivée par des planteurs d'origine suédoise dans les plus purs principes de la social-démocratie scandinave : dispensaire pour les ouvriers agricoles, école pour les enfants, recyclage de l'eau qui sert au lavage des grains. Et bien sûr, soin extrême, clinique pourrait-on dire, apporté à la culture des plants de Bourbon, de *Tipica*, de *Catuia* et autre *Catura*. Mais le travail d'Éric Duchossoy ne se limite pas à la sélection des meilleurs crus. Car ces

COMPTOIRS RICHARD
Les Cafés Richard ont remis au goût du jour le torréfacteur traditionnel en le dotant d'un décor contemporain et en offrant une large gamme de produits dérivés : cafetières, sucres et sucrettes, chocolats. Dans celle de la rue du Cherche-Midi on peut même déguster son café sur place avant de l'emporter.

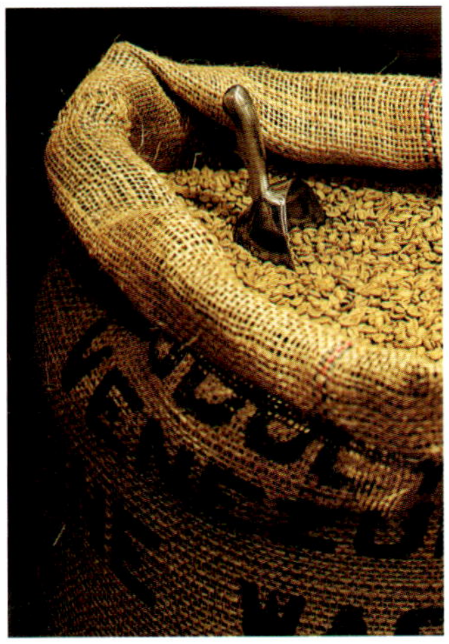

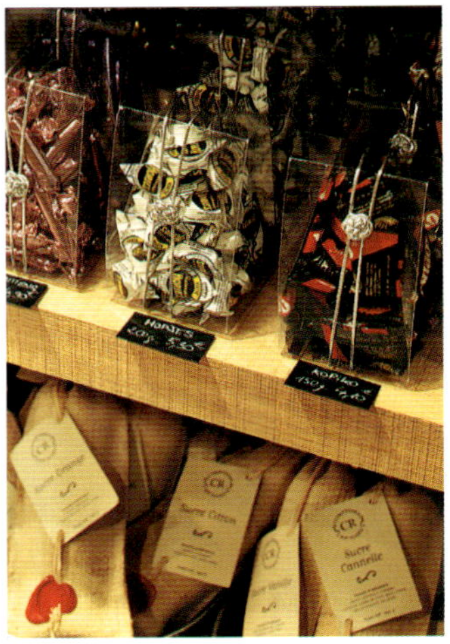

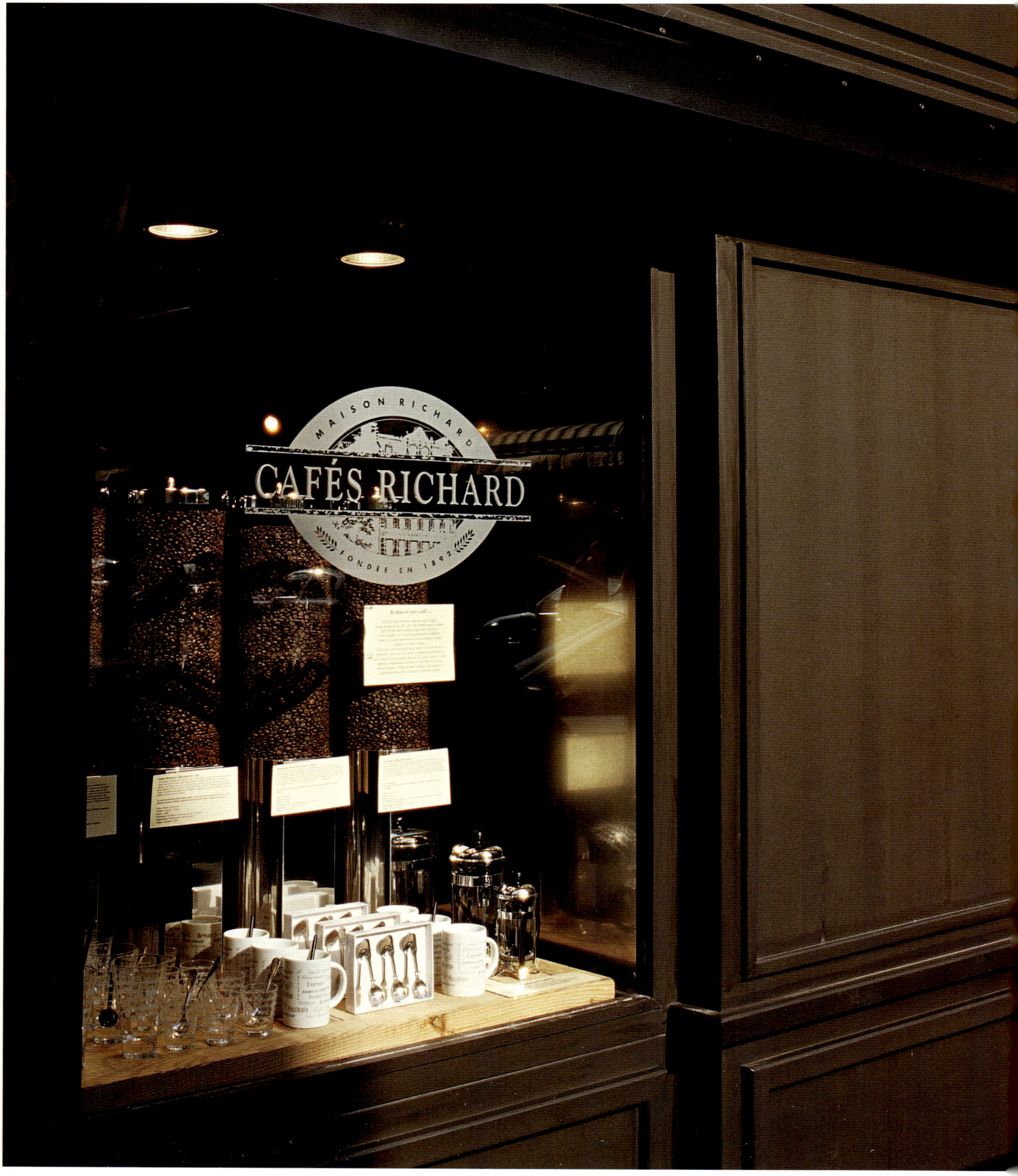
MAISON RICHARD
CAFÉS RICHARD
FONDÉE EN 1892

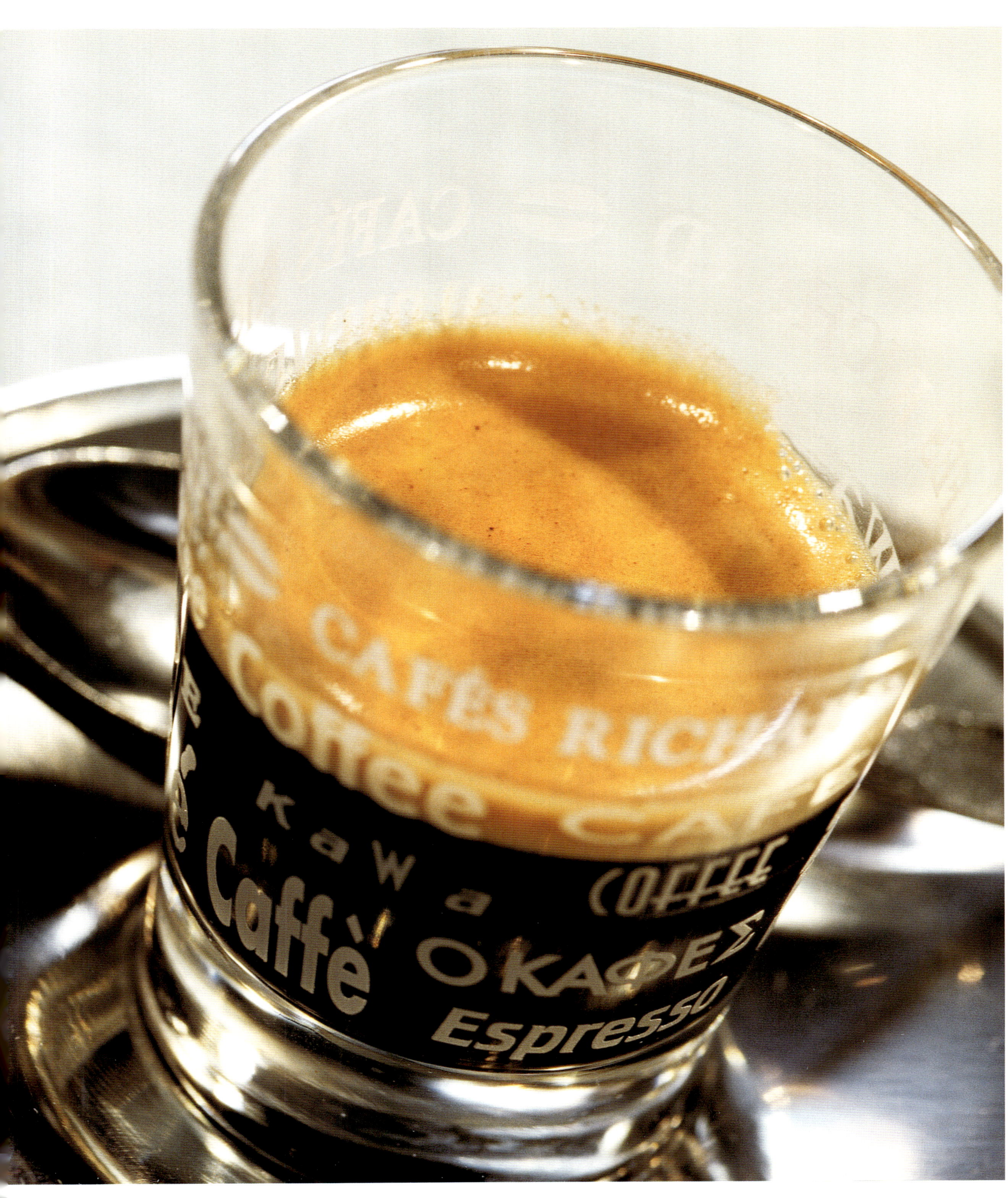
Coffee
Kawa
COFFEE
Caffè
Espresso

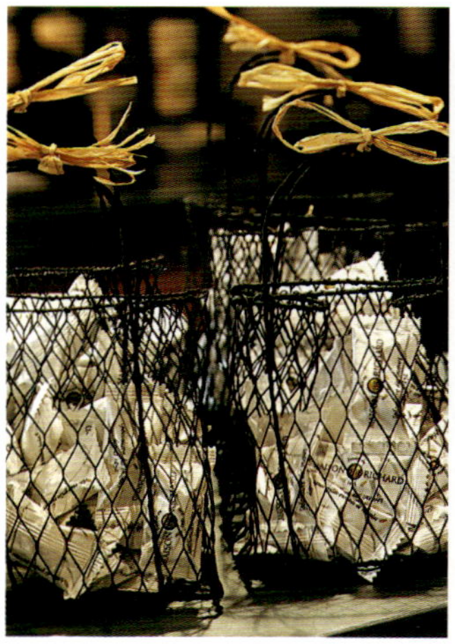

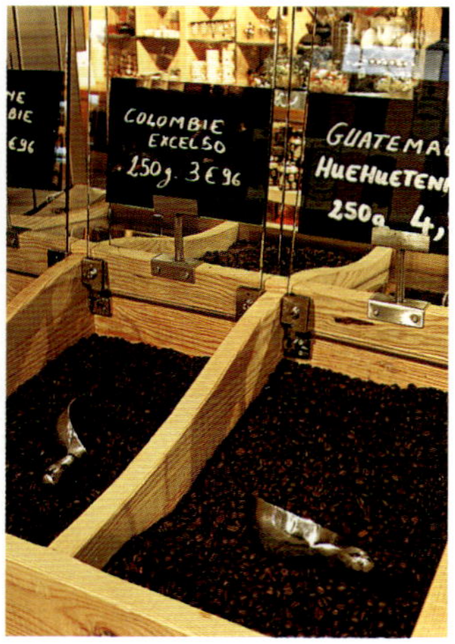

cafés, il faut les torréfier, et les crus de grande qualité ne se révèlent vraiment qu'après avoir subi ce processus. Or, chaque torréfacteur a son secret et chaque origine de café son point d'équilibre, ainsi que le résume Éric Duchossoy d'une formule simple : « Il faut adapter la torréfaction de chaque café au goût qu'il doit avoir. » Ne lui demandez pas comment il détermine ce goût : il s'avoue incapable de l'expliquer. Seuls l'expérience et de nombreux essais lui permettent de le déterminer. Ce qu'il est en mesure de préciser en revanche, ce sont les manières d'éviter les défauts : une cuisson rapide entraîne un goût d'acidité, ce qui fait que pour masquer l'amertume il importe de procéder à une torréfaction lente. De même, une chaleur trop vive donnera au café un goût de grillé, ce qu'Éric Duchossoy nomme « le goût italien » car les Cisalpins aiment leur café amer, nous dirions fort. Mais les torréfactions à l'allemande ou à l'américaine qui visent justement à éviter cette acrimonie tendent par un effet inverse, le grain étant saisi mais pas assez torréfié, à donner au café un côté vert et légumineux qui laisse subsister l'acidité. On l'aura compris, entre acidité et amertume, la torréfaction à la Éric Duchossoy vise à exalter les huiles essentielles, à déployer la palette aromatique et à révéler les composés organoleptiques contenus dans le grain de café. Exactement ce que les Parisiens attendent d'un bon torréfacteur.

COMPTOIRS RICHARD
Les origines des cafés sont bien en évidence, grands crus et assemblages présentés en vrac ou déjà moulus, le choix du café devient un plaisir d'autant qu'on a l'embarras du choix : Guatemala, Jamaïque, Papouasie, Éthiopie, etc.

Et pour ceux qui ne peuvent faire le pèlerinage de la rue Saint-Honoré, il reste la possibilité de déguster un bon café conçu selon les mêmes principes par les Comptoirs Richard. Cet établissement vieux de plus de cent ans a évangélisé une bonne partie des cafés parisiens, si bien que ceux-ci présentent désormais à leur clientèle un moka de qualité. Mais ils disposent également aujourd'hui de cinq points de vente à Paris. Le comptoir de la rue du Cherche-Midi, avec ses cafés en sac, son large choix de cafetières et d'objets pour le café, son petit coin dégustation où l'on peut goûter sa mouture avant de l'acheter, possède un charme certain. Bonne odeur de torréfié à l'entrée, vendeurs attentifs et qualifiés, grand choix d'arabicas « pures origines » : *maragogype* du Mexique, surnommé *Liquidambar (sic !)*, variété aux fèves d'une taille dite « éléphant » mais dont *a contrario* le corps est léger, parfumé avec des notes d'agrumes ; *Blue Mountain* de Jamaïque, velouté et chocolaté en bouche ; ou encore le moka d'Éthiopie à l'arôme complexe et presque sauvage. Mais les amateurs de café viennent ici aussi pour les assemblages dont le fameux *Perle Noire* qui marie plusieurs arabicas et fait le bonheur des amateurs.

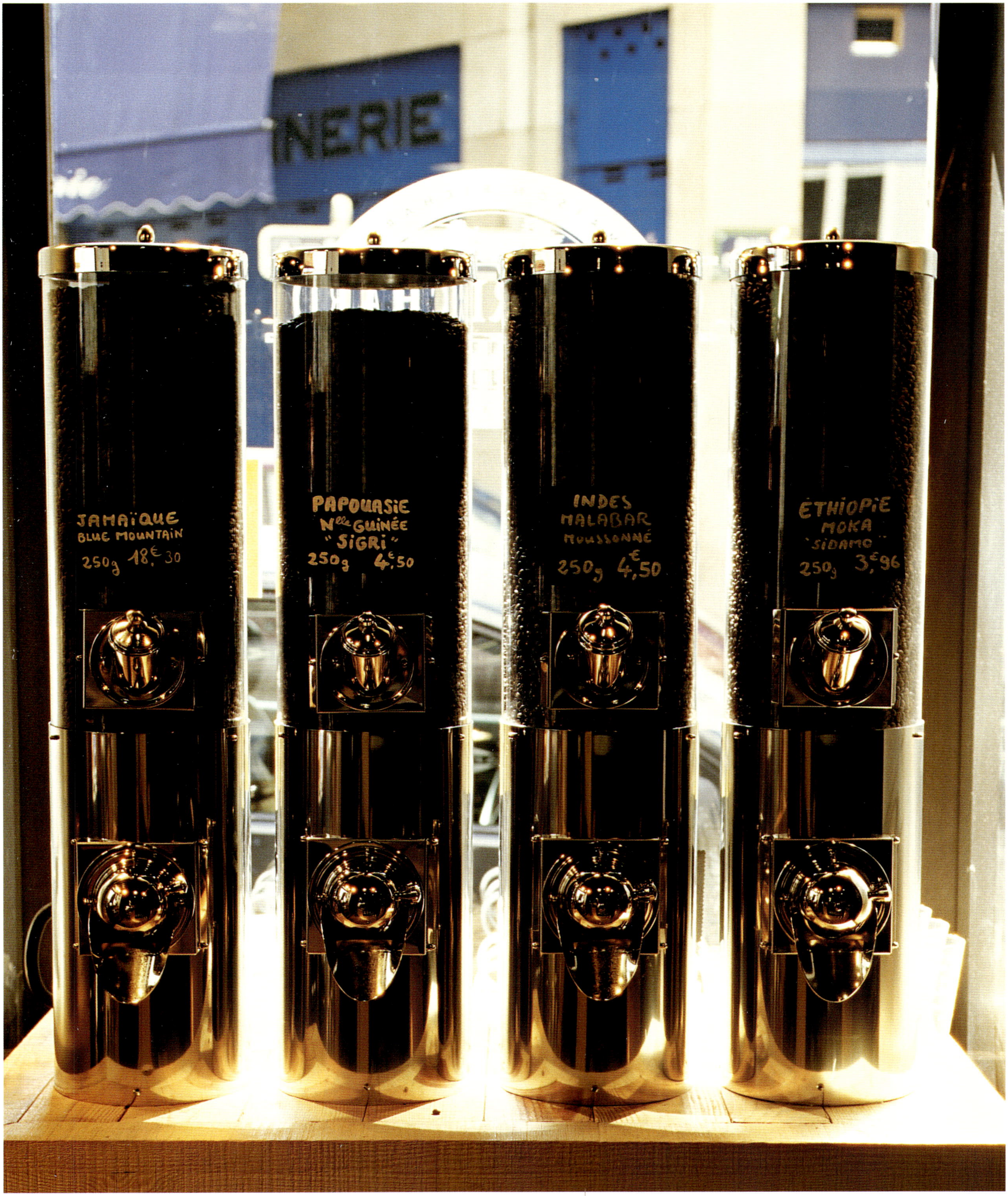
INERIE
JAMAÏQUE
BLUE MOUNTAIN
250g 18,€30
PAPOUASIE
Nlle GUINÉE
"SIGRI"
250g 4€,50
INDES
MALABAR
MOUSSONNÉ
250g 4€,50
ÉTHIOPIE
MOKA
"SIDAMO"
250g 3€96

Paris salé

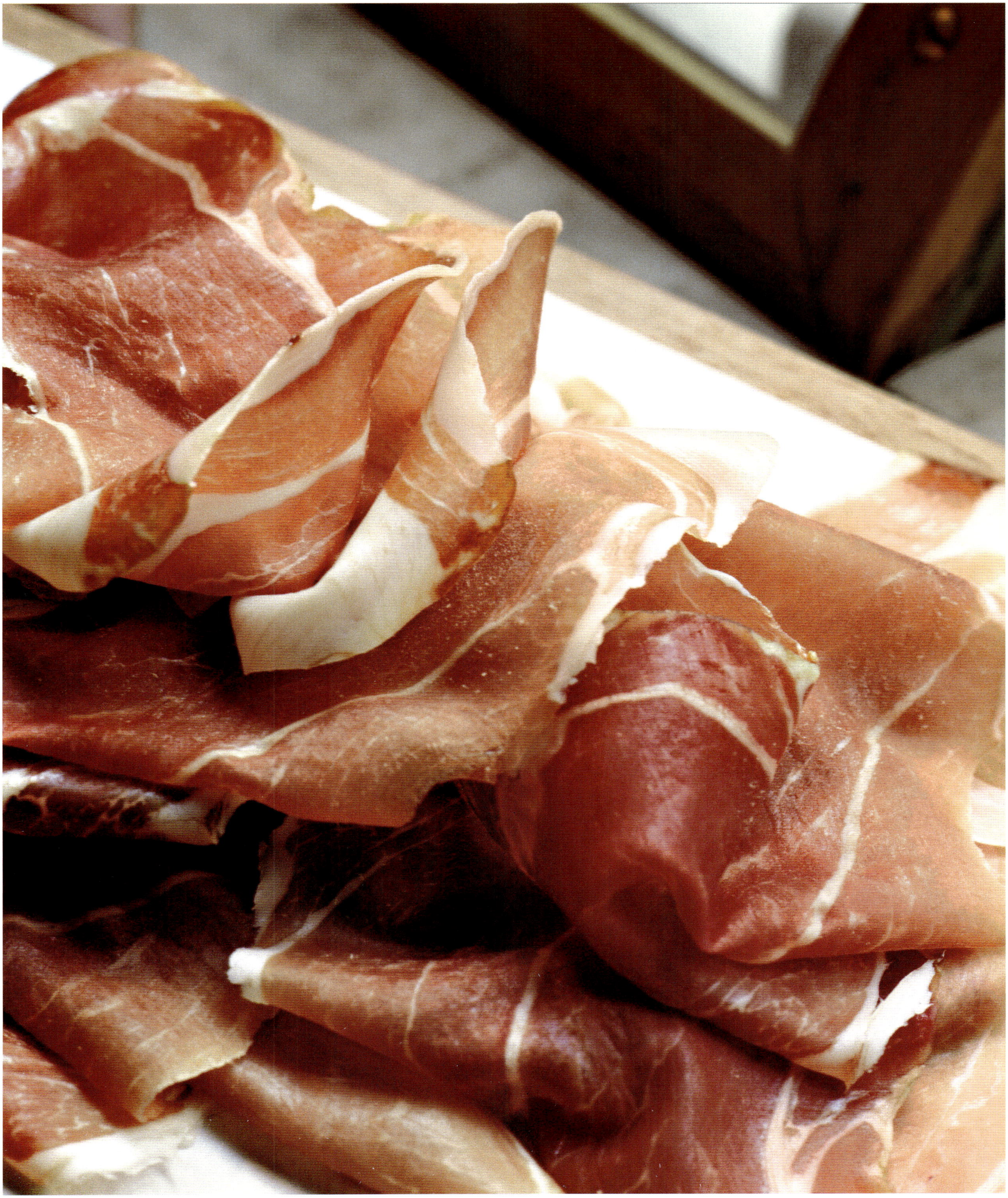

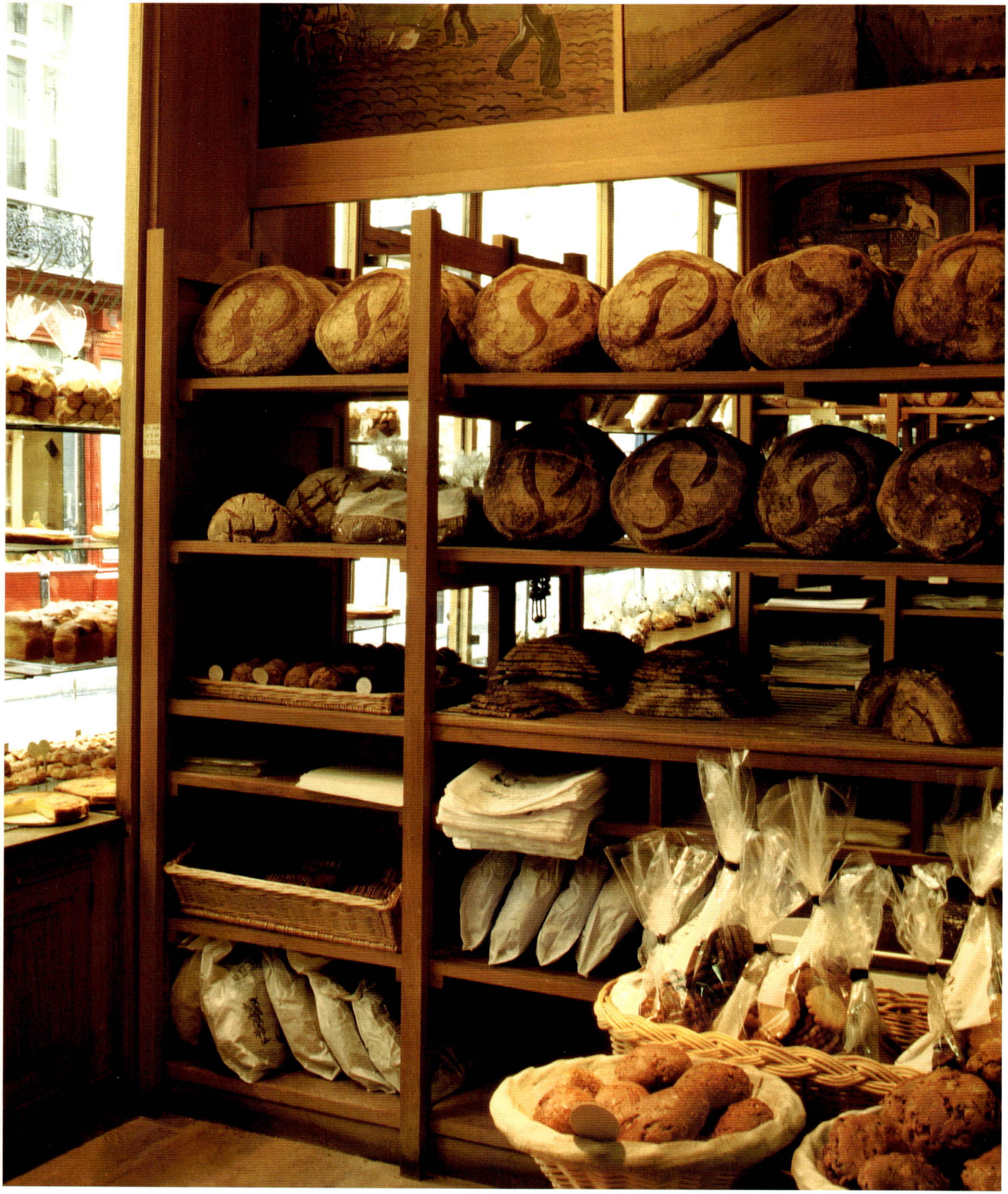

Pains et fromages

POILÂNE
Bienvenue dans l'antique boutique de Pierre Poilâne, rue du Cherche-Midi. Pendant des années, les Parisiens ont fait ici la queue, non parce qu'on manquait de pain à Paris, mais parce que longtemps, Poilâne a été l'unique endroit où le pain était bon.

Quand les Parisiennes partirent en manifestation à Versailles, le 5 octobre 1789, forcer Louis XVI, Marie-Antoinette et le Grand Dauphin à déménager aux Tuileries, elles voulaient d'abord ramener avec elles « le boulanger, la boulangère et le petit mitron ». Tant le pain jouait un rôle important sous l'Ancien Régime. On a pu dire de la Révolution française qu'elle a d'abord commencé comme une émeute frumentaire, due à la période de disette qui précéda juillet 1789 et à la cherté du pain, aliment essentiel des Français au XVIIIe siècle. Aujourd'hui, il n'y a pas de disette et le pain ne manque pas, mais les Parisiens continuent de se plaindre : le pain est mauvais, le pain n'est plus ce qu'il était. Pourtant, ce n'est pas faute d'efforts de la part des édiles qui ont institué le « prix de la meilleure baguette de Paris » récompensant chaque année le boulanger le plus doué de la capitale. La ville compte aujourd'hui encore près de mille trois cents boulangeries-pâtisseries artisanales, contre environ six mille il y a dix ans. Et pourtant, la consommation de pain a légèrement progressé durant cette période, passant de cent cinquante grammes par jour et par habitant à cent soixante-trois. Alors, faut-il croire les Parisiens quand ils se plaignent ? Oui, si l'on pense au pain industriel commercialisé dans les grandes surfaces et qui, passé une journée en rayon, se ramollit et devient pareil à du caoutchouc. Mais pour les vrais amateurs, et ils sont nombreux, une belle baguette, un beau pain, méritent le déplacement, même dans un autre quartier, une autre partie de la ville. Ceux-là sont récompensés de leur effort, car paradoxalement, dans cette période de crise de la boulangerie, l'offre de qualité n'a jamais été aussi diversifiée, tant par les sortes de pains que par le soin apporté à leur fabrication. Le pain n'est pas encore devenu tout à fait un aliment de luxe, mais les bonnes boulangeries constituent désormais un trésor dont les Parisiens se repassent les adresses de bouche à oreille. Et les noms de quelques boulangers d'élite sont devenus autant de mots de passe, aussi prestigieux que ceux des grands chefs et des grands pâtissiers.

Ainsi de celui de Poilâne. Un critique gastronomique a pu écrire que Pierre Poilâne et son fils Lionel avaient été aussi importants pour la boulangerie que Gaston Lenôtre pour la pâtisserie et Paul Bocuse pour la restauration. Après la Seconde Guerre mondiale, les Parisiens n'en peuvent plus du pain noir :

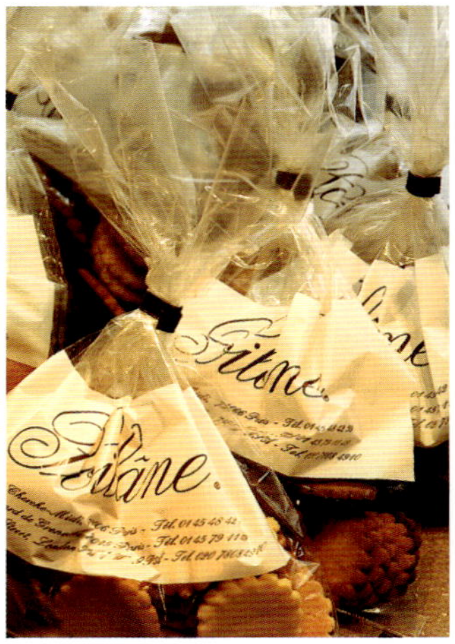
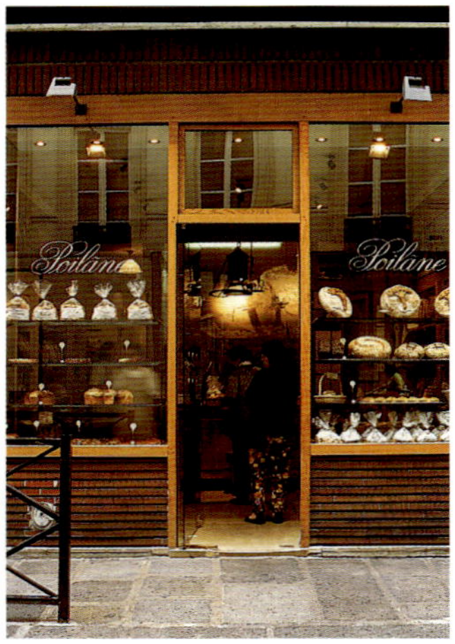

il a été leur quotidien durant les temps eux aussi noirs de l'Occupation et, par opposition, ils aspirent à un pain blanc, dont la mie sera légère et éclatante, la croûte dorée comme un avenir qu'ils espèrent enfin radieux. Beaucoup de boulangers, pour leur donner satisfaction, se mettent à offrir à leurs clients une baguette qui a l'apparence et seulement l'apparence du bon. Pour faire lever exagérément la pâte et donner à la mie cette allure aérienne que les consommateurs, fatigués du pain dur et compact de la guerre, prennent alors pour un gage de qualité, ils passent à l'ensemencement de la pâte par des agents de levure exogènes et proposent une baguette sans arômes, sans goûts, neutre et déjà industrielle. Ce produit s'impose comme la norme et, tel le pain blanc d'autrefois, devient le symbole de l'aisance, du retour des beaux jours, le pain des riches en somme, le pain qui fait rêver. Dans sa boulangerie de la rue du Cherche-Midi, ouverte en 1932, Pierre Poilâne ne voit pas le pain du même œil. Pour lui, il doit se fabriquer avec une farine moulue à la meule de pierre, une farine couleur bistre, légèrement grasse car préservant l'huile de germe de blé et la pâte doit fermenter naturellement au levain puis cuire au feu de bois. Fidèle aux traditions ancestrales de la boulange parisienne, il refuse la baguette et continue de débiter le pain à la miche, une miche bien ronde et se conservant plusieurs jours de suite dans le garde-manger. Et d'abord la miche d'un kilo neuf, spectaculaire et familiale qui orne sa vitrine comme un soleil. Ce soleil attire, et en premier les artistes nombreux dans ce quartier proche de l'École des beaux-arts. Le pain traditionnel de Pierre Poilâne est nourrissant, les artistes sont pauvres. Il lui arrive d'échanger une miche contre une toile et se constitue ainsi une collection de tableaux qui ont tous pour thème le pain dans sa gloire. Elle continue d'orner l'arrière-boutique. Toutes ces œuvres ne sont pas des chefs-d'œuvre, loin de là, mais elles témoignent du lien pourrait-on dire presque ontologique du pain Poilâne avec l'art. Les artistes de Saint-Germain-des-Prés font de ce pain qui va à contre-courant un pain à la mode. Apothéose de cette consécration, Lionel, le fils de Pierre, réalise sur les instructions de Salvador Dalí un mobilier tout en pain dont on voit encore sur place le chandelier. Peu à peu, la réputation des Poilâne grandit. Outre le fournil de la rue du Cherche-Midi, une manufacture de pain est aménagée dans une ancienne ferme à Clamart, en banlieue parisienne. Il s'agit d'assurer l'approvisionnement de la vingtaine de revendeurs qui se sont mis à commercialiser le pain Poilâne dans Paris. Mais les méthodes restent les mêmes. Le pain Poilâne commence à s'exporter dans le courant des années soixante-dix. On le retrouve aux États-Unis, au Japon, à Hong-Kong et bien sûr dans de nombreux pays européens. La *Pravda* publie même un reportage sur les queues qui s'allongent sur le trottoir de la rue du Cherche-Midi, gage selon l'organe du

POILÂNE
On vient aussi chez Poilâne pour les petits sablés, délicieusement beurrés et qui servent d'en-cas coupe-faim le matin, de goûter l'après-midi. On en profite pour comparer la collection de natures mortes de pain aux modèles originaux qui s'étalent dans l'arrière-boutique.

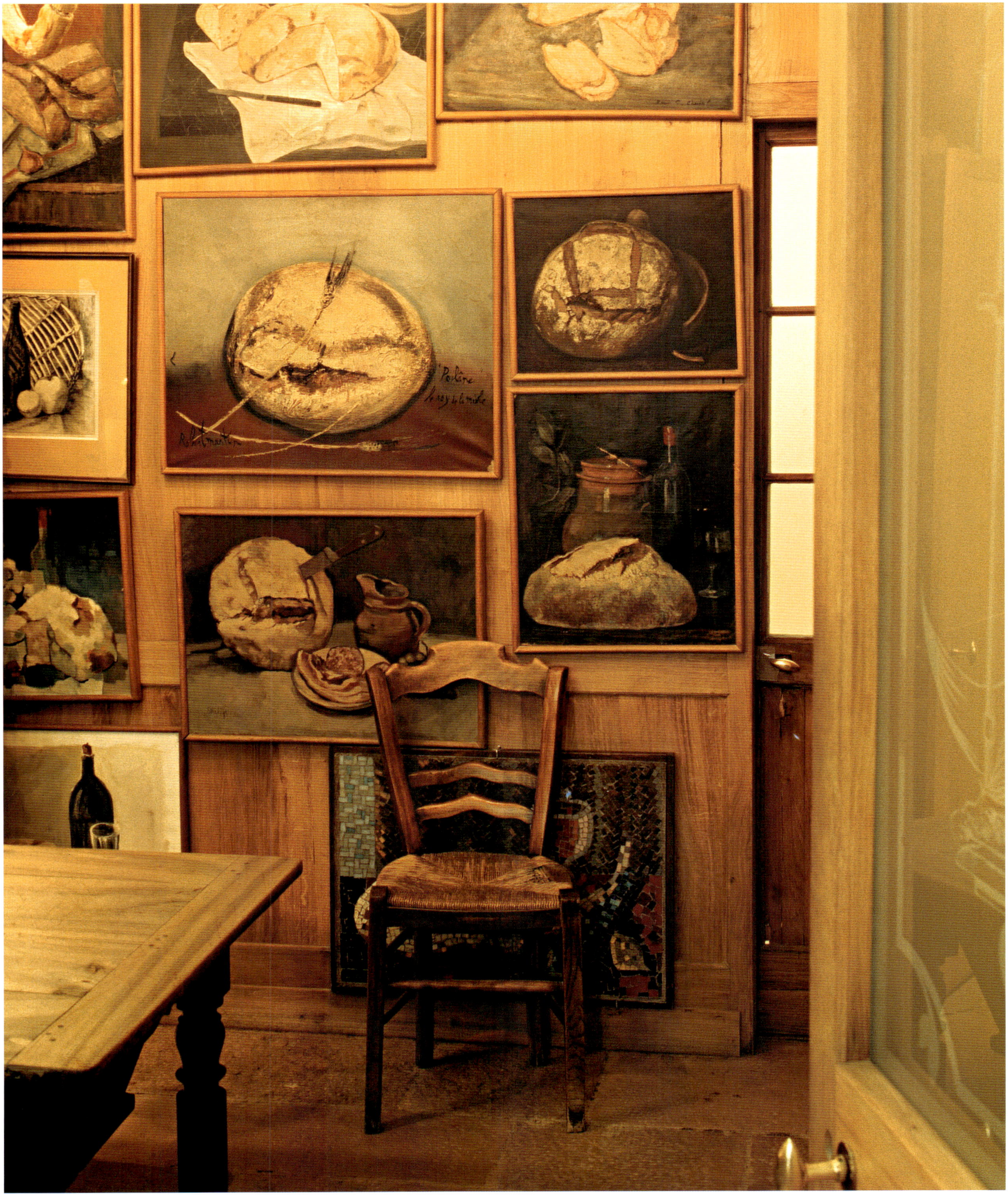

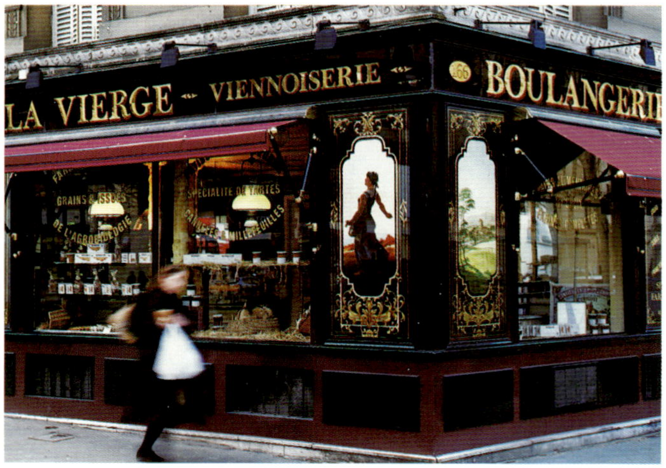

Parti communiste d'Union soviétique de la « pénurie de pain » qui sévit dans les pays capitalistes. Expulsée de Clamart en 1982, l'entreprise – Poilâne est devenu une entreprise importante – bâtit une manufacture toute neuve à Bièvres, à la limite entre Paris et les champs de blé de la Beauce. Mais cette manufacture à l'architecture moderne et ouverte sur la nature est équipée en fait comme une boulangerie du XVIIIe siècle : vingt-quatre fours chauffés au bois et autant de fournils aménagés pour le travail à l'ancienne. Mais la distribution du bois est assurée par une grue centrale pivotant automatiquement sur un axe et la farine, stockée dans quatre grands silos, arrive directement dans les pétrins grâce à un système pneumatique. À l'heure où la boulangerie moderne fabrique à la chaîne un pain sans âme, Pierre Poilâne invente l'usine rétroactive qui adapte les acquis de la technologie aux recettes traditionnelles de la fabrication du pain. Aujourd'hui, rue du Cherche-Midi, la boulangerie se visite comme un musée. Les vendeuses, revêtues d'une blouse de lin, évoluent dans un décor de bois clair qui sent bon l'odeur légèrement acide et chaude du pain frais. Car plus que jamais on y fabrique tout le pain vendu quotidiennement dans la boutique. Et la gamme n'a pas changé depuis les années soixante-dix. Les miches de farine de blé sont signées du monogramme du boulanger. Mais aussi, toujours à la farine de blé, la petite boule ronde aux noix et le pain de mie, compact et d'un jaune appétissant, vendu seulement sur place « car il ne voyage pas ». Et le pain de seigle dont le levain de seigle est mêlé d'un chouïa de levain de blé pour lui donner ce goût légèrement sucré et rond qui lui donne sa distinction. Lionel et Pierre Poilâne ont décidément été de ces conservateurs modernes qui, en préservant les méthodes ancestrales, bouleversent et révolutionnent toute une profession. Après l'accident tragique qui a coûté la vie à Pierre Poilâne en 2003, sa fille Apollonia a repris le flambeau.

LE MOULIN DE LA VIERGE
La façade 1900 du Moulin de la Vierge, avenue de Suffren dans le quartier de l'École Militaire, illustre bien les valeurs traditionnelles attachées au pain en France. La silhouette de la Semeuse évoque lointainement la Marianne républicaine qui figurait sur les francs, déesse à la fois érotique et nourricière. Le pain du Moulin de la Vierge se place d'ailleurs sous le signe de la santé puisqu'il est conçu exclusivement avec de la farine bio (ci-contre).

Le pain est intrinsèquement lié à l'histoire d'une société et cela est particulièrement vrai de la société parisienne. Paris, en se modernisant, a failli perdre ses boulangers de qualité. Et il a fallu un Lionel et un Pierre Poilâne pour maintenir la tradition. Mais en réagissant contre les excès de l'urbanisation moderne, la ville a retrouvé et suscité de nouvelles vocations précisément chez ces « faiseurs de pain » dont la vocation est d'être au plus proche de la sensibilité d'une population fondamentalement amoureuse de son cadre de vie. En témoigne l'histoire du Moulin de la Vierge, une boulangerie de la rue Vercingétorix, située en bordure des voies ferrées de la gare Montparnasse. Au milieu des années soixante-dix, on aura peine à le croire, des technocrates rêvaient de faire pénétrer des autoroutes en plein cœur de Paris pour les faire aboutir au pied de Notre-Dame et mailler ainsi la Ville lumière dans

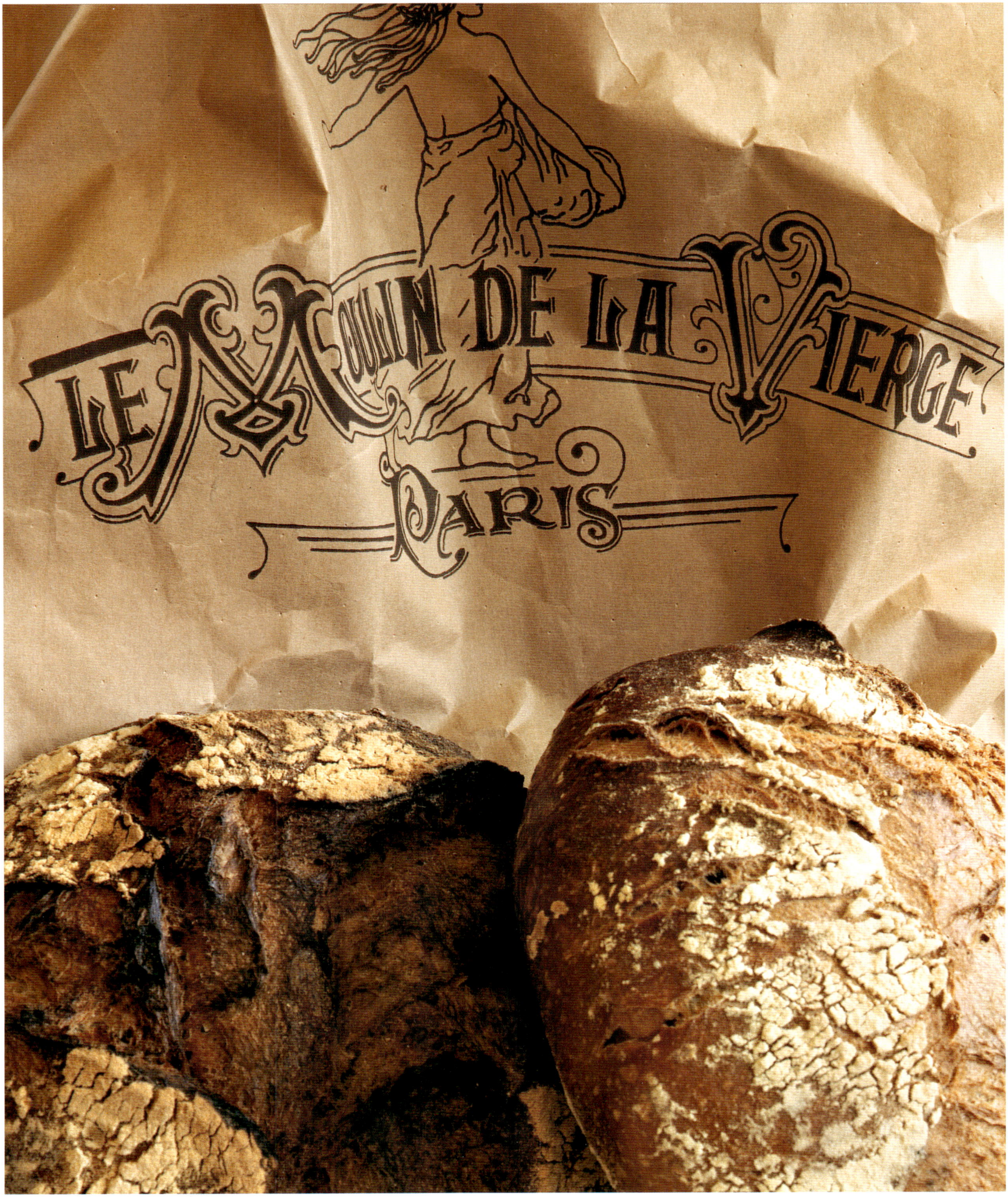
LE MOULIN DE LA VIERGE
PARIS

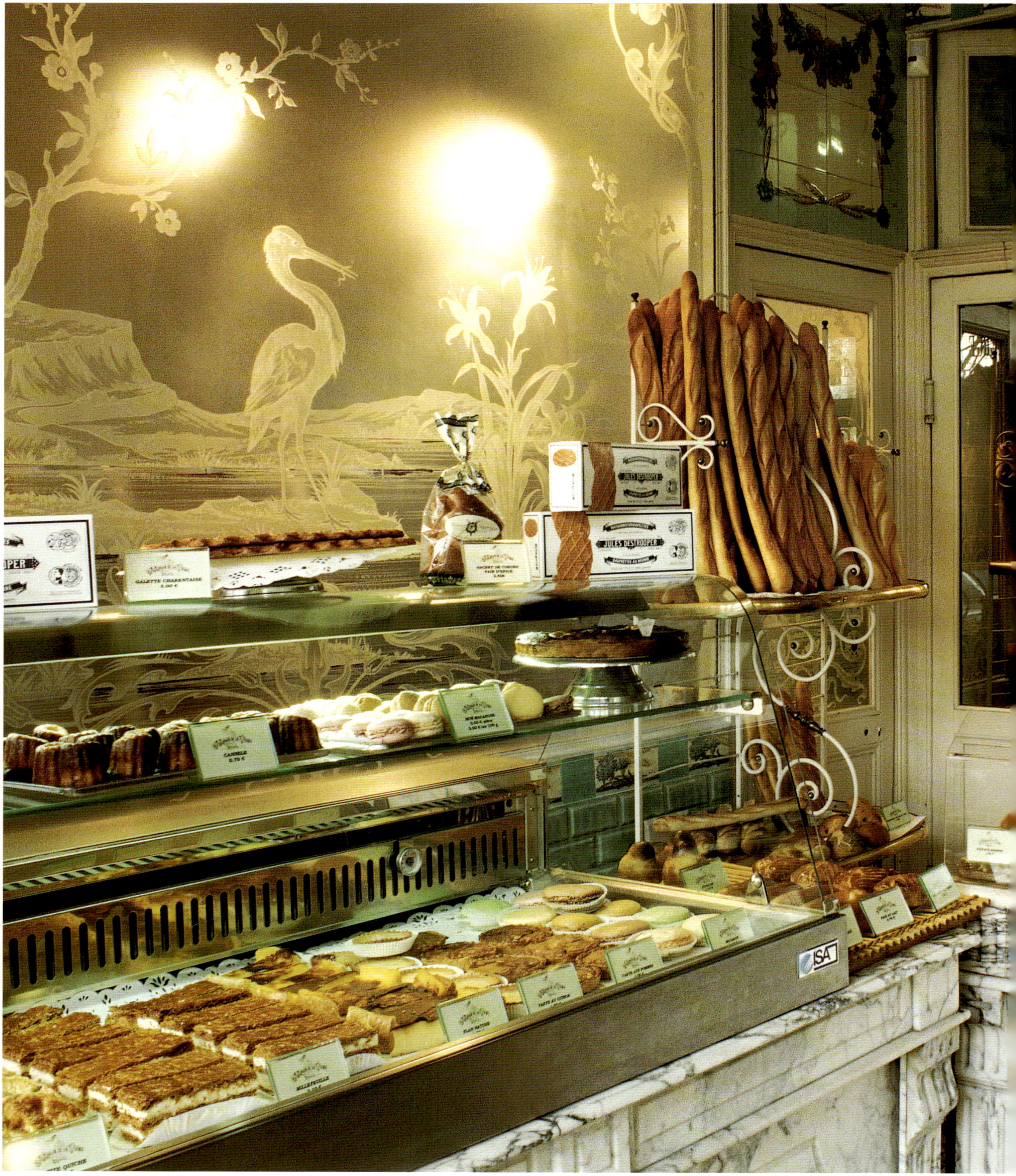
GALETTE CHARENTAISE
5.00 €
JULES DESTROOPER
JULES DESTROOPER
ISA

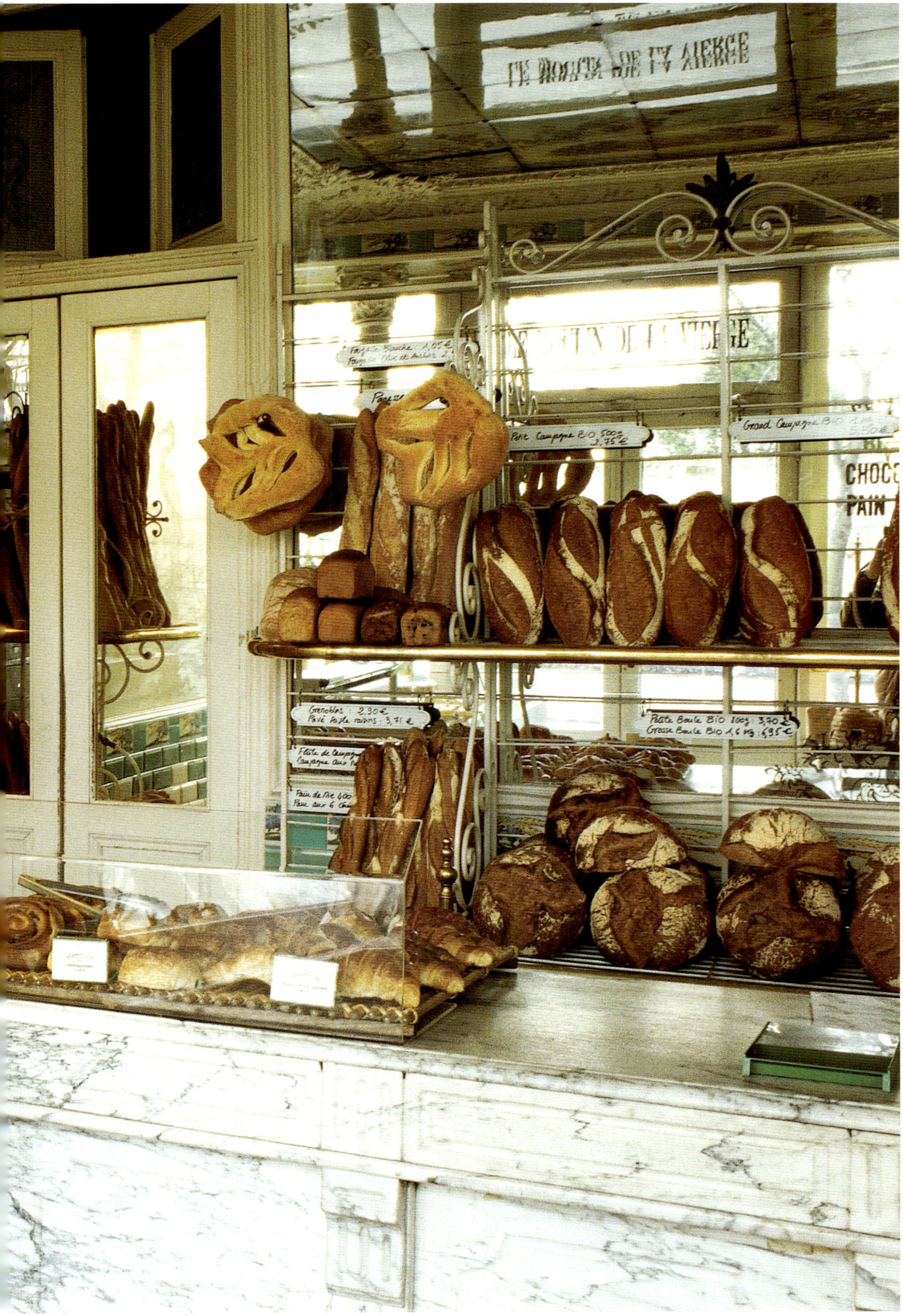

LE MOULIN DE LA VIERGE
Le décor traditionnel d'une boulangerie parisienne est resté intact au Moulin de la Vierge de la rue Vercingétorix derrière la gare Montparnasse ainsi que dans toutes les autres boutiques de cette enseigne.

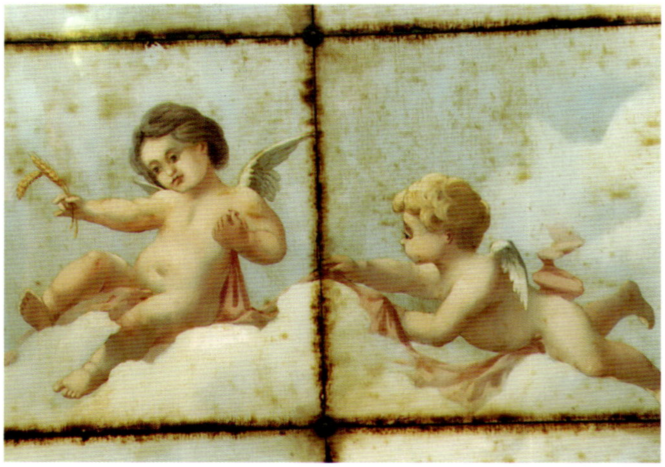

un filet de voies rapides. De hautes tours viendraient ponctuer ce projet hasardeux et donner à Paris une allure « moderne ». En 1975, tout le quartier autour de cette vieille boulangerie avait déjà été rasé, prélude à des travaux pharaoniques. Seule, tel le village gaulois rendu célèbre par Uderzo et Goscinny, cette enseigne typique, avec ses jolies peintures sur verre en façade, avait été épargnée. Un ministre de la Culture intelligent avait classé la boutique, mais elle ne servait plus de pain depuis cinq ans. Basile Kamir faisait partie de la poignée d'opposants décidés à empêcher les bulldozers de passer. Cet organisateur de concerts rock, ami d'enfance de Richard Branson, le fondateur de Virgin, se résolut à acheter ce lieu historique. En effet, sur son emplacement, s'élevait au Moyen Âge un moulin à blé dont la Vierge, disait-on, avait sauvé le meunier d'un pacte passé avec le diable. Basile Kamir vendait des disques. Mais les habitants de ce quartier sinistré fréquentant sa boutique se plaignaient constamment de la disparition de toutes les boulangeries aux alentours. Basile Kamir prit alors le parti de vendre du pain et établit un dépôt Poilâne au milieu de ses vinyles. Le Moulin de la Vierge retrouvait sa vocation première. Les planificateurs, pour contourner l'obstacle dressé sur leur autoroute, proposèrent alors de démonter la boutique et de la reconstruire ailleurs. Seulement, il y avait le four à bois. Un four à bois à l'ancienne ne se déménage pas comme une façade. Pour rendre l'opération impossible, Basile Kamir se vit contraint de remettre le four en activité et de se faire boulanger. Un vieux maître, M. de Collogne, ralluma ce four dont la destruction devenait alors impossible. Et comme Basile Kamir appartenait à la mouvance écologiste, il s'empressa de commander de la farine de blé issue de la culture « bio ». Bien des batailles légales plus tard et au terme d'une grève de la faim, procédé homérique pour un boulanger, Basile Kamir réussit à préserver le Moulin de la Vierge et à sauver Paris par la même occasion d'une « radiale pénétrante » qui aurait défiguré la ville pour toujours. Belle histoire, histoire qu'on pourrait croire arrangée mais histoire vraie et dont la morale est savoureuse. Car l'organisateur de concerts rock devenu boulanger a essaimé dans toute la ville et constitué un réseau de sept boulangeries qui proposent, avec les mêmes techniques mises à l'honneur par Poilâne, un pain « bio », un pain dont le succès ne se dément pas. L'opposant est devenu un boulanger à succès : les Parisiens ont bien la reconnaissance du ventre.

LE MOULIN DE LA VIERGE
Les petits fixés sous verre qui décorent la boutique montrent que pour les Parisiens, ontologiquement le pain et l'amour ont partie liée. Une petite faim de tendresse? Le Moulin de la Vierge propose de délicieuses viennoiseries, à déguster seul ou à deux.

La boulangerie de qualité n'est pas pour autant synonyme de complaisance pour un passé révolu. On l'a vu avec la manufacture de Lionel Poilâne. Deux autres trajets exemplaires l'établissent, chacun à leur manière : celui de Éric Kayser et celui de Francis Holder, fondateur du groupe Paul. Éric Kayser

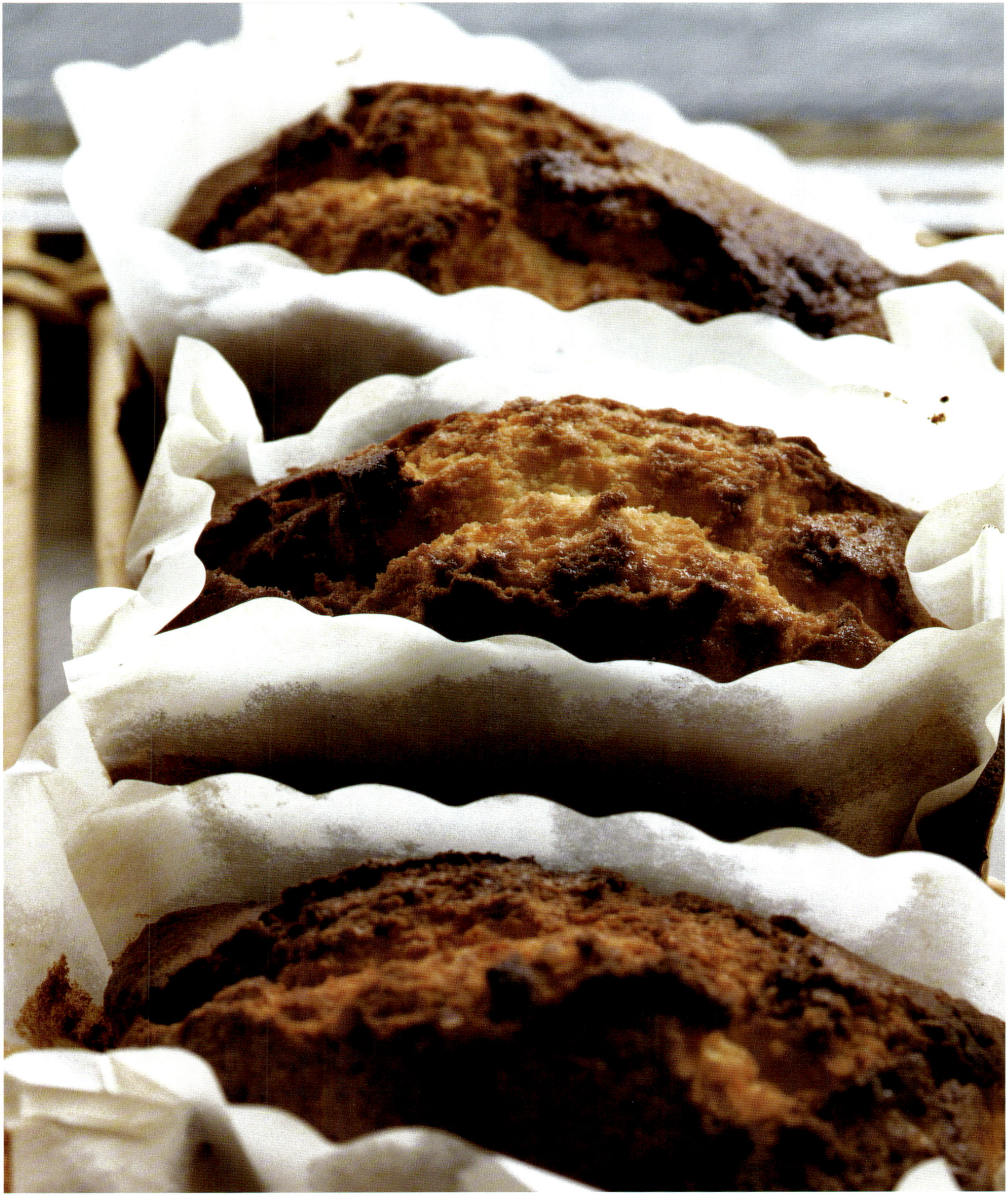

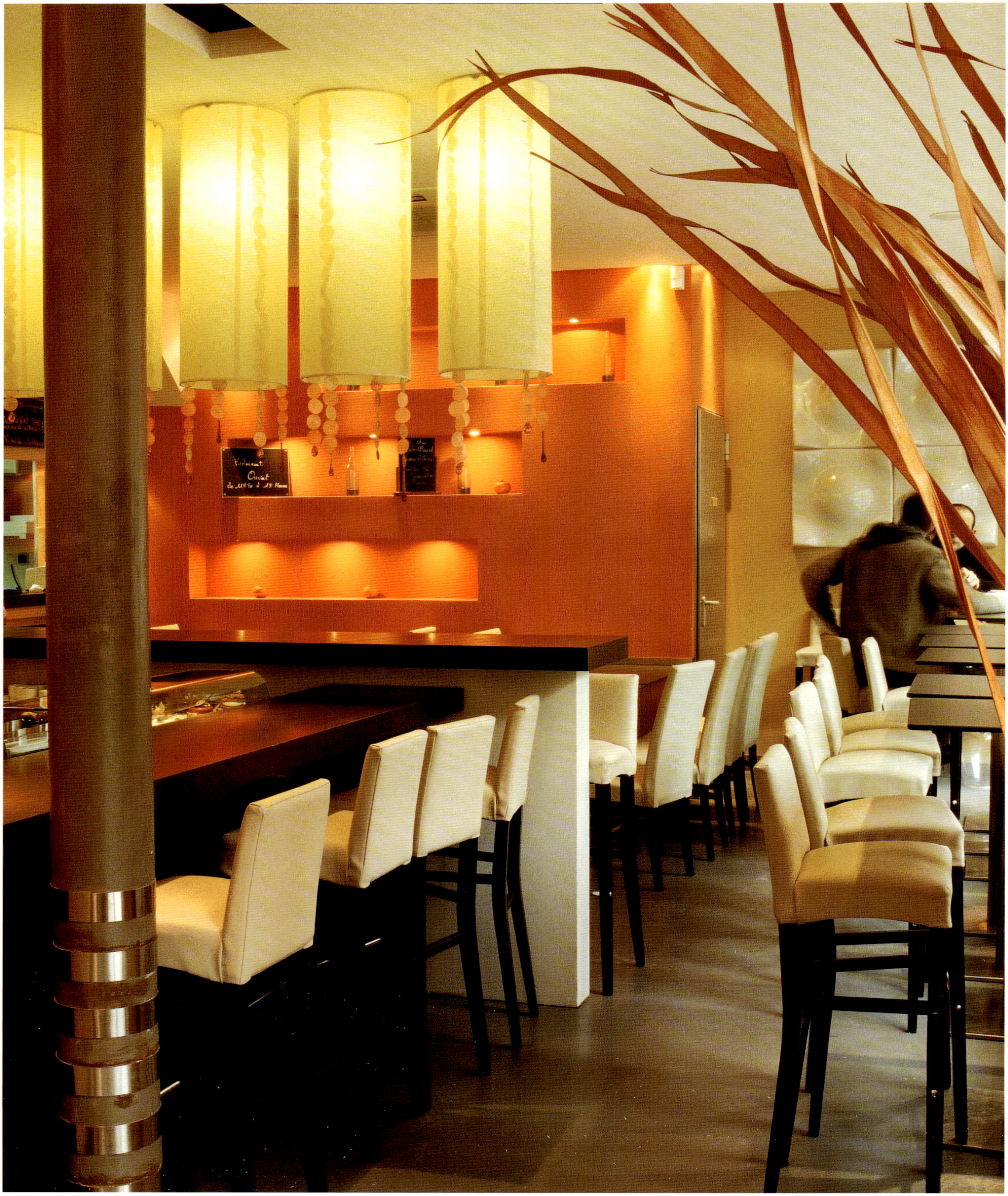

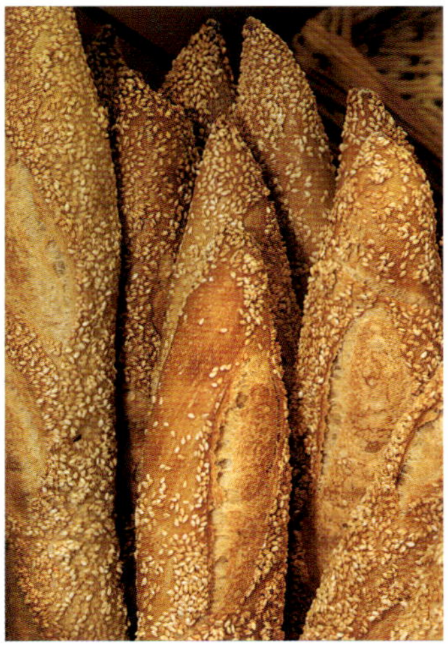

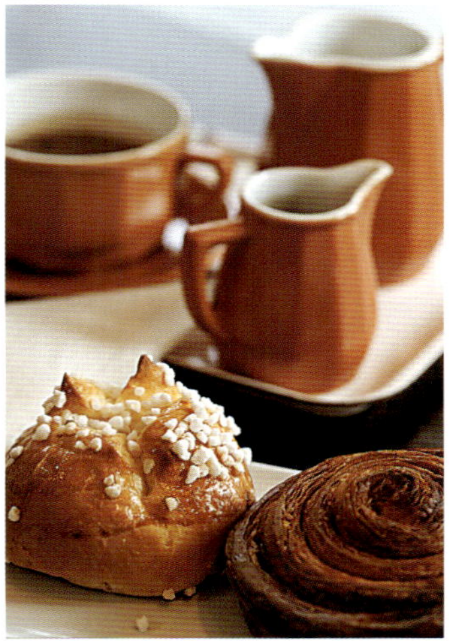

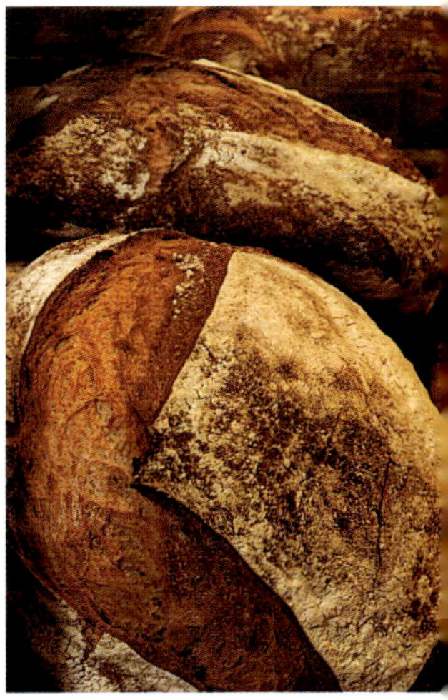

est l'étoile montante de la nouvelle boulangerie parisienne. Cuisiniers, philosophes, le Parisien aime accoler cette épithète de « nouveau » à ceux dont la démarche lui paraît sortir du commun, ouvrir de nouveaux chemins, permettre de nouvelles sensations. Même si la véritable novation n'est pas toujours au rendez-vous. Mais la mode qui a fait d'Éric Kayser le premier boulanger « star » depuis Lionel Poilâne repose sur une véritable innovation, une révolution. Car les nombreux pains proposés par Éric Kayser aux Parisiens ont ceci de commun, derrière la diversité de leurs types et de leurs appareillages, qu'ils sont régulièrement constants, insensibles dirait-on aux variations du climat comme de la main. Non qu'ils soient uniformes. Mais qu'il s'agisse de pain de campagne, de pain au sarrasin, au seigle, aux dix céréales ou de simples baguettes, ils ont tous les mêmes qualités qui font, selon Éric Kayser, les caractéristiques d'un bon pain : une couleur de croûte et de mie appétissante, du croustillant à l'extérieur et de la tendresse à l'intérieur, et surtout de belles alvéoles irrégulières, gage d'une fabrication artisanale. Comment garantir cette cohésion, tout en revendiquant le côté « fait main » du pain ? La solution consiste à introduire dans le processus de fabrication artisanale un instrument de contrôle scientifique. Éric Kayser a connu le fournil dès son plus jeune âge dans la boulangerie familiale de Lure en Haute-Saône. Pour se former, il a effectué le tour de France des Compagnons et obtenu sa maîtrise sous le surnom de « Francomtois le Décidé ». Et très tôt, il s'est également découvert une vocation de formateur. De Mexico à Dubaï, de Stockholm à Toronto, il a enseigné la panification mais également observé et appris. De ses expériences, de ses contacts avec l'industrie alimentaire et notamment avec un ingénieur en panification, Patrick Castagna, est née l'idée d'une machine qui automatiserait le processus le plus délicat de la fabrication artisanale du pain : la surveillance de la fermentation du levain. Les boulangers n'en dorment pas la nuit. C'est même la principale raison de leurs horaires décalés : ils doivent surveiller le levain comme le lait sur le feu, éviter qu'il ne se désagrège,

ÉRIC KAYSER
Tous différents et tous pareils, tel est le paradoxe des pains proposés par Éric Kayser. Le secret de cette uniformité dans la différence ? Une machine, le « fermentolevain » qui contrôle la libération des acides dans le levain. Les rangées de chaises ci-contre dans la boulangerie du boulevard Malesherbes, invitent l'acheteur à s'arrêter pour un petit en-cas. Il en va de même dans celle de la rue de l'Ancienne Comédie, derrière Saint-Germain-des-Prés.

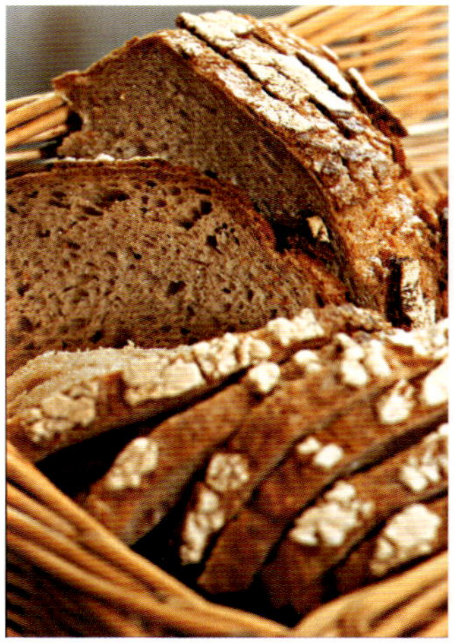

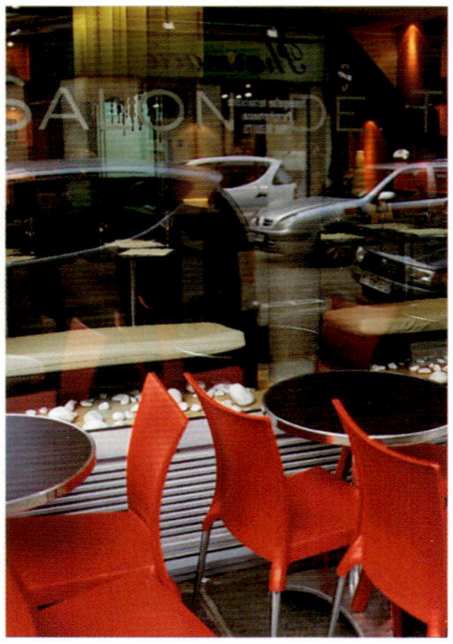

qu'il ne devienne trop « maigre » et ne dégage de désagréables acides acétiques qui donnent au pain des arrière-goûts de vinaigre, s'assurer au contraire que les acides complémentaires s'équilibrent et donnent la juste combinaison d'arômes et de goûts acides, lactés et miellés, signature d'un pain réussi. Cette machine, Éric Kayser l'a conçue et en a confié la réalisation à une entreprise industrielle. En 1994, son « fermentolevain » a été mis sur le marché, sous l'œil un peu perplexe de ses confrères, attachés à cette part secrète de leur art et qui pensaient qu'aucune machine ne pourrait remplacer la vue, l'odorat, le toucher et le goûter propres du boulanger. Aussi, pour les convaincre, Éric Kayser a été le premier utilisateur de sa machine. Et comme il est lui-même un artiste, qu'il a su paramétrer son « fermentolevain » de manière à obtenir un pain optimal, car rien ne remplace à ce stade l'œil, le nez, la main et la langue du boulanger, Éric Kayser a commencé à défourner des pains dont tout Paris s'est mis à parler, et à manger. Dans sa première boutique de la rue Monge, dans le quartier latin, Éric Kayser a eu également l'idée de permettre aux clients de suivre tout le processus de fabrication depuis la boutique. Derrière le comptoir, une vitre donne sur la zone où les boulangers s'affairent autour du fournil, entrent et sortent miches et baguettes dans le four. On peut ainsi assister aux premières loges à la naissance du pain qu'on va acheter. Innovateur dans le domaine technique, Kayser l'a été également dans la commercialisation du pain, en créant des collections de pains aux goûts les plus divers. Curcuma et noisettes, pavot, olives, beaujolais ou fromage, algues, pruneaux, lardons, ces pains spéciaux ont quitté les tables de quelques grands restaurants pour celles des Parisiens, ouvrant la possibilité d'une forme inédite de consommation du pain : la dégustation gastronomique.

ÉRIC KAYSER
Les boulangeries de Éric Kayser font aussi salons de thé. On vient grignoter des sandwichs ou des viennoiseries, les mini financiers notamment particulièrement appréciés des amateurs qui n'en font qu'une bouchée.

Francis Holder lui aussi a voulu que dans ses boulangeries le four soit à la vue des clients. Ce boulanger lillois a construit la chaîne la plus importante de points de vente de pain en France dont une quarantaine sur Paris. Les boulangeries Paul, avec leurs devantures noires et dorées, leurs larges vitrines toujours bien garnies de produits frais et changées quatre fois par jour, leur ambiance conviviale, leur personnel habillé en petits mitrons et coiffés de la traditionnelle faluche, sont devenus un élément caractéristique du paysage urbain, comme si elles existaient depuis toujours. Pourtant, elles ne sont arrivées en centre-ville qu'au début des années quatre-vingt-dix. Francis Holder appartient à une famille de boulangers établis dans le Nord depuis quatre générations, 1889. La boulangerie Paul, à Lille, est célèbre pour ses pains fantaisie, les « pains viennois ». En 1958, quand Francis Holder succède

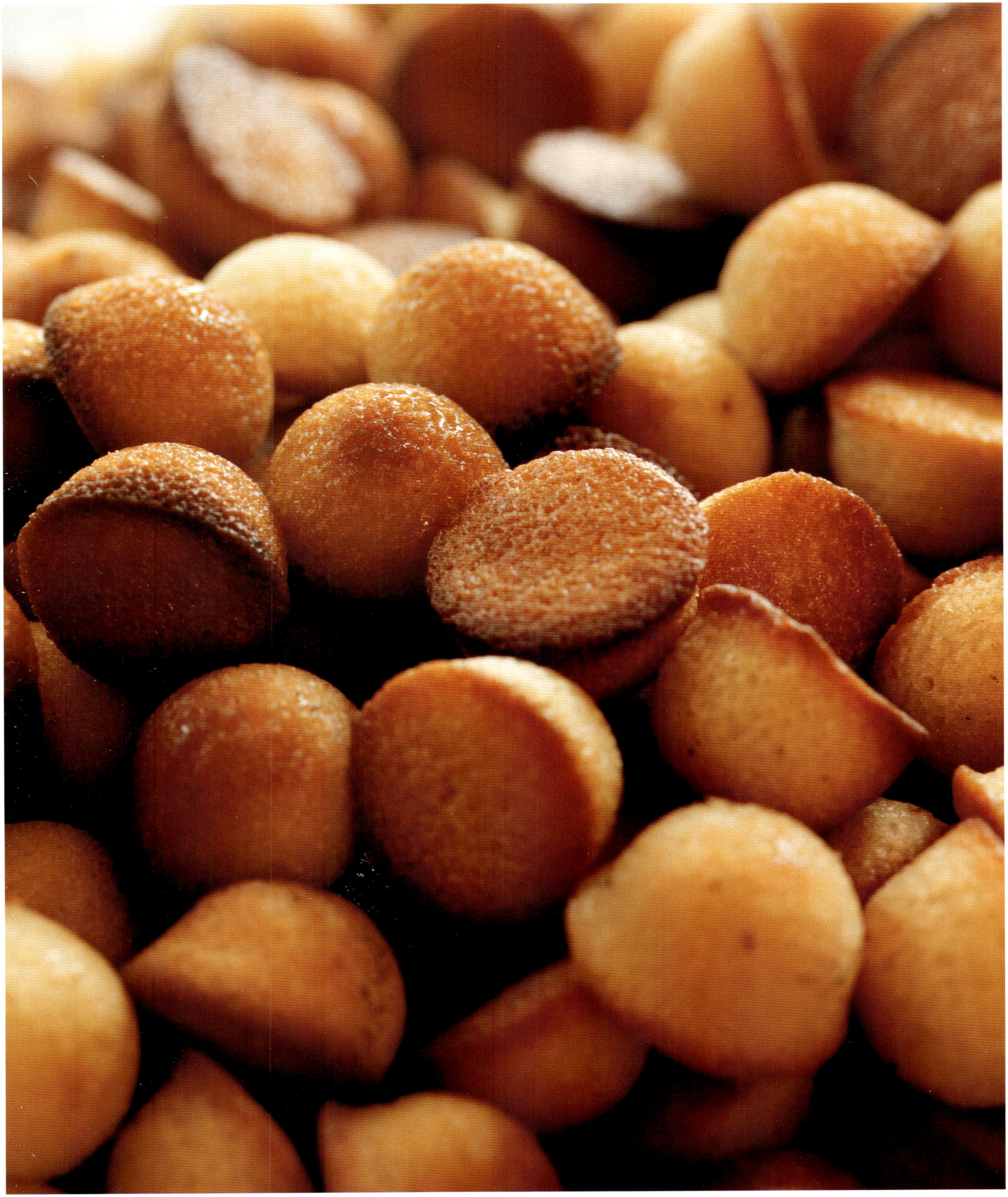

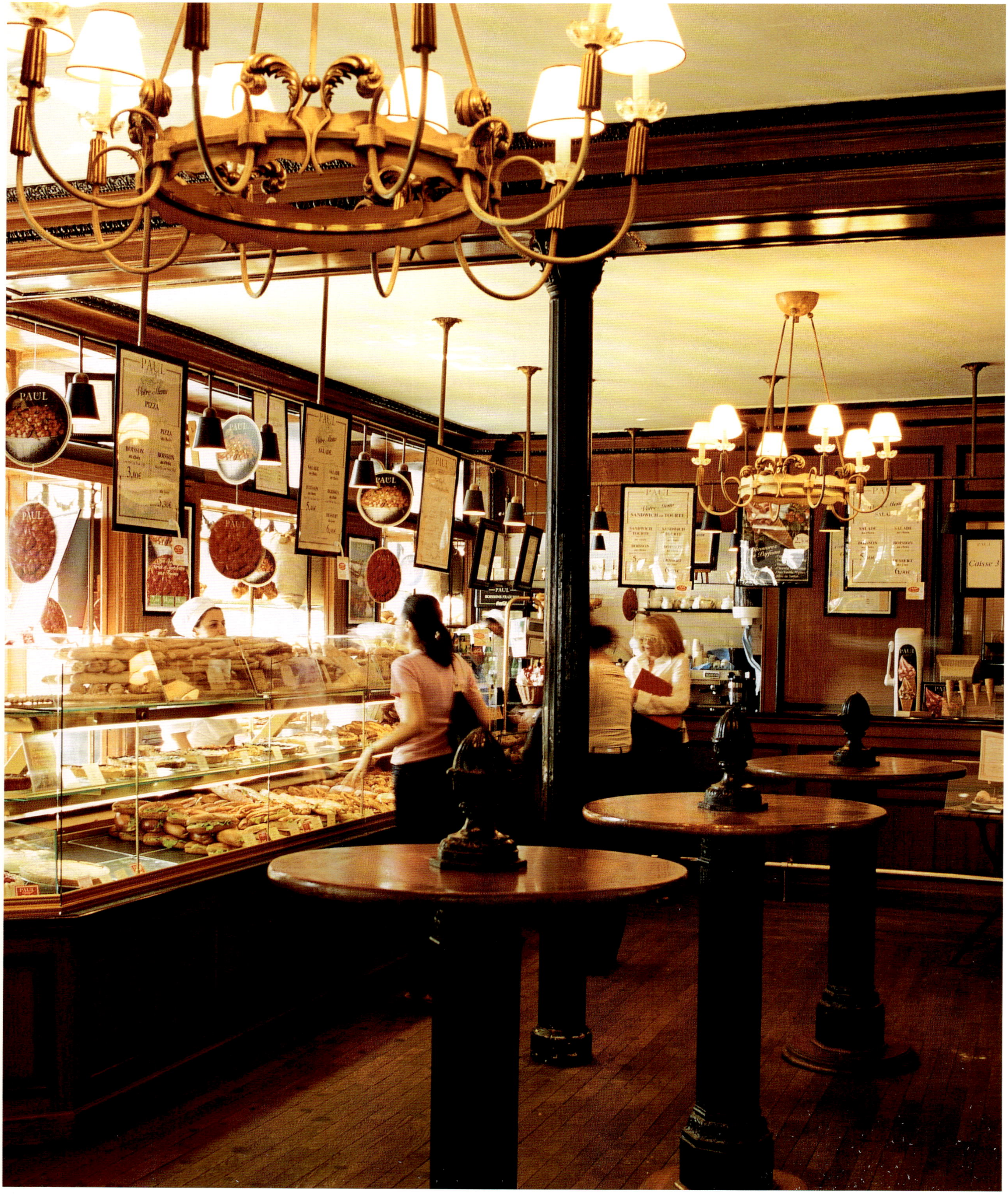
PAUL
Caisse 3

à son père, la France est à la veille d'un important bouleversement des habitudes de consommation avec le développement notamment des grandes surfaces. Les boulangers se trouvent confrontés à un problème fondamental. Leur faut-il subir ce dépérissement du petit commerce, accepter de se fondre dans les nouvelles entités commerciales au risque de voir le pain perdre son identité, devenir un produit industriel comme un autre ? Ou, au contraire, doivent-ils suivre les Français dans leurs nouvelles habitudes de consommation et leur proposer sur les lieux mêmes où ils font désormais leurs courses ce pain traditionnel auquel ils restent attachés ? La réponse de Francis Holder est de développer, au plus près de ces zones de chalandise qui fleurissent aux abords des grandes villes, de vraies boulangeries, munies d'une identité forte et où la qualité du pain sera garantie. Des oasis d'authenticité dans des univers apparemment voués à l'uniformisation de masse. On trouve aujourd'hui des boulangeries et des points de vente Paul dans les gares, les aéroports et les centres commerciaux. Paul est devenu une marque, mais en même temps a su conserver les pratiques ancestrales qui rendent le pain unique en France. L'implantation des enseignes Paul à Paris signe donc le retour en force d'une boulangerie qui a su s'adapter aux temps modernes plutôt que le triomphe d'un concept marketing bâti de toutes pièces et sans racines. Les Parisiens l'ont bien compris ainsi, qui font un triomphe à ces lieux. Cela n'aurait pas été possible si l'offre de pain n'avait été adéquate. Mais Francis Holder n'a jamais négligé ce qui fait la véritable force de ses magasins. Sa volonté a toujours été de proposer à ses clients un pain qui corresponde à leur attente. D'où l'importance accordée à la matière première, la farine : une variété rustique de blé tendre d'hiver cultivée selon les principes de l'agriculture raisonnée, sans additifs ni conservateurs, riche en germes de blé et qui mûrit trente jours sur plancher avant d'être traitée. Ensuite, le choix de méthodes artisanales. Il faut sept heures pour fabriquer un Pain chez Paul, il en fallait autant il y a cent quatorze ans dans la boulangerie de ses aïeux. Le pain *Paul* à base de farine Camp Rémy se décline ainsi en *Pistolet*, *Paulette*, *Faluche*, *Ficelle*, *Flûte*, *Chapata*, *Épi*, *Couronne* ou *Polka* et se parfume aux graines de sésame, de pavot, aux lardons, aux oignons, aux olives et aux noix soit en tout quarante-deux façons de varier les plaisirs pour un pain de base. Le *Benoiton*, petit bâtonnet de pain complet pour grignotage individuel, pause gourmande ou dîner en tête à tête est disponible en huit saveurs. Et le « pain bio » composé de blé issu de l'agriculture biologique n'utilisant ni engrais ni pesticides, de farine élaborée sur meule de pierre, de sel de Guérande non raffiné, et de levain naturel. Francis Holder a mis à la portée de tous les Parisiens, le meilleur du pain français.

PAUL

Le magasin Aux Tortues, boulevard Haussmann, est le navire amiral de Paul à Paris. Quatre fois par jour, les vitrines sont changées (double page suivante) : pains variés et viennoiseries le matin, sandwichs et petits plats chauds à midi, pâtisseries et douceurs à seize heures, nouvelle fournée de pains le soir.

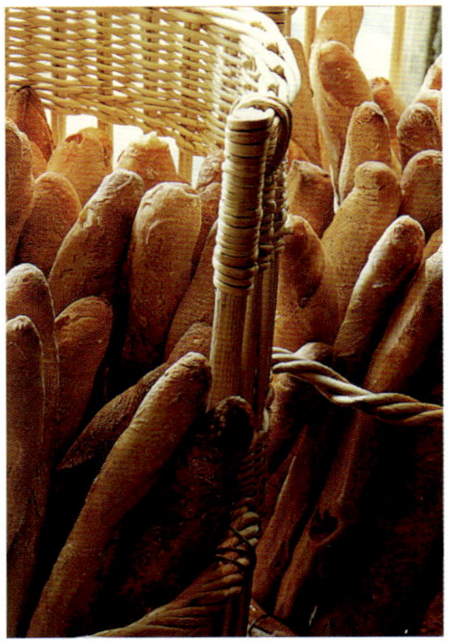

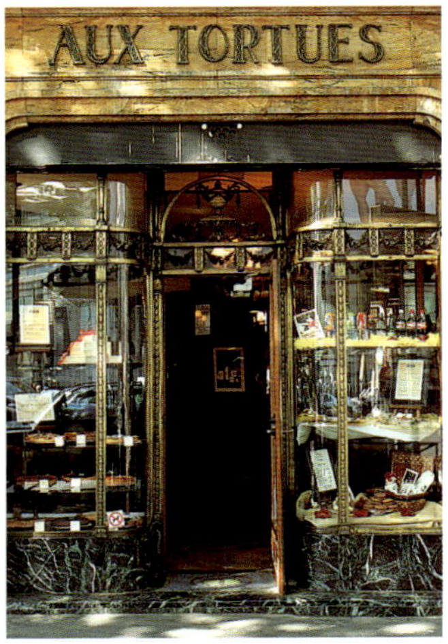

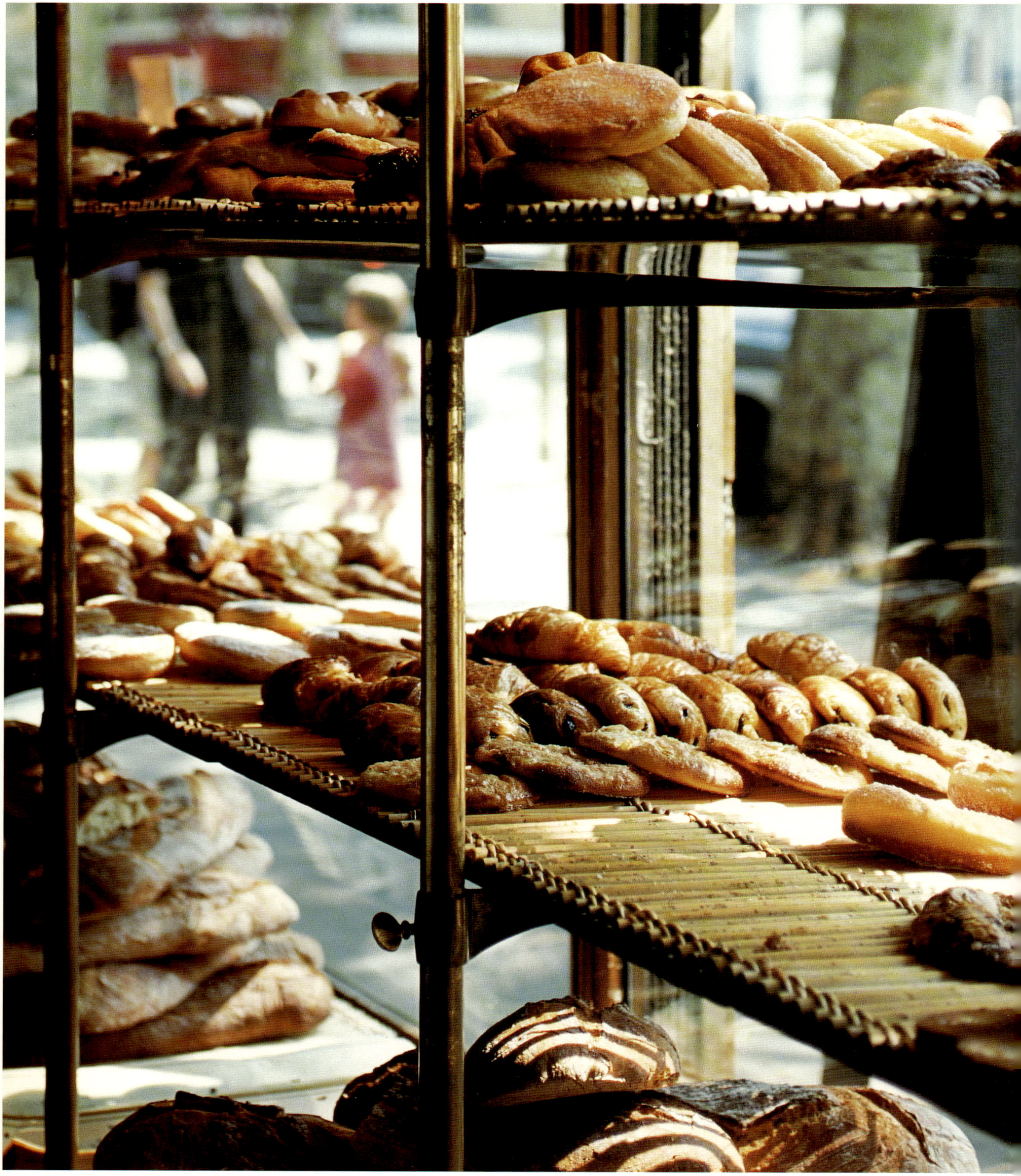

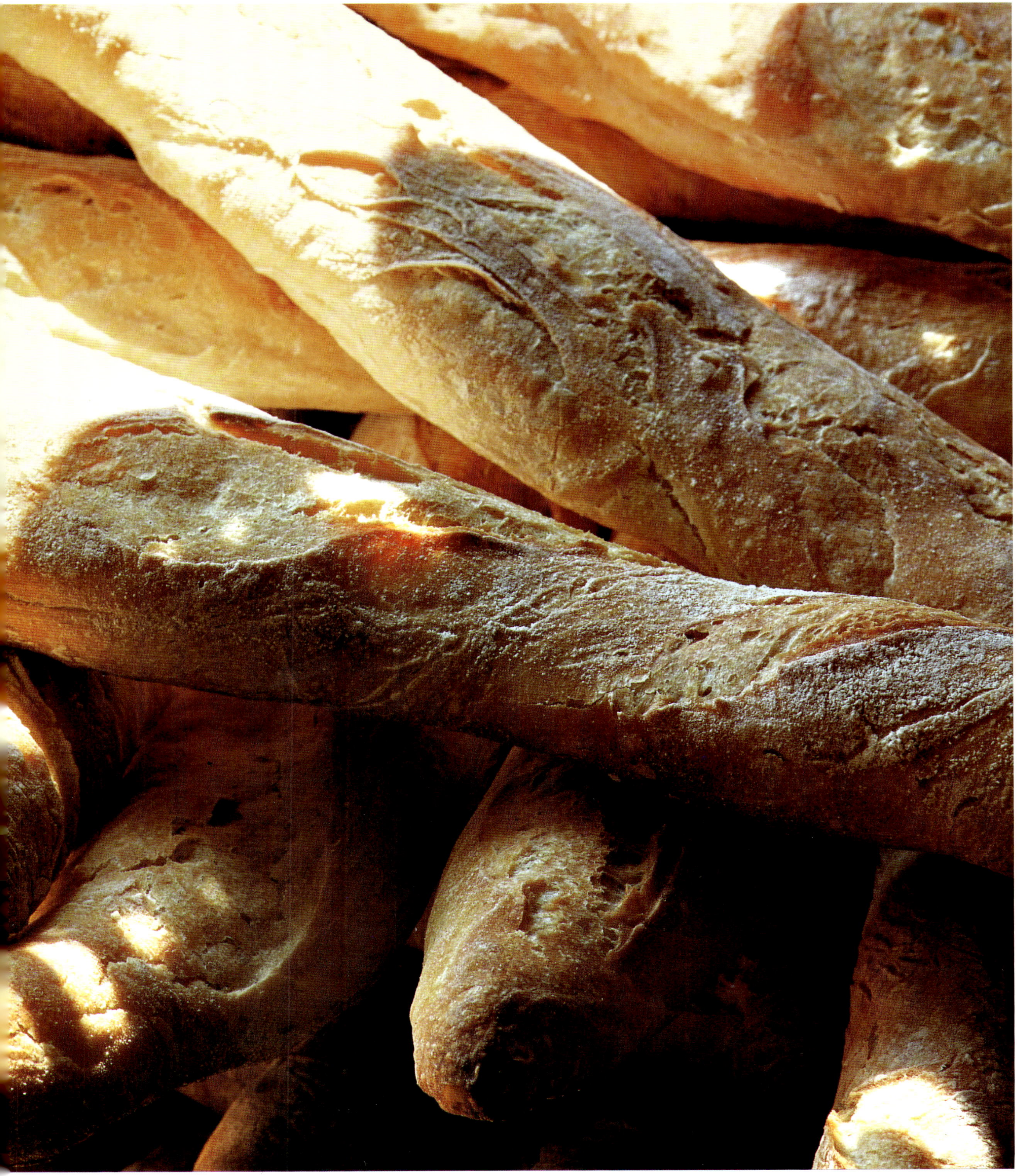

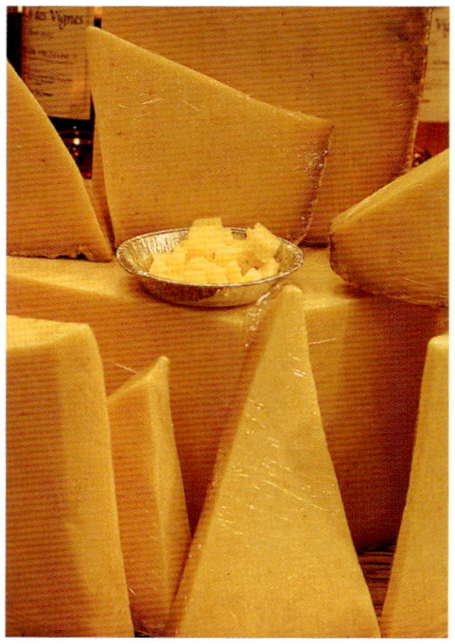

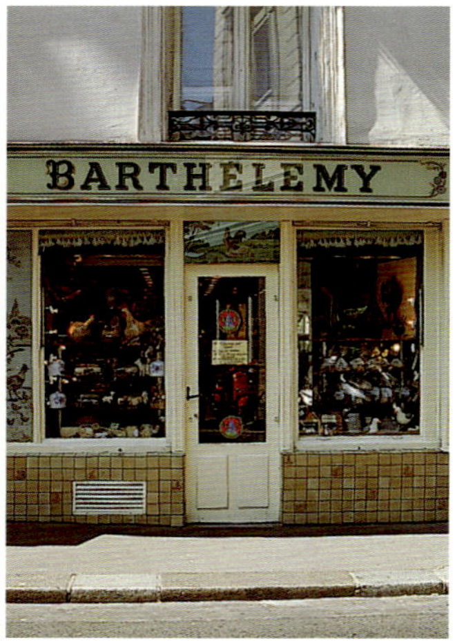

BARTHÉLEMY
La boutique de la rue de Grenelle dans le Faubourg Saint-Germain tient dans un mouchoir de poche. Pourtant, c'est l'un des épicentres du fromage à Paris à déguster uniquement en saison, en suivant les avis de M. et Mme Bathélemy. Ci-dessus des pyramides de cantal ou encore ci-contre, de délicieux fromages de chèvre fermiers en forme de baratte, affinés à l'air libre dans des garde-manger placés entre des rangs de vigne.

Qui dit pain dit fromages. La grande écrivaine Colette, citée par le non moins grand fromager Pierre Androuet dans son *Dictionnaire des fromages du monde*, écrivait : « Paris a tous les fromages, doux, âpres, apéritifs, riches de ferments, affinés en caves de France, ou nés au loin, aucun ne chôme d'acheteur. C'est les femmes, c'est l'amateur éclairé qui est rare. Friandes de fromages, les femmes s'en privent depuis que la terrible névrose de la maigreur les gouverne... » Cette désolation est-elle toujours d'actualité ? Dans la capitale de la France, donc capitale du pays des fromages, le nombre de crémiers, de fromagers affineurs, de « BOF », (beurre, œufs, fromages) a certes drastiquement diminué. Et la hantise de la prise de poids continue de torturer les femmes. Mais les gourmandes peuvent se consoler et même se rassurer, en apprenant que la teneur en matières grasses de leurs fromages n'est pas aussi importante qu'elles le croient. En effet, le pourcentage de matières grasses d'un fromage est calculé sur l'extrait sec, c'est-à-dire ce qui reste quand on a enlevé toute l'eau. Un fromage blanc à 40 % de matières grasses contient en réalité 8 % de matières grasses sur la totalité, un camembert à 45 % de matières grasses en contient 25 %. Les professionnels attendent avec impatience le moment, proche, où le législateur européen, tout-puissant en la matière, autorisera les fromagers à afficher la teneur réelle en matières grasses. En attendant, ils peuvent se consoler en constatant que les femmes, si elles mangent moins de fromage, ont définitivement opté pour les variétés les plus nobles, les fromages au lait cru issus d'appellations d'origine contrôlée. Pierre Androuet qui avait fort à faire pour établir au début des années soixante-dix la supériorité de ces fromages « de terroir » aura au moins eu la satisfaction de constater que la bataille de l'opinion a été gagnée et que ce fromage authentique, non pasteurisé et au goût fort, ce fromage dont les Américains interdisent l'importation est devenu la norme de la qualité aux yeux des Françaises et, au premier rang, des Parisiennes.

Cette victoire « idéologique », on la doit bien sûr aux efforts de quelques fromagers d'élite. Nous avons cité le nom de Pierre Androuet. Il faudrait lui ajouter ceux de Marie Anne Cantin, Marie Quatrehomme ou encore Roland Barthélemy. Ce dernier a pris la tête d'une véritable croisade pour réhabiliter le métier de fromager affineur et promouvoir la mise en place d'un concours du Meilleur ouvrier de France dans la spécialité. Il est arrivé à ses fins en 1997 et la première promotion de « MOF » est sortie en l'an 2000, couronnant quatre candidats de ce prestigieux diplôme d'État. Ils ont été six en 2004, signe que l'émulation provoque une réelle mobilisation au sein de la profession. Qu'attend-on d'un Meilleur ouvrier de France fromager ? Roland Barthélemy définit ainsi l'ambition qui

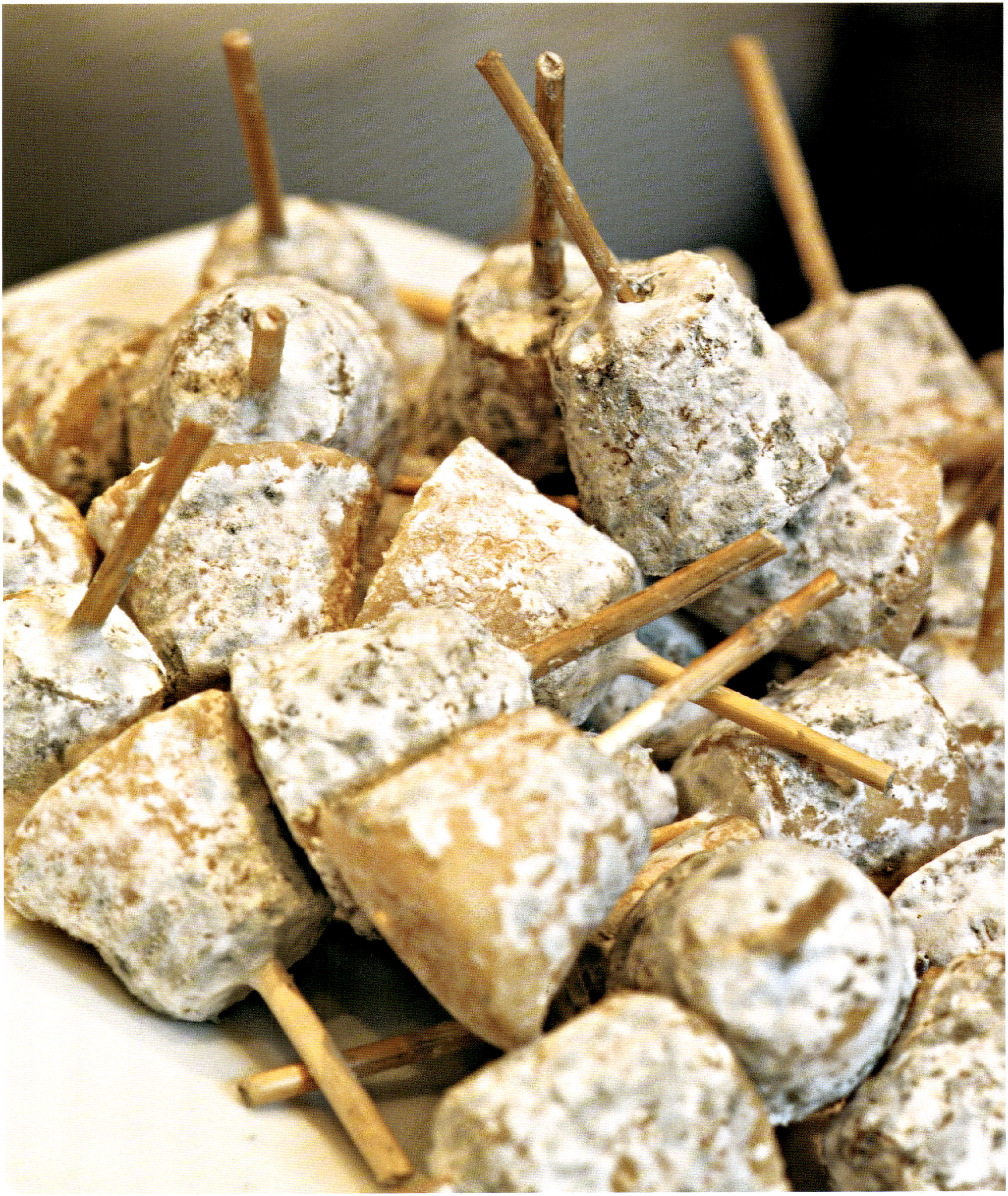

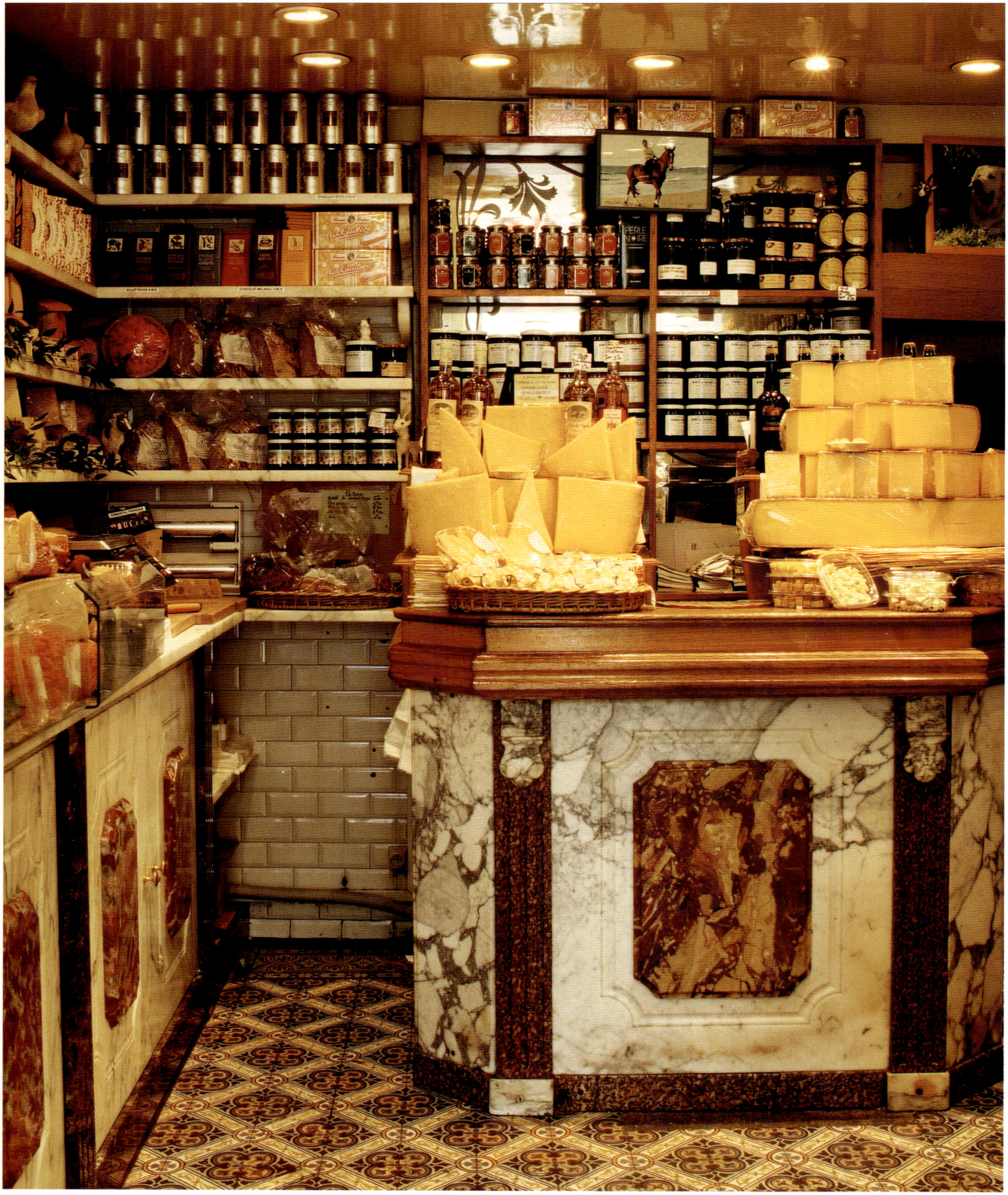
PERLE NOIRE

doit animer le candidat à cette distinction : « Il faut qu'il soit capable de faire entrer la matière fromagère dans la gastronomie. » Et de détailler les attentes du jury : « Un Meilleur ouvrier de France fromager devra pouvoir proposer des alliances de fromages et de mets ou de vins, sans pour autant entrer dans la cuisine, domaine réservé au chef, proposer des mariages subtils de saveurs entre, par exemple, un roquefort, des pains d'épices ou des fruits, savoir créer des infusions de chèvre ou encore apparier différents crus, comme un fromage à croûte fleurie type coulommiers avec une crème mascarpone aux truffes. » En bref, faire preuve de créativité fromagère. Cette créativité, Roland Barthélemy en est bien sûr l'un des promoteurs. Il tient depuis 1971, avec son épouse Nicole, une fromagerie au coin de la rue de Grenelle et du boulevard Raspail, au cœur de l'ancien Faubourg Saint-Germain qui est l'une des étapes obligées des amateurs de bons fromages. On se presse dans la minuscule boutique de quinze mètres carrés où sont présentés les fromages de saison, sans savoir que sous les pieds s'étendent encore quarante mètres carrés de cave où mûrissent près de trois cents variétés de fromages. Sans compter les fromages qui attendent d'être parfaitement à point en atelier, en cave ou en « fruitière », sur le massif des Bauges, à Salers dans le Cantal, ou dans la pénombre du Fort des Rousses sur la crête de la frontière helvétique, Roquefort, dans le Doubs ou ailleurs. On y vient aussi pour les créations maison, telles les petites terrines de chèvre frais où alternent couches de fromage et couches de tomates fraîches et qu'on arrose d'une émulsion de tomate au basilic et sa tapenade. Ou encore le fabuleux mont-d'or, sanglé dans une ceinture d'épicéa afin d'éviter le risque d'un épanchement trop généreux du vacherin et que les Barthélemy proposent décalotté pour que les consommateurs n'aient plus qu'à plonger la cuillère dans la pâte crémeuse. Et l'on peut toujours y trouver un conseil pour sortir du sempiternel plateau et s'offrir un pur délice gastronomique en apprenant comment marier les boulettes de bleu d'Auvergne aux cerneaux de noix, le chaource aux mirabelles et l'ossau-iraty aux griottes.

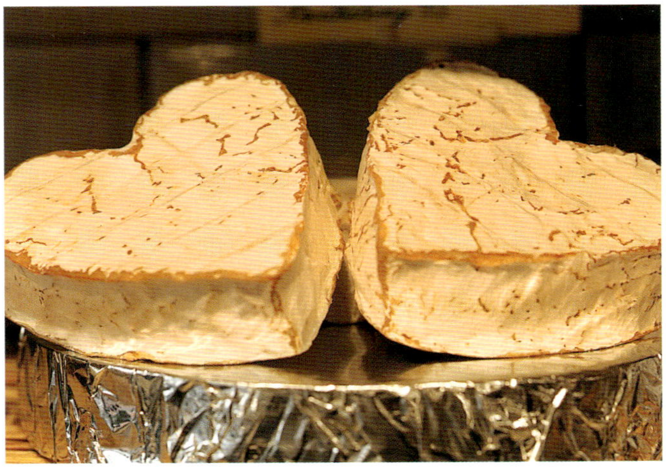

BARTHÉLEMY
Le Tout-Paris éditorial se presse dans la minuscule boutique décorée à l'ancienne qui offre un choix quasi complet de tous les fromages de France. Ci-dessus deux adorables cœurs de Neuchâtel du Pays de Bray en Normandie. On peut se procurer également tous les impedimenta nécessaires à l'accompagnement du fromage.

Du côté opposé du Champ-de-Mars, Marie Anne Cantin est l'autre grande prêtresse parisienne du fromage. Cette femme vive et passionnée, assistée de son mari, Antoine Dias, s'est faite l'ambassadrice des fromages français dans le monde et des fromages du monde à Paris. Au Japon, elle est présente à Tokyo et à Hiroshima et depuis ses caves du septième arrondissement plus de deux cents kilos de fromages partent, chaque semaine, à destination de l'empire du Soleil-Levant. Mais en étant pendant douze ans le fournisseur en fromages du palais de l'Élysée, de l'Assemblée nationale et du Sénat,

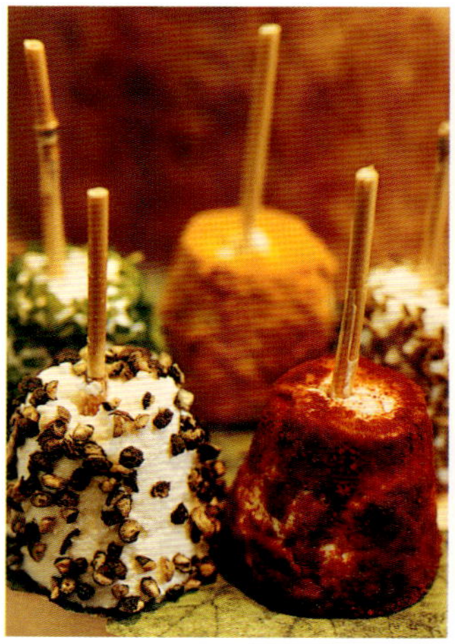

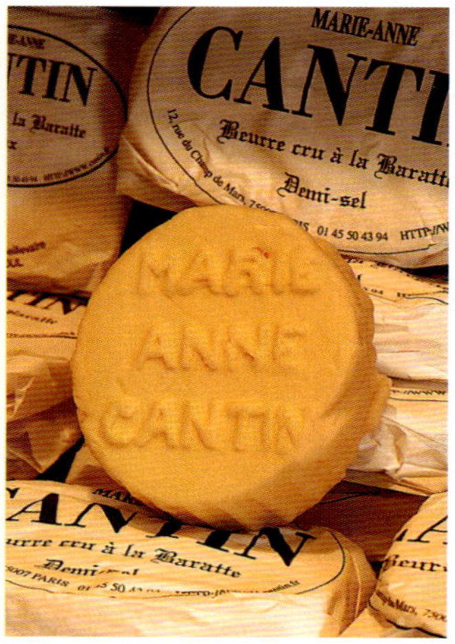

MARIE ANNE CANTIN
Chez Marie Anne Cantin, derrière le Champ-de-Mars on peut venir picorer des petits chèvres frais, se fournir en beurre cru à la baratte ou faire provision de comté au goût fleuri, de vieux brebis des Pyrénées et de tomme de chèvre de l'Yonne.

elle a contribué également au renom de la gastronomie fromagère française auprès des hôtes étrangers de la République. Par ailleurs, dans sa boutique, à côté des traditionnels brie, comté, roquefort, parfaitement affinés, on peut voir figurer en bonne place le stilton anglais, le cabrales des Asturies, la véritable feta grecque, le queijo serra da estrella portugais. Car Marie Anne Cantin entend bien défendre auprès des Parisiens les fromages de ceux qu'elle appelle « nos cousins européens ». Alors sa boutique est devenue un lieu de passage obligé, référencée dans tous les guides sur Paris qui gonflent les poches des touristes étrangers. Il n'est pas d'heure où une Américaine ou une Japonaise ne vienne s'émerveiller sur la diversité des pâtes qui fleurissent sur les étals. Marie Anne Cantin les reçoit avec un sourire identique à celui qu'elle adresse à ses habitués et leur explique les raisons qui font de la France le pays du fromage par excellence : la diversité des paysages, des climats, des montagnes et les saisons du fromage avec les trois moments privilégiés pour le lait, celui de la « pointe de l'herbe », de la « fleur des prairies » et du « regain ». Mais elle morigène gentiment les clients du quartier quand ils ne prennent pas dans leur sélection un de ces fromages européens dont elle s'est faite l'ambassadrice à Paris. On a vu dans sa cave l'actuel maire de Paris, Bertrand Delanoë, se régaler d'un comté de deux ans, la durée idéale d'affinage selon Marie-Anne Cantin pour cette pâte pressée cuite. C'est un privilège réservé à quelques happy few d'accéder ainsi à la cave de sa fromagerie, nickel et immaculée pour respecter la réglementation très stricte en matière d'hygiène mais où, dès qu'on ouvre la porte d'une des quatre chambres froides, on est submergé d'arômes. Gastronome, Marie Anne Cantin sait également entourer la vente de ses fromages d'utiles conseils et proposer des recettes délicieuses qui renouvellent la dégustation du fromage. Essayez en hiver sa soupe gratinée au lait et au roquefort, au printemps ses bouchées de chèvre au paprika, au cumin, et à la soupe d'herbes (estragon, ciboulette, cerfeuil), en été son fontainebleau aux fraises et aux fleurs de lavande et à l'automne ses râbles de lièvre au comté, vous saisirez toute l'inventivité de cette femme qui a mis son intelligence au service d'un produit majeur de la bonne cuisine française.

Même si dans le Paris moderne on peut déplorer que les bons boulangers et les bons fromagers ne se retrouvent plus à chaque coin de rue, le maintien de ces boutiques traditionnelles où se célèbre l'alliance des pains et des fromages est le gage d'un serment pour le futur, la promesse que ces deux produits majeurs restent au cœur des Parisiens.

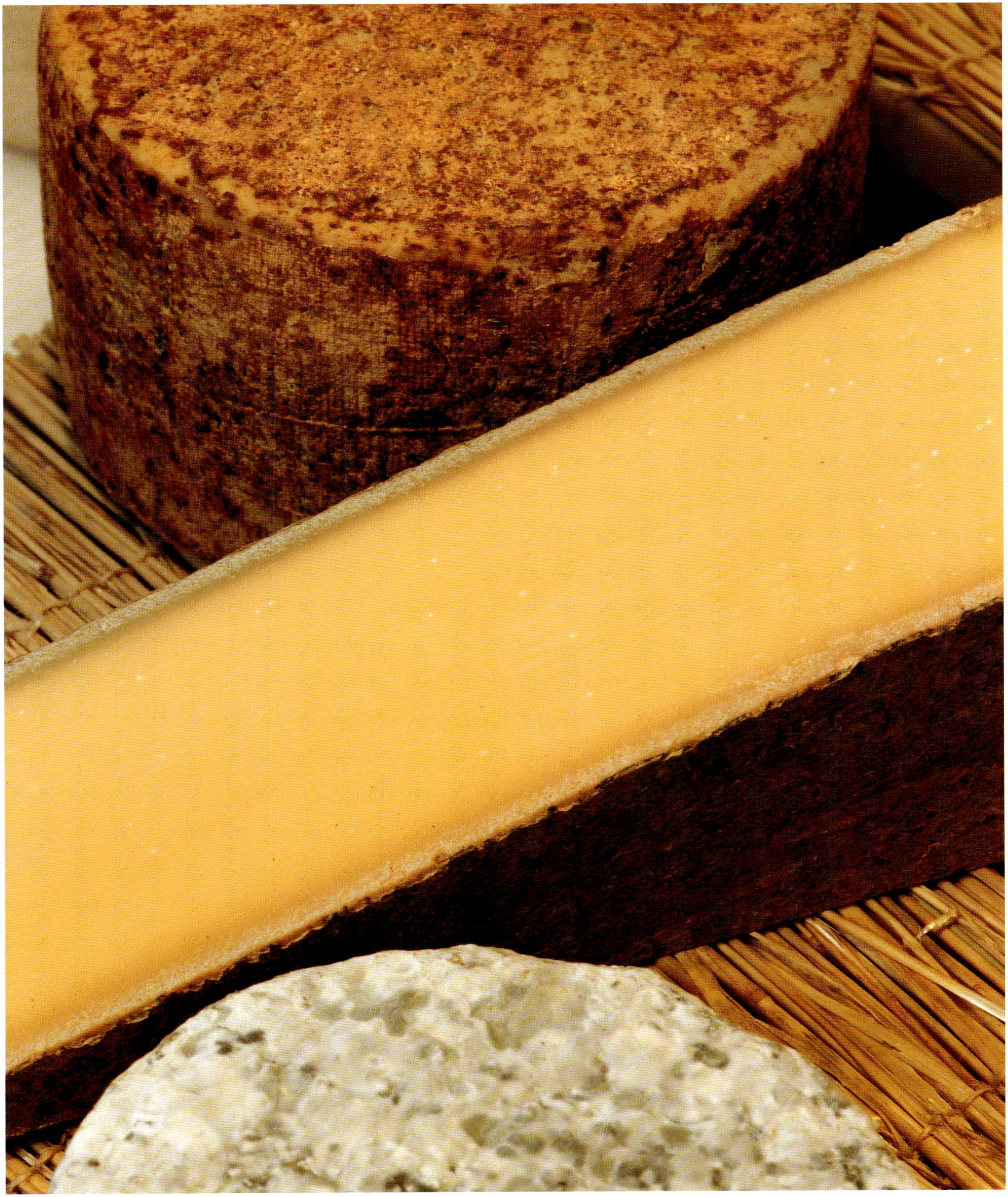

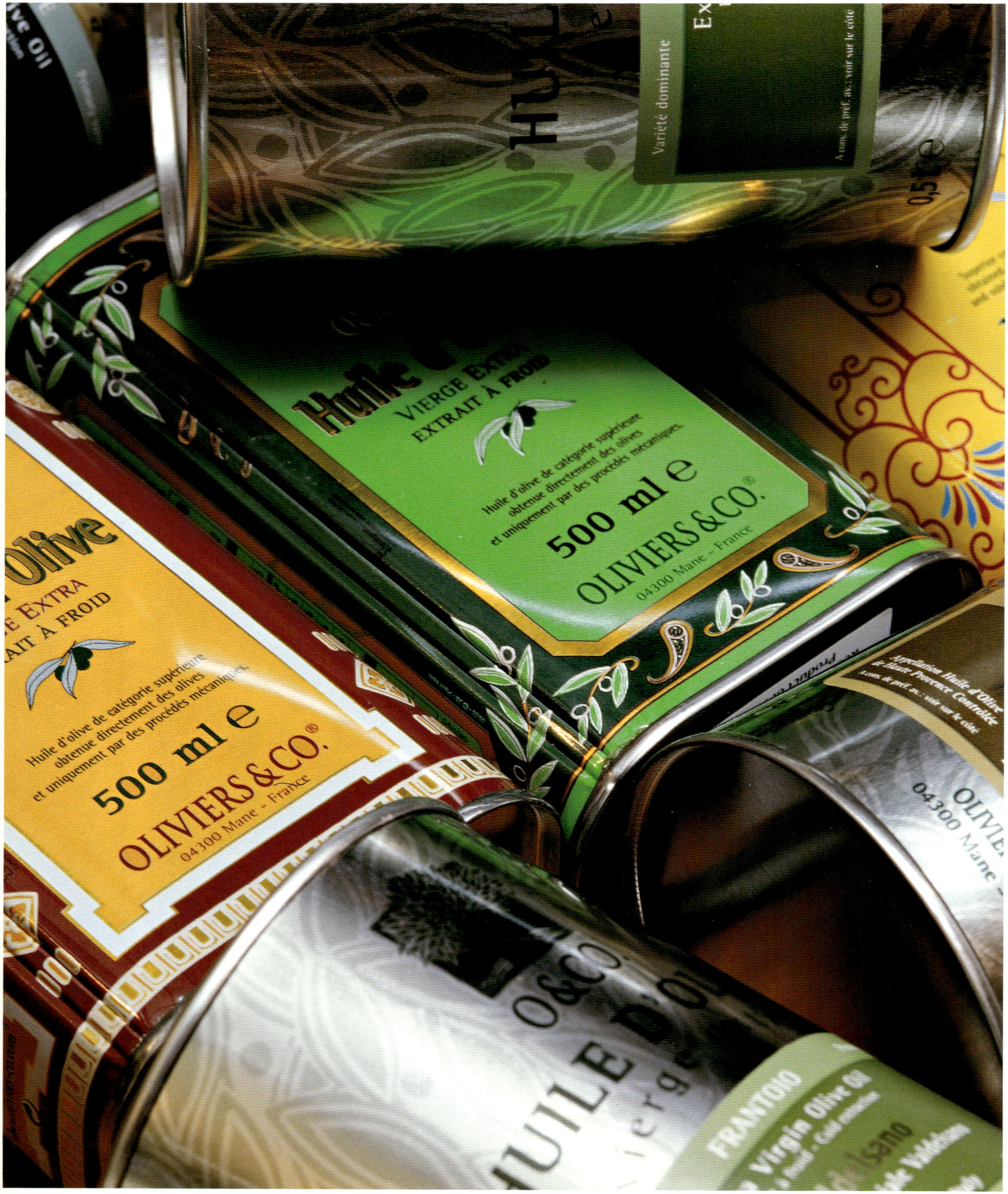

VIERGE EXTRA
EXTRAIT À FROID
Huile d'olive de catégorie supérieure
obtenue directement des olives
et uniquement par des procédés mécaniques.
500 ml e
OLIVIERS&CO.®
04300 Mane - France
Huile d'olive de catégorie supérieure
obtenue directement des olives
et uniquement par des procédés mécaniques.
500 ml e
OLIVIERS&CO.®
04300 Mane - France
Variété dominante
FRANTOIO

Épiceries fines

Géographiquement, Paris appartient à l'aire de civilisation du beurre, accessoirement du saindoux. « La cuisine au beurre » y est synonyme de bonne cuisine, supplantée seulement dans l'imaginaire des gourmets par la « cuisine à la crème ». L'huile, dans sa version gastronomique, a longtemps été préférée sous une forme neutre, huile d'arachide mêlée à un vinaigre de qualité dans les « vinaigrettes » ou comme substitut à la graisse animale ou laitière dans la cuisson. L'huile d'olive n'a jamais occupé dans la diète parisienne qu'une place marginale, souvenir de vacances méditerranéennes réservé en priorité à la salade de tomates comme la promesse d'un prochain séjour sur les rives de la Côte d'Azur. De plus, elle avait la réputation d'être lourde, de mal supporter la cuisson, en un mot d'être indigeste. À cela, il faut ajouter les conséquences du gel catastrophique de l'hiver 1956 détruisant sur pied plus des trois quarts des oliviers de Provence. Paris n'avait aucune raison objective de jouer un rôle central dans la réévaluation contemporaine de la « diète méditerranéenne » et d'abord de l'huile d'olive. Pourtant, c'est de Paris que l'huile d'olive a conquis sa place prééminente dans la gastronomie d'aujourd'hui. Il faut, pour comprendre ce phénomène, tenir compte de la conjonction de plusieurs facteurs. Le rôle de chefs issus des grandes tables de la Côte d'Azur et venus chercher la consécration à Paris, tel Alain Ducasse. Et, plus généralement, le triomphe de la nouvelle cuisine, avec l'accent mis sur les préparations simples qui ont jeté une nouvelle lumière sur les usages de l'huile d'olive bien adaptée en particulier à l'accompagnement des poissons. Mais rien de déterminant n'aurait eu lieu sans l'initiative d'un certain nombre de pionniers qui ont su donner à l'huile d'olive la place prééminente qu'elle occupe aujourd'hui sur les tables et dans les foyers parisiens.

OLIVIERS & CO

Que serait l'huile d'olive à Paris sans Oliviers & Co? Un produit rustique, mal connu et dédaigné. Mais il n'y a pas que le packaging: la sélection rigoureuse en fonction des terroirs, l'information complète du consommateur ont donné le goût de ce produit typiquement méditerranéen aux hommes du Nord que sont les Parisiens.

On pense bien sûr d'abord à Olivier Baussan, le fondateur d'Oliviers & Co. Avant lui, il y avait à Paris une seule boutique spécialisée dans l'huile d'olive, l'Olivier, rue Saint-Antoine, sorte d'ambassade de la Provence à Paris mais qui n'avait pas vocation à proliférer, plutôt à perpétuer une tradition pour des connaisseurs venus du Sud et un peu dédaigneux des mœurs alimentaires de la ville où ils avaient jeté l'ancre. Olivier Baussan d'emblée s'est adressé aux Parisiens, en mettant au point une pédagogie destinée à les guider dans leur initiation à ce produit tout compte fait inconnu sur les bords de la Seine.

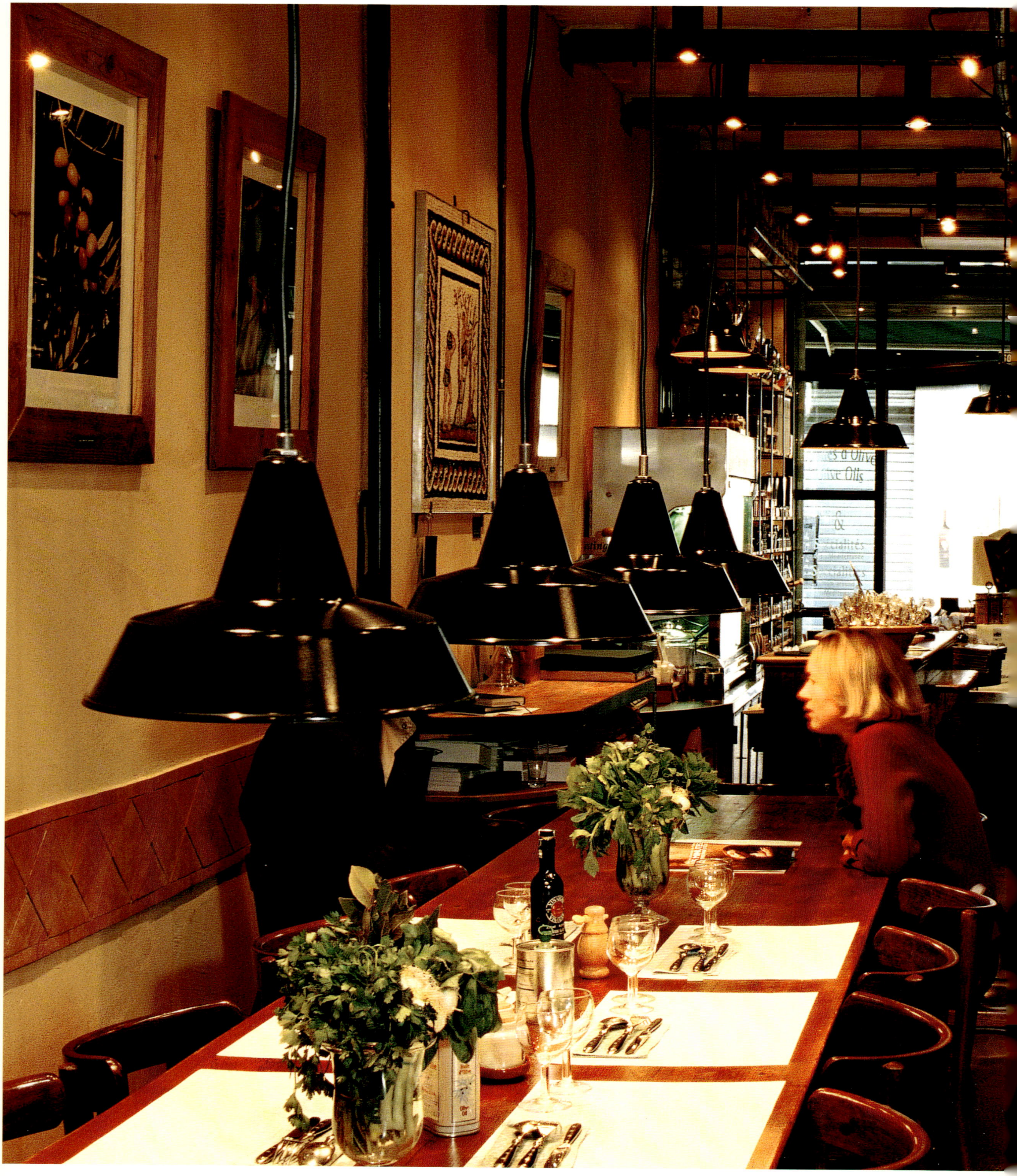

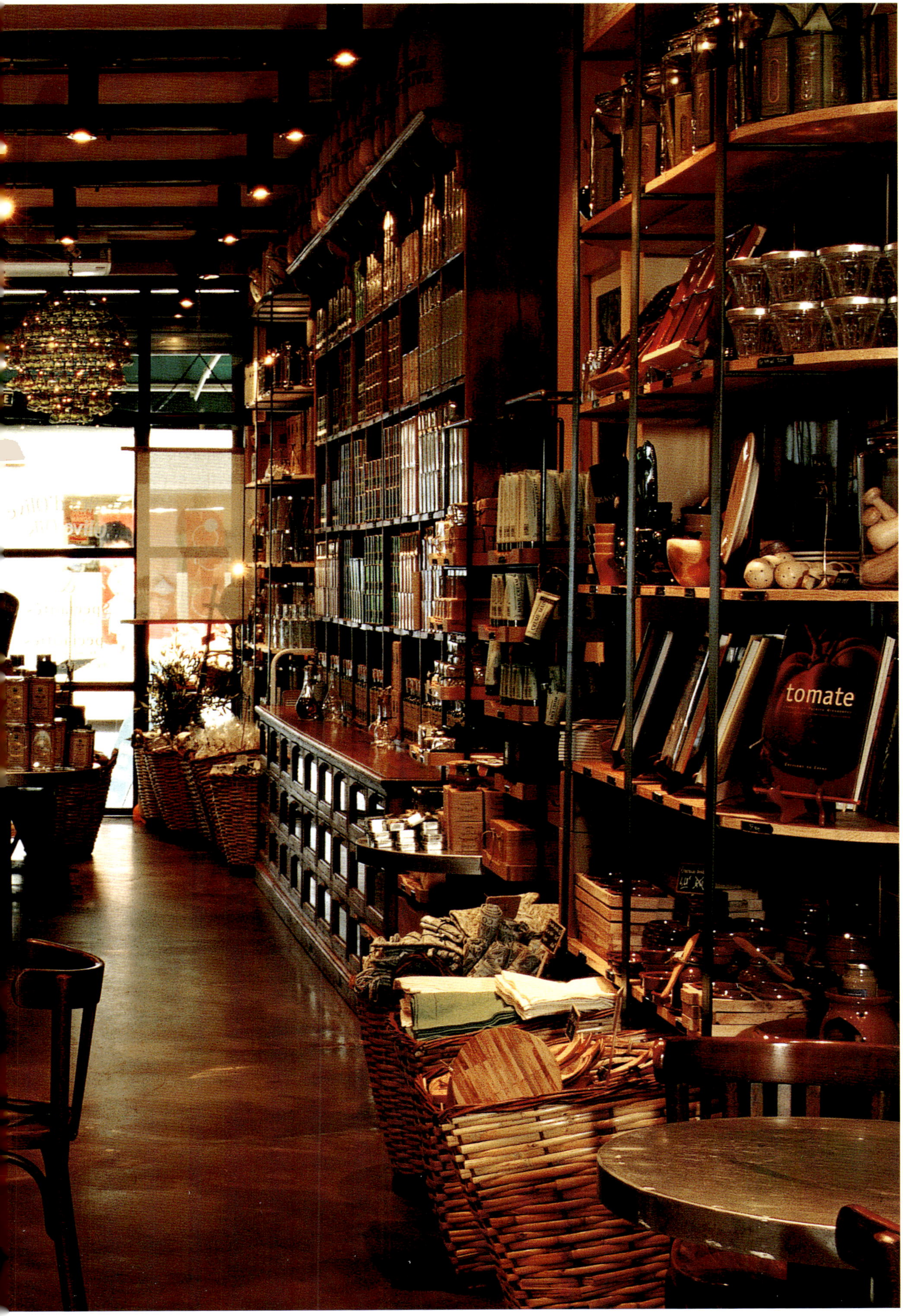

OLIVIERS & CO

La table de la rue Levis, non loin du Parc Monceau, permet aux clients d'Oliviers & Co de déguster in situ les huiles d'olive avant de les emporter. L'occasion de savoir lesquelles iront avec les pâtes, le poisson ou la salade.

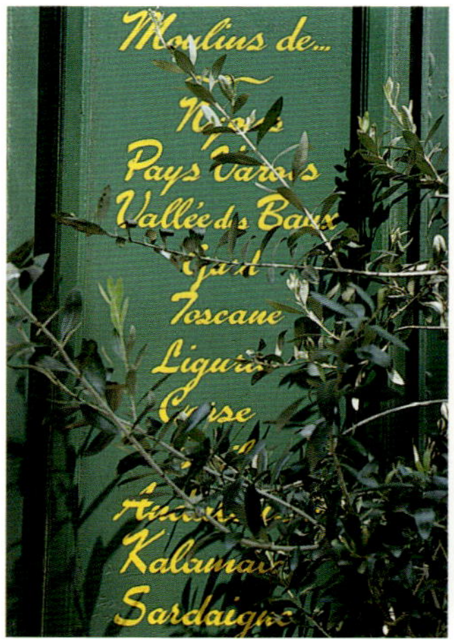

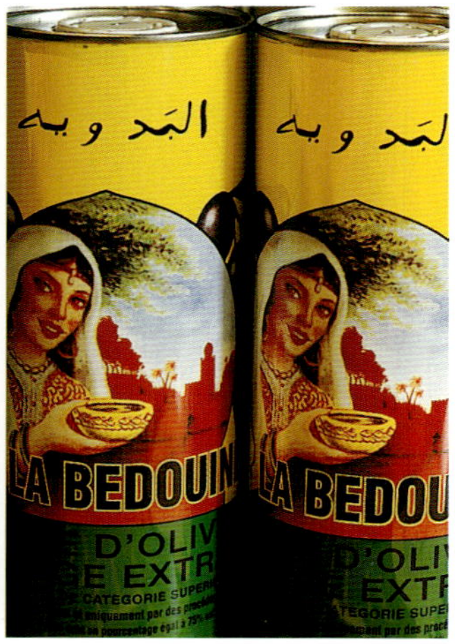

Au début des années quatre-vingt-dix, ce bon connaisseur de la Méditerranée (on lui doit également la mise au point et le développement du concept des boutiques L'Occitane) a commencé par sélectionner des producteurs dont l'huile répondait aux critères de qualité qu'il entendait promouvoir : terroirs déjà bien identifiés et connus traditionnellement pour la qualité de leurs huiles, récoltes à la main et transports en cagettes de vingt kilos au plus sur des parcours n'excédant pas une ou deux heures de trajet, huiles de propriétés et de petits moulins à meules de pierre pressées à dates convenues et mises dans des bidons qui respectent le produit. Son cahier des charges était drastique. Sur trois cents huiles d'olive qu'il continue de goûter annuellement, il n'en sélectionne qu'une trentaine. Il a entrepris de prospecter en Italie, puis a étendu son rayon d'action à l'Espagne et à la Provence. Aujourd'hui, Oliviers & Co propose également des huiles de Grèce, du Liban et du Portugal, pays où Olivier Baussan a acquis lui-même des oliveraies pour mettre en pratique ses recommandations. Mais on l'a souligné, la force des neuf boutiques ouvertes à Paris, c'est qu'elles présentent une pédagogie de l'huile d'olive, un conseil pour hommes du Nord. Olivier Baussan a vu le goût des Parisiens évoluer, passant d'une attirance pour des huiles mûres et marquées à une sélection de plus en plus fine d'huiles aux arômes subtils et à la bouche fraîche. Sur les bidons et les bouteilles, un étiquetage complet permet au consommateur de s'informer non seulement de la composition nutritionnelle de l'huile, de son origine géographique, mais aussi de la variété de l'olive et de la date de la récolte. Et des fiches de dégustation accompagnent dans la boutique chaque produit mis en vente. De cette manière, cette huile exotique, dont les Parisiens avaient une connaissance somme toute plutôt sommaire, est devenue en dix ans l'huile des gourmets, celle qui figure immanquablement à tous les repas un peu festifs. Et Paris a servi de caisse de résonance : Oliviers & Co a essaimé à Bruxelles, Londres, New York, Boston, Rio de Janeiro... Dans ces métropoles aussi, fort de la consécration parisienne, Oliviers & Co a également sorti l'huile d'olive de son ghetto ethnique. Grâce à Olivier Baussan, elle a cessé d'être une huile consommée par telle ou telle communauté d'origine méditerranéenne pour s'imposer comme l'huile de référence, celle qui est synonyme de « bien manger » et de « manger sain ».

ALLICANTE
Allicante, sur le boulevard Beaumarchais, près de la place de la Bastille offre un conseil personnalisé et une sélection d'huiles d'olive de récoltants. Un endroit chaleureux, avec son décor en boiseries et qui attire de plus en plus d'amateurs pointus, d'autant que l'offre s'élargit à tous les autres types d'huile.

À Paris, d'autres boutiques spécialisées dans l'huile d'olive se sont ouvertes dans la foulée : Allicante, boulevard Beaumarchais à la lisière du Marais ou encore la Maison de l'Olive, rue Ampère, dans le Paris de Marcel Proust. Ces boutiques se spécialisent dans les huiles de producteurs individuels ou dans des petites récoltes artisanales, apportant aux Parisiens, toujours férus de nouveautés, la

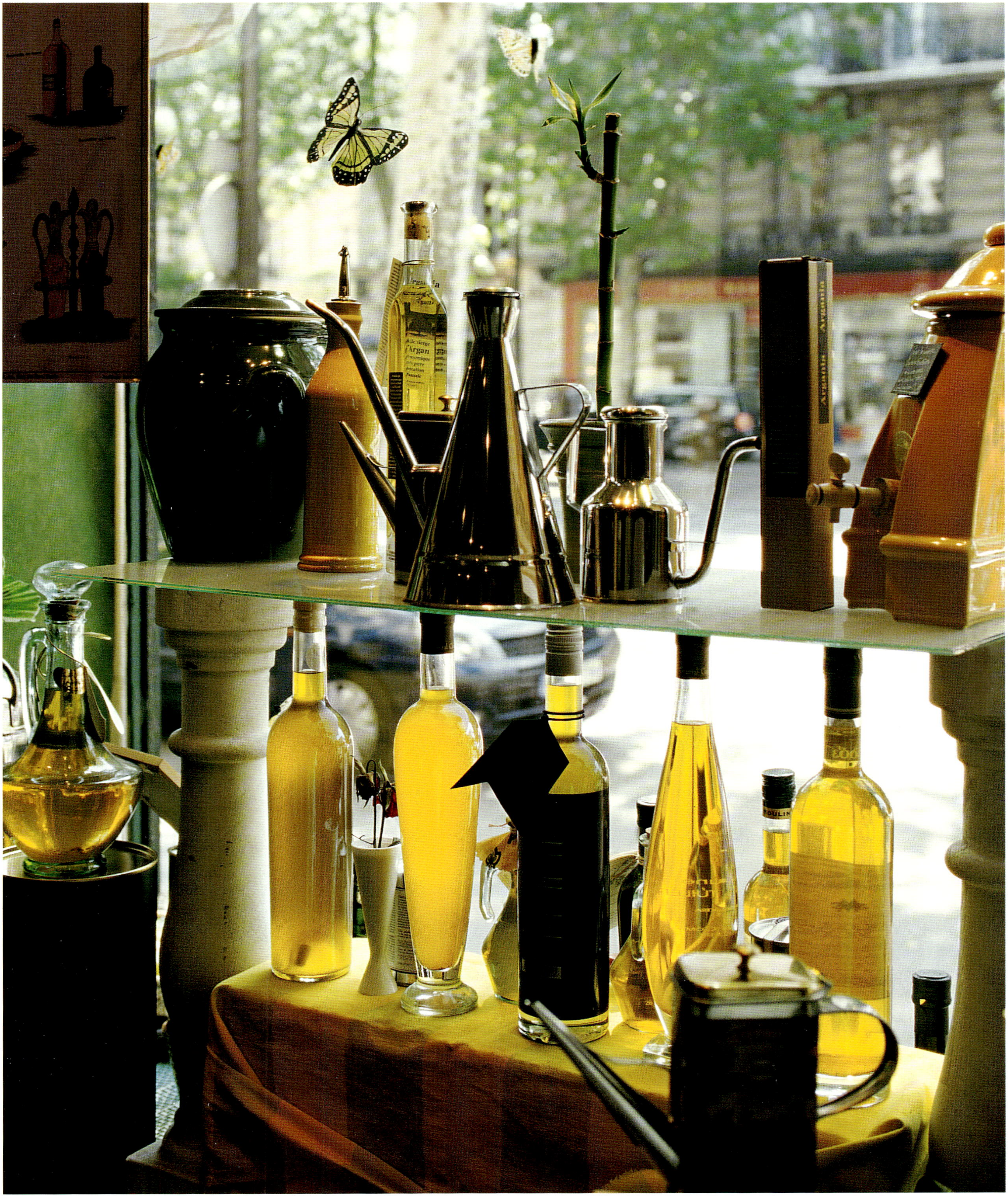
Argan
Argania

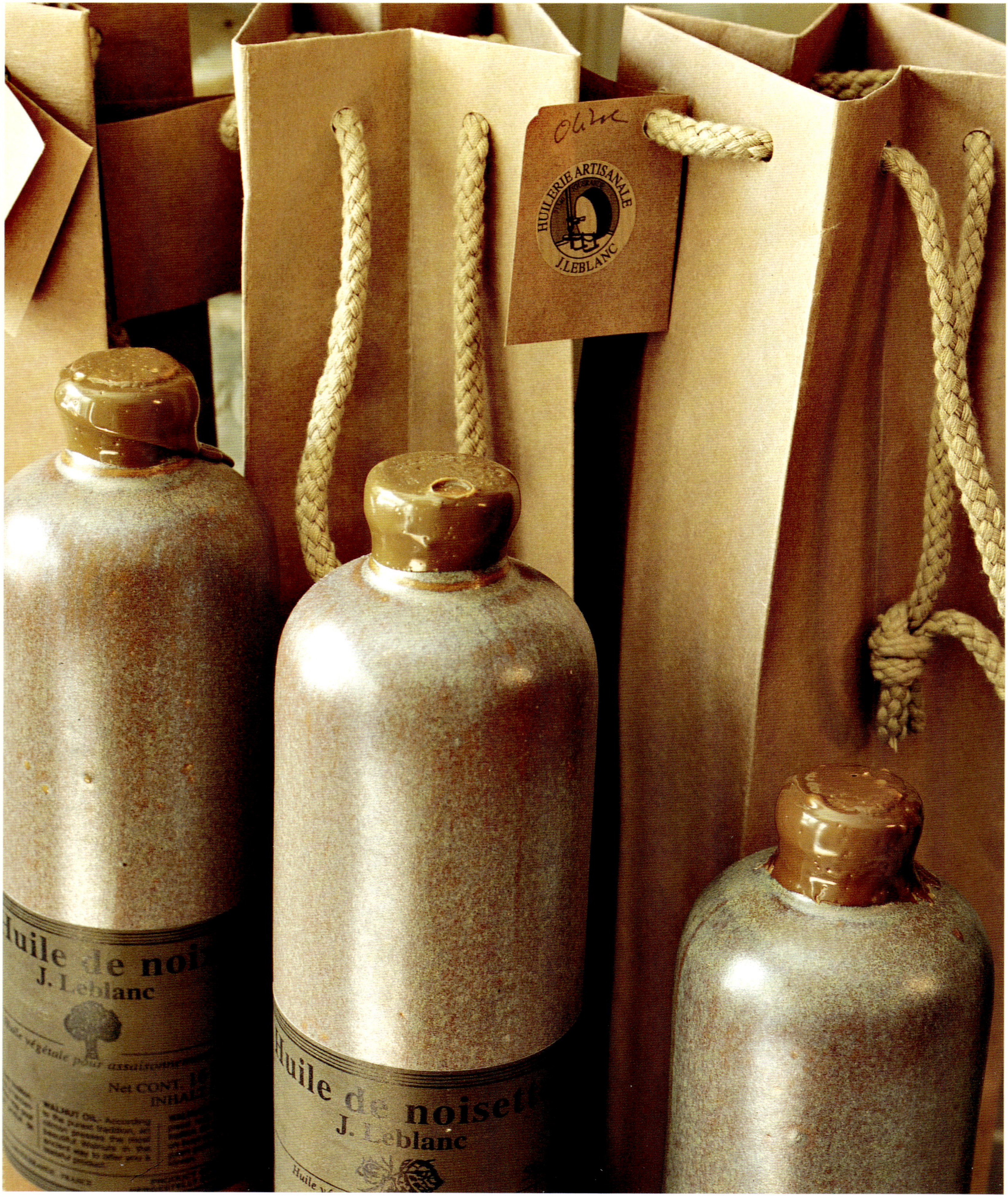
HUILERIE ARTISANALE
J.LEBLANC
Huile de noi
J. Leblanc
Net CONT.
Huile de noisett
J. Leblanc

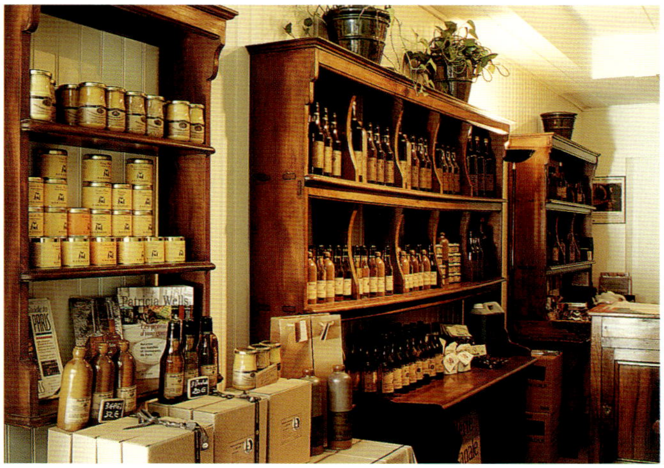

possibilité de faire des découvertes de plus en plus pointues, d'explorer un monde de terroirs et de saveurs.

Et puis, au-delà de l'huile d'olive, Paris se reprend à goûter toutes ces huiles qui constituent le patrimoine culinaire de la société paysanne d'avant la grande révolution agricole du XXe siècle. Car l'huile, avant de devenir une commodité disponible sur tous les linéaires des supermarchés, fut un produit rare mais indispensable et qui servait aussi bien à satisfaire des besoins alimentaires que mécaniques. Chaque région produisait alors son huile à partir de la matière première disponible localement : olive quand il y en avait, mais aussi amande, argan, colza, noisette, noix, pignon de pin, pistache, sésame. Certaines de ces huiles sont d'origine orientales, d'autres furent produites en France de tout temps. Anne Leblanc descend d'une famille de meuniers. Depuis quatre générations, 1878 exactement, les Leblanc possèdent en Saône-et-Loire un moulin où les paysans apportaient les noix et le colza de la région pour subvenir à leurs besoins en huile. À l'époque, de tels moulins étaient nombreux en France. Il n'en reste encore en activité que quelques spécimens, celui de la famille Leblanc étant l'un des rares à avoir conservé les méthodes artisanales du temps passé. Seulement, si la façon de procéder n'a pas varié, les débouchés, eux, ont considérablement évolué. Le retour en grâce de l'huile dans la gastronomie contemporaine a donné de nouvelles perspectives à ces artisans attachés à leur production. Alors, tandis que les deux frères d'Anne Leblanc, Jean-Charles et Jean-Michel, continuent de presser à l'ancienne, leur sœur a ouvert rue Jacob, entre l'École des beaux-arts et le marché de la rue de Buci, une minuscule boutique où les connaisseurs peuvent se procurer ces produits qu'on croyait disparus. Il s'agit bien sûr ici d'huiles de fruits purs, car les jus qui sortent du moulin Leblanc ne sont jamais filtrés mais seulement décantés avant la mise en bouteilles. Leur qualité gustative n'en est que plus intense. Et de même qu'il y a dix ans Oliviers & Co avait ouvert la voie à la vague de fond qui consacre aujourd'hui Paris capitale de l'huile d'olive, le mouchoir de poche des moulins Leblanc pourrait bien faire à son tour tache d'huile… de colza, de noisette et de noix.

LEBLANC
Dans leurs pots en grès, les huiles pressées par Leblanc, rue Jacob à Saint-Germain-des-Prés ressuscitent le temps où celles-ci servaient à tout : l'éclairage, la lubrification des appareils agricoles, l'alimentation. Sauf qu'aujourd'hui, ces huiles issues de fruits et de plantes divers n'ont plus qu'un seul usage : le plaisir du palais.

Autre produit typiquement local en train de recevoir l'onction gastronomique de Paris, le *jamón iberico*, encore connu sous le nom de *jabugo*, de *pata negra* ou encore de *bellota*. Ce jambon cuit est issu du porc ibérique, descendant du sanglier, élevé en liberté dans les forêts de chênes de l'Estrémadure et plus généralement dans tout le sud-ouest de la péninsule Ibérique. Ce porc aux pattes noires a la particularité de stocker l'huile des glands directement dans ses muscles ce qui lui

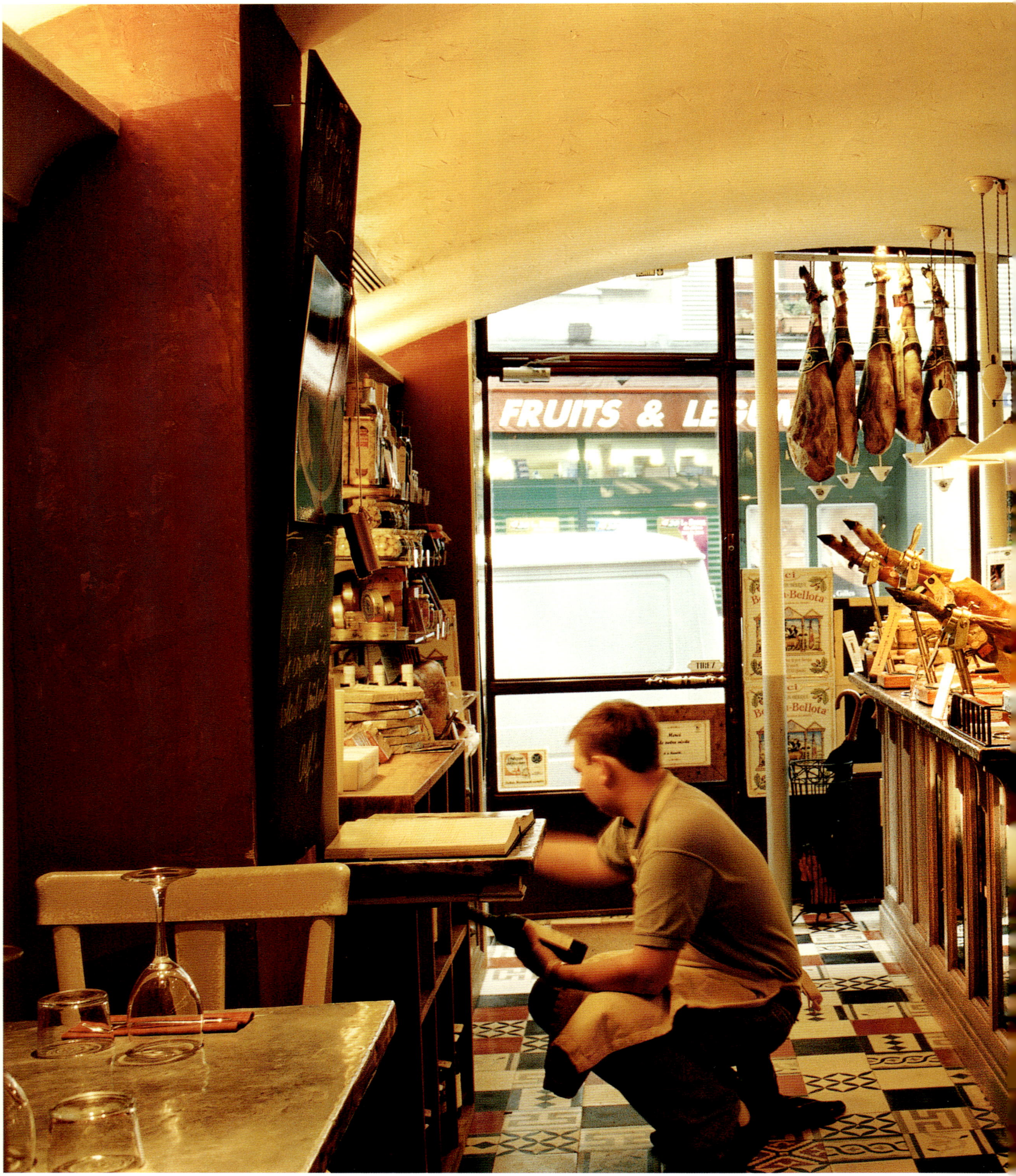
FRUITS &
TIREZ

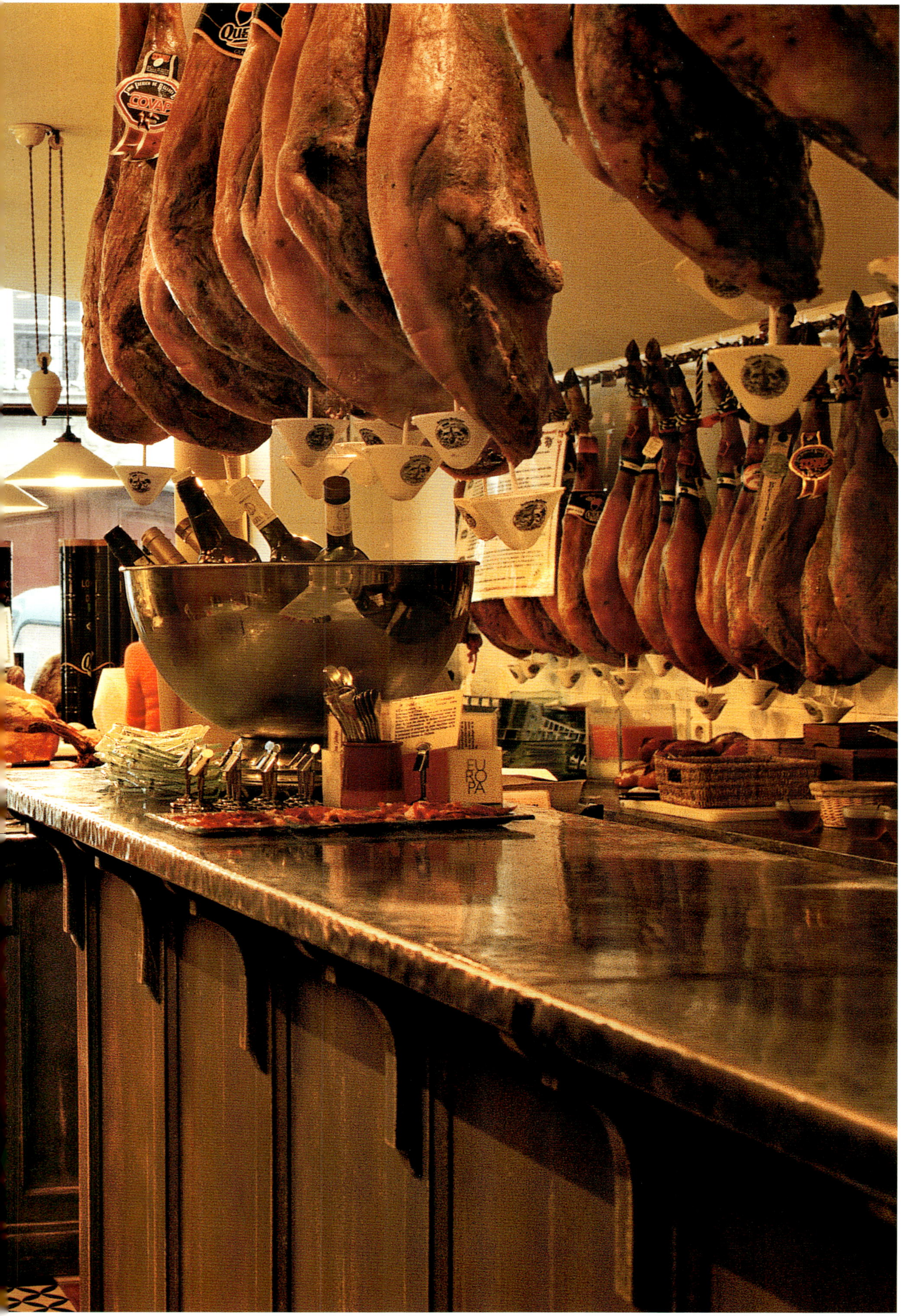

BELLOTA BELLOTA

Dans une petite rue tranquille, à deux pas du Champ de Mars, une impressionnante rangée de jamón iberico *attire l'œil du passant. Bellota Bellota le premier a perçu le potentiel gastronomique de ce produit. quelques tables et un comptoir permettent de s'initier aux diverses variétés de* pata negra, *en fonction de leur provenance et de leur durée de séchage.*

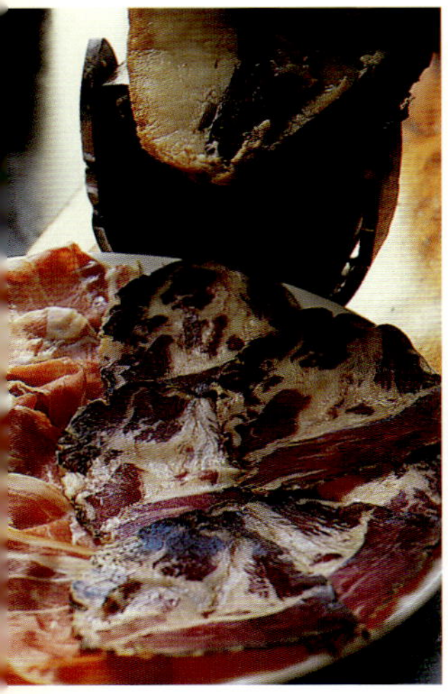

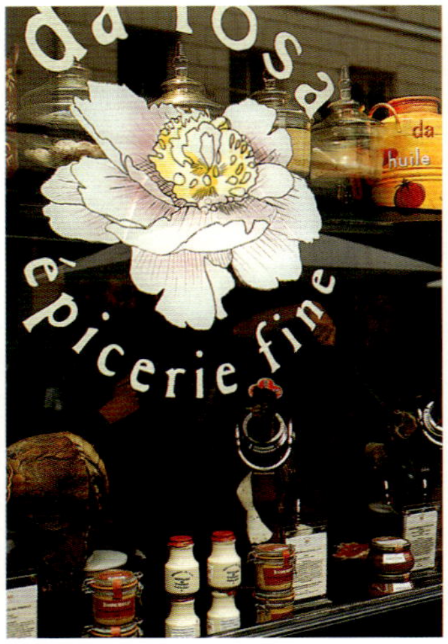

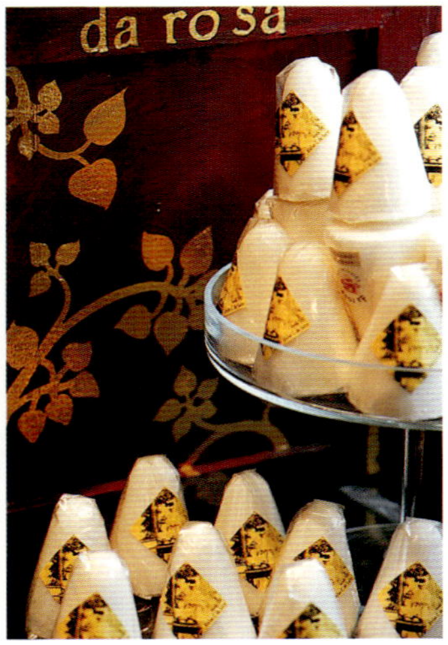

DA ROSA

Da Rosa, épicier, tel est le qualificatif dont s'enorgueillit cette enseigne du marché de la rue de Buci. Cette enseigne entend en effet redonner ses lettres de noblesse à un métier où la sélection des meilleurs produits est la clé du succès : ici des jambons ibériques du village de Guijuelo, qui se situe au sud de la province castillane de Salamanque, des pains de sucre et une sélection de moutardes en vitrine.

donne son goût si particulier. Il était encore interdit d'importation en France il y a dix ans, pour d'obscures raisons sanitaires. Il est vrai que sa durée de séchage varie entre quinze et quarante-huit mois, par ventilation naturelle pour les produits les plus nobles. Mais depuis que les Parisiens y ont goûté, il est devenu la dernière coqueluche et se pare de toutes les vertus. On lui prête les mêmes bienfaits cardio-vasculaires que l'huile d'olive mais les véritables raisons de cet engouement tiennent d'abord à ses qualités organoleptiques : un parfum mystérieux où se reconnaissent tout de même les arômes d'huile de glands de chêne, un goût intense et profond marqué par le gras suave de la bouche, une friandise salée... Les épiciers qui ont découvert ce produit ont bien compris que pour conquérir le peuple des gourmands, il fallait donner la possibilité à chacun d'y goûter. Ce faisant, ils ont lancé ou relancé une mode : celle des tables où l'on peut goûter les produits proposés en magasin. Bellota Bellota près du Champ-de-Mars a ouvert ainsi une taverne où l'on propose des assiettes déclinant diverses qualités de ce jambon, Da Rosa sur le marché de la rue de Buci étale ses terrasses où l'on peut savourer *l'único* de Martín Raventos qui est au *Jamón Ibérico* ce que Romanée-conti est à la Côte de Nuits. Mais on trouve aussi une sélection de *Jamón Ibérico* suspendue dans une cave réfrigérée située au sous-sol des Galeries Lafayette Maison, le « coin gourmand », preuve que l'engouement commence à toucher le grand public. On peut même parler d'une vague spéculative. Les prix en tout cas atteignent des sommets sans paraître pour autant décourager les amateurs.

Mais le phénomène avait été le même dans les années vingt avec le caviar. Car après tout, qu'était-ce que ce produit, sinon une poutargue d'œufs d'esturgeon, pressée, salée et séchée ? Il a fallu que deux frères arméniens, Melkoum et Mouchegh Petrossian, venus de la Russie lointaine, inventent littéralement le caviar. Leur invention ne consistait pas tant à exporter un produit inconnu qu'à le rendre apte à flatter les palais raffinés du Tout-Paris des années folles. Pour cela, les premiers,

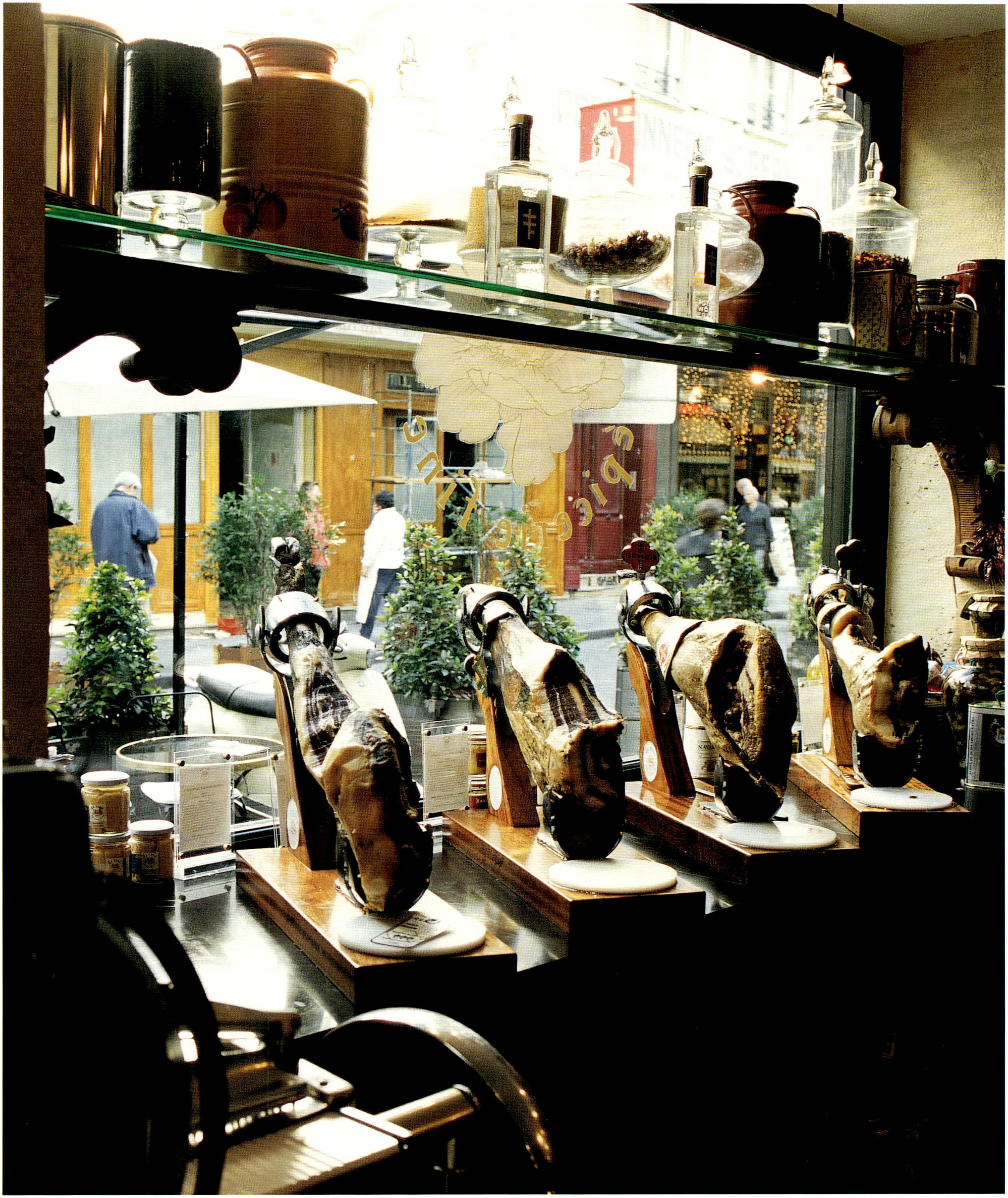

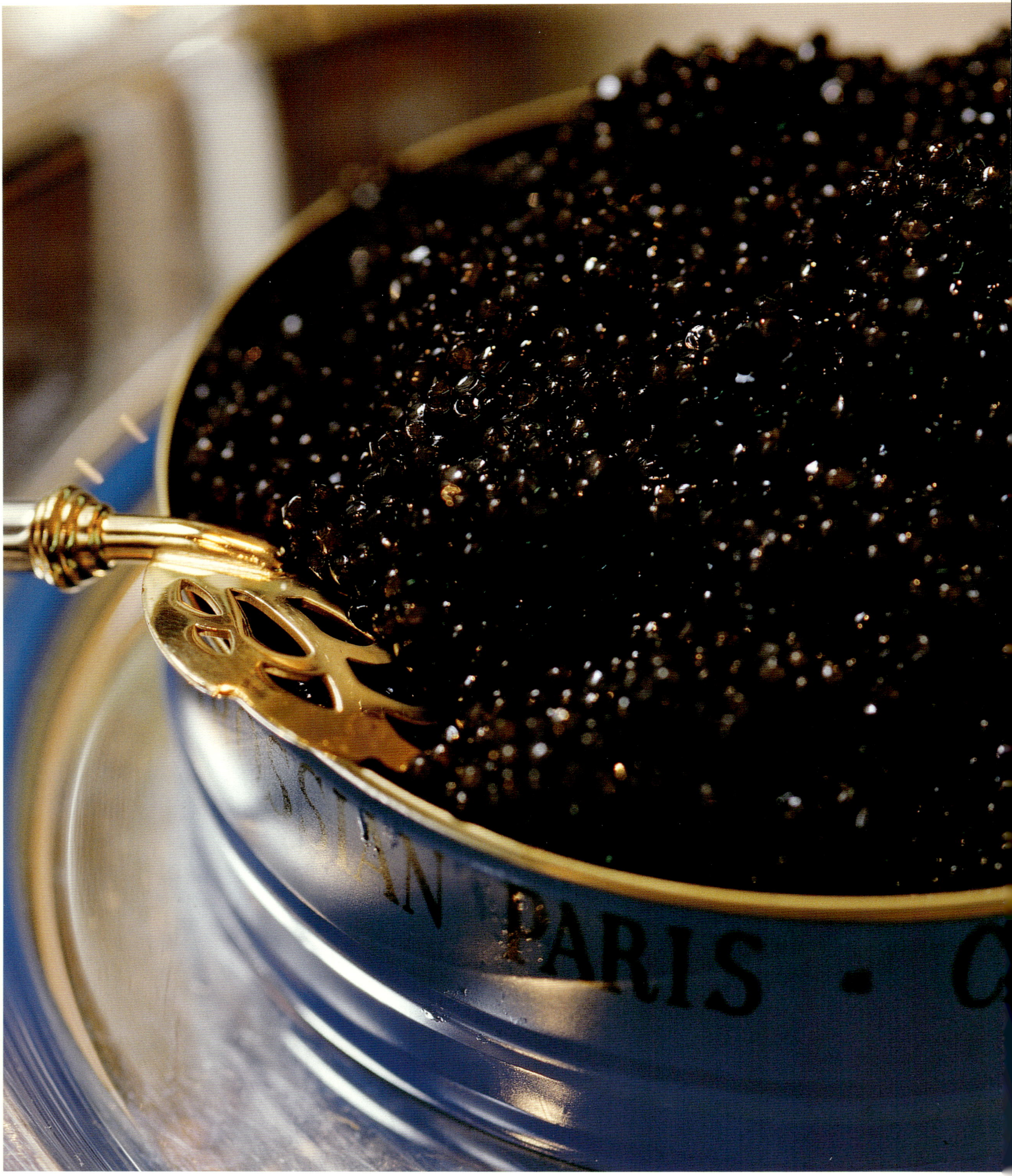
PARIS

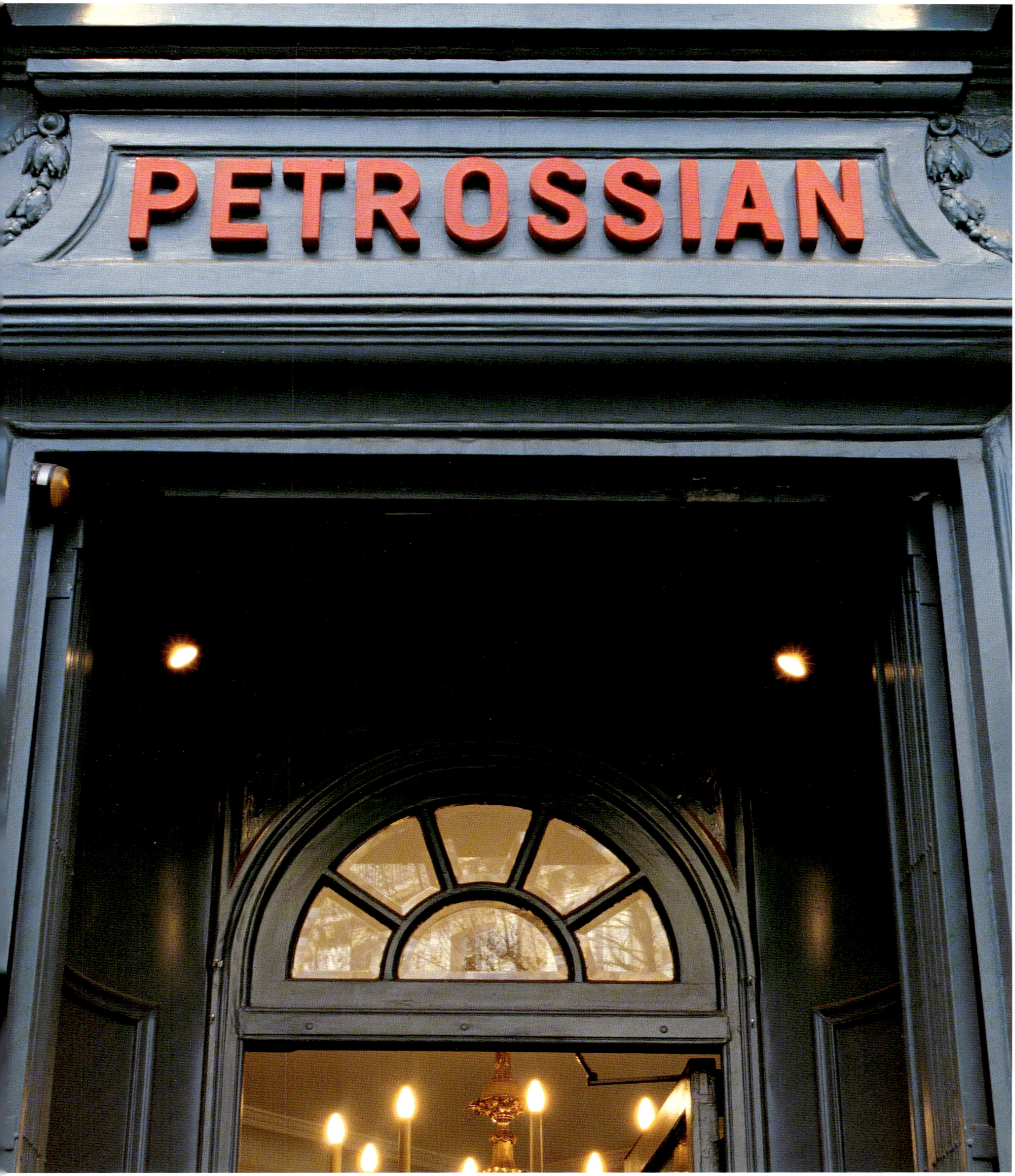
PETROSSIAN

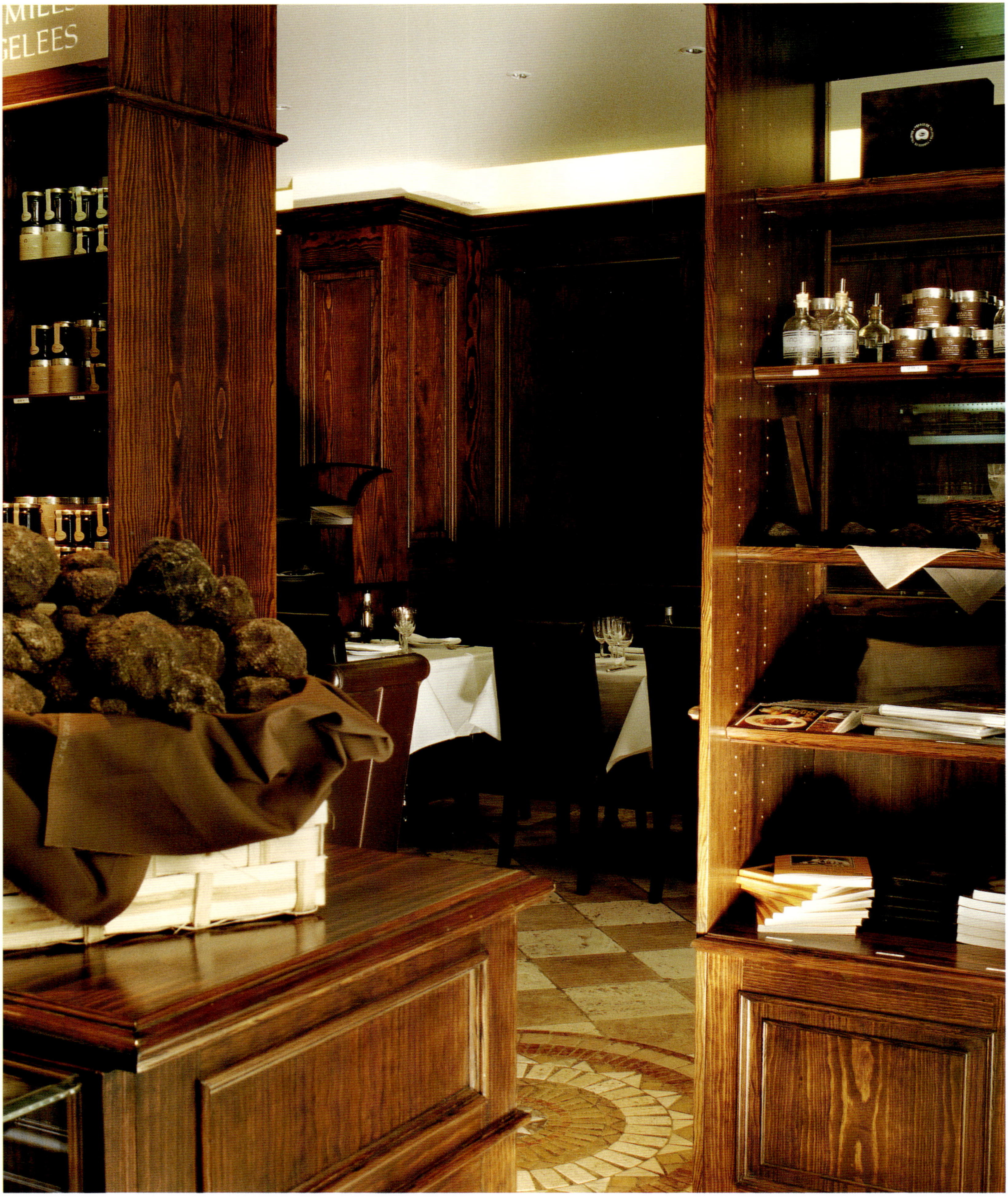
GELEES

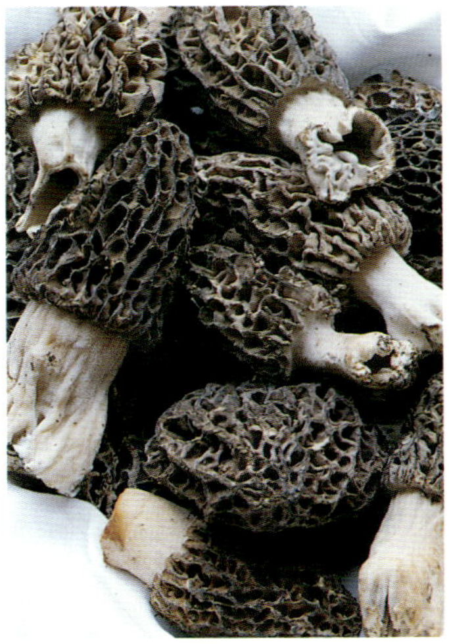

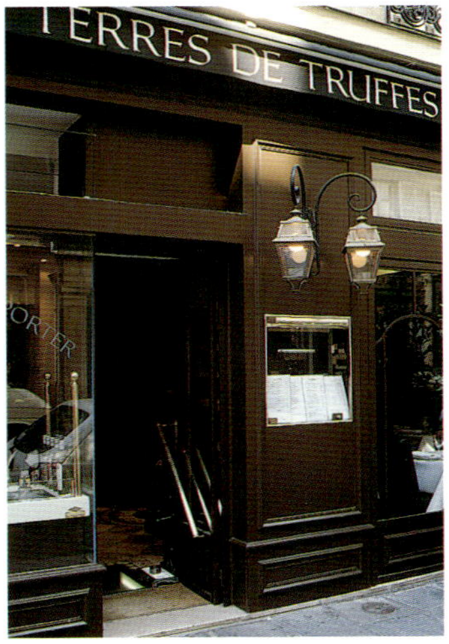

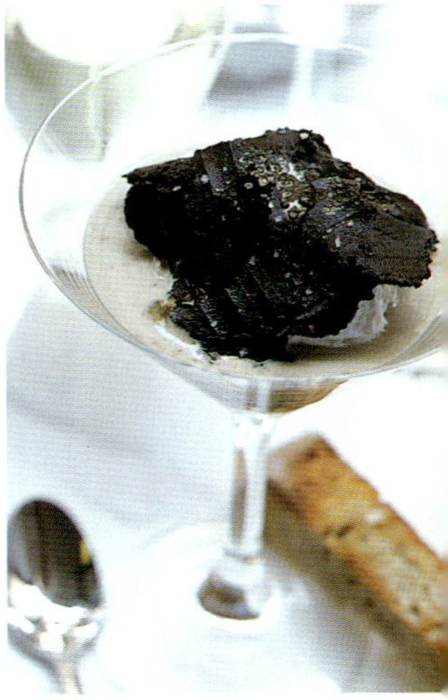

ils sélectionnèrent ces œufs pressés en vrac, en distinguant les divers types d'esturgeon – *bélouga*, *ossetra*, *sevruga* –, en assemblant chaque type pour isoler ses qualités organoleptiques propres, sa palette de couleurs et en proposant aux Parisiens de consommer le caviar dans une atmosphère de fête, accompagné de champagne ou de vodka. Aujourd'hui, c'est leur neveu Armen qui poursuit l'œuvre entreprise. Son ambition est de donner au caviar ses lettres de noblesse en gastronomie, ce pourquoi il a ouvert en 1999 un restaurant au-dessus de la fameuse boutique de la rue de la Tour-Maubourg. Il y en avait déjà un à New York où le caviar s'accorde peut-être plus naturellement à la cuisine. Mais les Parisiens huppés n'ont pas tardé à être eux aussi séduits par les recettes originales concoctées par Armen Petrossian et le chef de cuisine, Sébastien Faré. Œuf Petrossian mollet, pané, croustillant, surmonté d'un dôme de caviar comme un œuf Fabergé ou encore fins cigares d'esturgeon farcis de caviar comme des *saltimboccas* subliment le produit phare de la maison et lui donnent une seconde jeunesse.

Démarche identique chez deux nouveaux venus à Paris, mais deux vieux routiers de ce produit que les Parisiens croient connaître et dont ils vont découvrir toutes les nuances : la truffe. Depuis vingt ans, Clément Bruno et Dominique Saugnac officient Chez Bruno, à Lorgues dans le Var, un restaurant spécialisé dans le diamant noir, le premier comme propriétaire, le second comme chef. Ils ont ouvert fin 2003, rue Vignon derrière la Madeleine, un comptoir restaurant à l'enseigne de Terres de Truffes qui détaille les truffes au fil des rabasses et des saisons. Car la truffe n'est pas qu'un champignon d'hiver. Certes, *Tuber melanosporum* reste la vedette incontestée avec son éternelle rivale blanche *Tuber borchi* dite *bianchetto d'Alba*. Mais Clément Bruno et Dominique Saugnac plaident pour le droit des autres truffes à venir flatter nos narines et agrémenter nos plats. La diva piémontaise *Tuber magnatum pico*, la truffe de la Saint-Jean d'été *Tuber estivum*, la truffe de Bourgogne *Tuber*

TERRES DE TRUFFES
Toutes les truffes, celles d'hiver comme de printemps, celles d'été comme d'automne, sont à Terres de Truffes, le comptoir du quartier de la Madeleine qui fait redécouvrir aux Parisiens le diamant noir dans tous ses états.

PETROSSIAN
Double page précédente :
On ne présente plus Petrossian, enseigne mondialement connue, sauf pour dire qu'à côté du caviar, « inventé » dans les années vingt, la boutique parisienne propose une sélection fabuleuse de saumons et d'anguilles fumés sauvages, d'œufs de saumon, de foie gras et de truffes.
Un paradis pour gourmands fortunés.

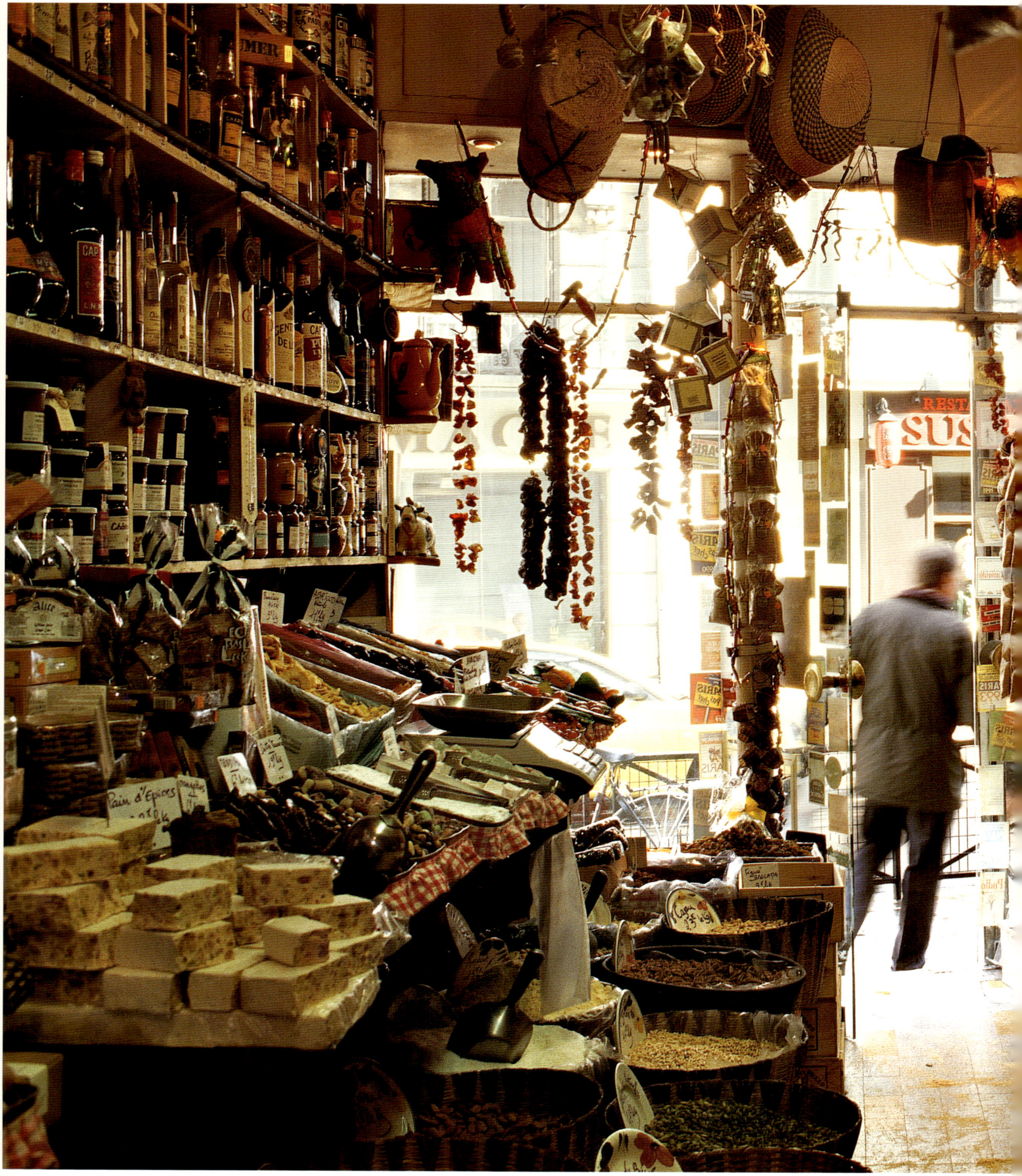

RESTA
SUS
Pain d'Epices

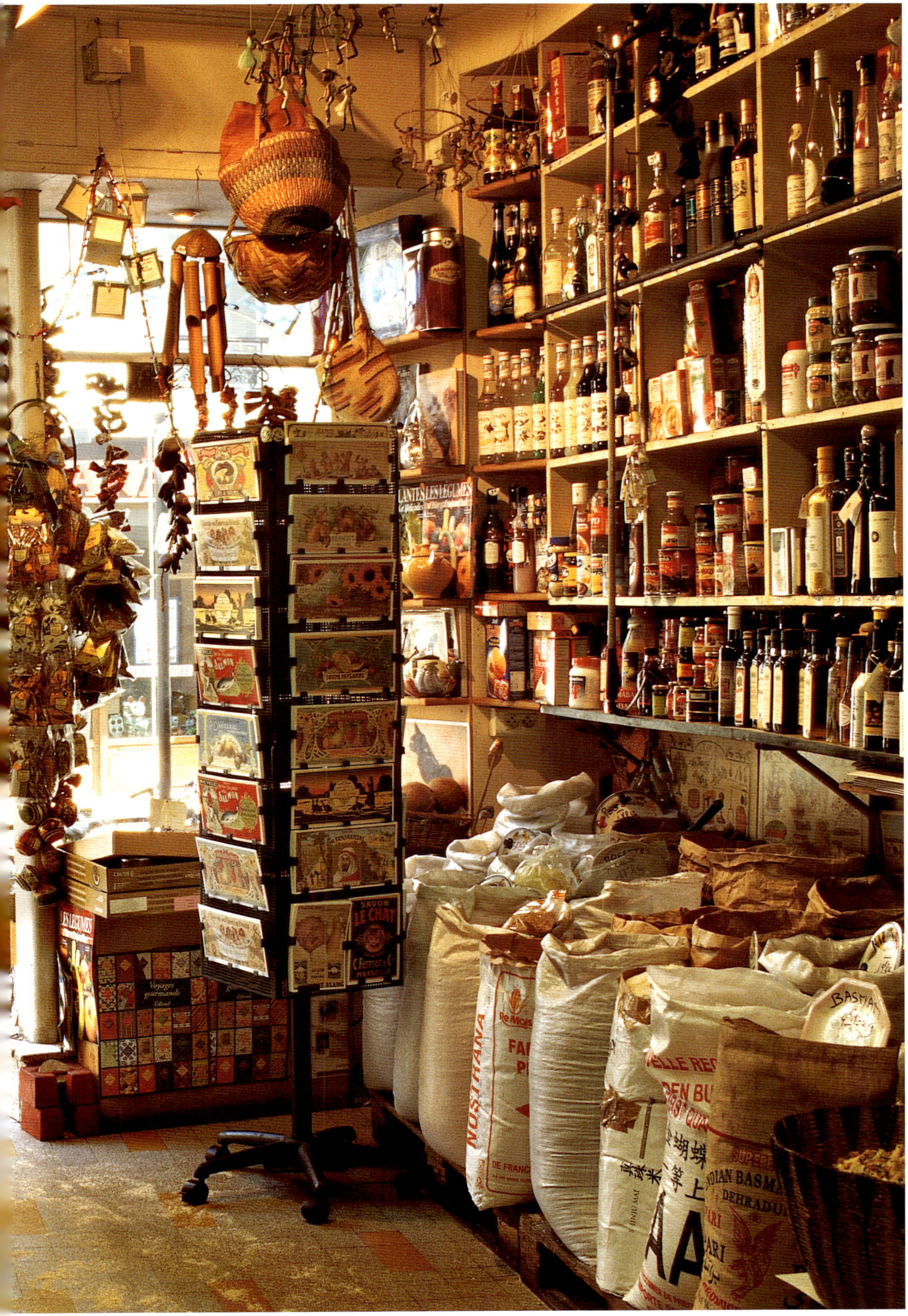

IZRAEL

On trouve tout chez Izrael dans le quartier du Marais : tout ce qui se mange, se boit, pimente, sert de condiment ou renforce les arômes. À condition de chercher soi-même et de savoir ce que l'on cherche. La bonne adresse des spécialistes.

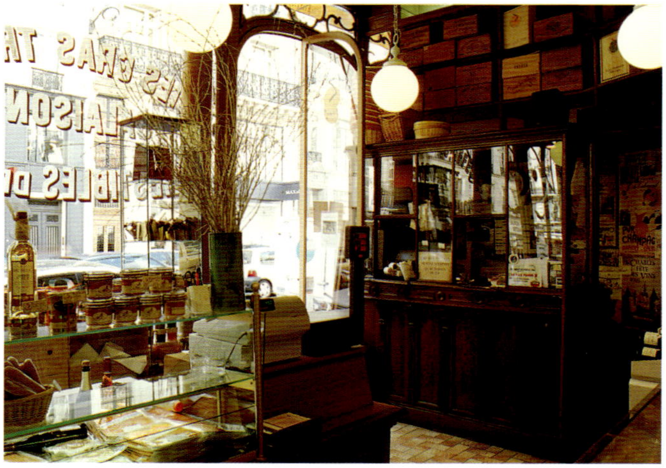

uncinatum, et la truffe brumale *Tuber mensentericum*, prouvent qu'il n'y a pas de saisons pour les truffes ou plutôt qu'il y a des truffes en toute saison. Terres de Truffes les propose à emporter fraîches ou conservées, mais surtout, pour ceux que le doute tarauderait encore, les décline en une série de petits plats délicieux en traiteur ou à déguster directement au restaurant, tels la brouillade aux truffes, le brie de Meaux aux truffes ou encore une série de desserts où les accents profonds de la truffe s'accordent avec un blanc-manger à la confiture d'abricots ou un moelleux au chocolat.

LE COMPTOIR DE LA GASTRONOMIE
Au cœur des Halles, Le Comptoir de la Gastronomie perpétue la tradition gourmande du « Ventre de Paris ».

LES PIPALOTTES GOURMANDES
Des étagères à l'assiette, les Pipalottes Gourmandes, en montant vers Montmartre, rue Rochechouart, sont le prototype de ces épiciers qui font aussi traiteur et où l'on peut déguster toutes les spécialités.

Tous les bons épiciers de Paris semblent ainsi pris d'une frénésie de restauration. Le vieux privilège des aubergistes avait sauté durant la Révolution française et même avant sous les coups de boutoir des limonadiers. Aucune loi aujourd'hui n'interdit aux traiteurs parisiens de dresser quelques tables et de faire goûter à leurs clients leurs produits de référence. On peut ainsi se régaler du foie gras d'oie cuit au torchon du Comptoir de la Gastronomie, dernier avatar gourmand des anciennes Halles centrales de Paris. Ou encore faire un tour de gastronomie provençale aux Pipalottes Gourmandes rue Rochechouart en montant vers Montmartre, en grignotant une tartine aux tomates séchées à l'huile d'olive et au thym ou en gobant une moule farcie au pistou. Seul épicier à résister à cette vague, Izrael, rue François Miron dans le Marais, continue de présenter ses produits en vrac, dans un aimable capharnaüm. On vient ici pour trouver de la casse, du gingembre ou du lime et on repart les bras chargés d'un sac de lentilles corail ou de farine de pois secs. Izrael ou la maison où le Parisien trouve tout, des donuts comme à New York aux miels de rhododendron comme à Aoste. N'en rajoutons pas, seulement pour dire que ce magasin unique avec ses milliers d'articles entassés dans tous les coins et sur toutes les étagères ne s'aborde vraiment qu'aux termes d'un parcours initiatique. Flâneur des saveurs rebrousse chemin, ici n'entre que le véritable connaisseur. Car aucun conseil ne te sera prodigué et seul celui qui peut identifier chaque produit et l'usage qu'on en fait saura profiter des trésors de cette caverne…

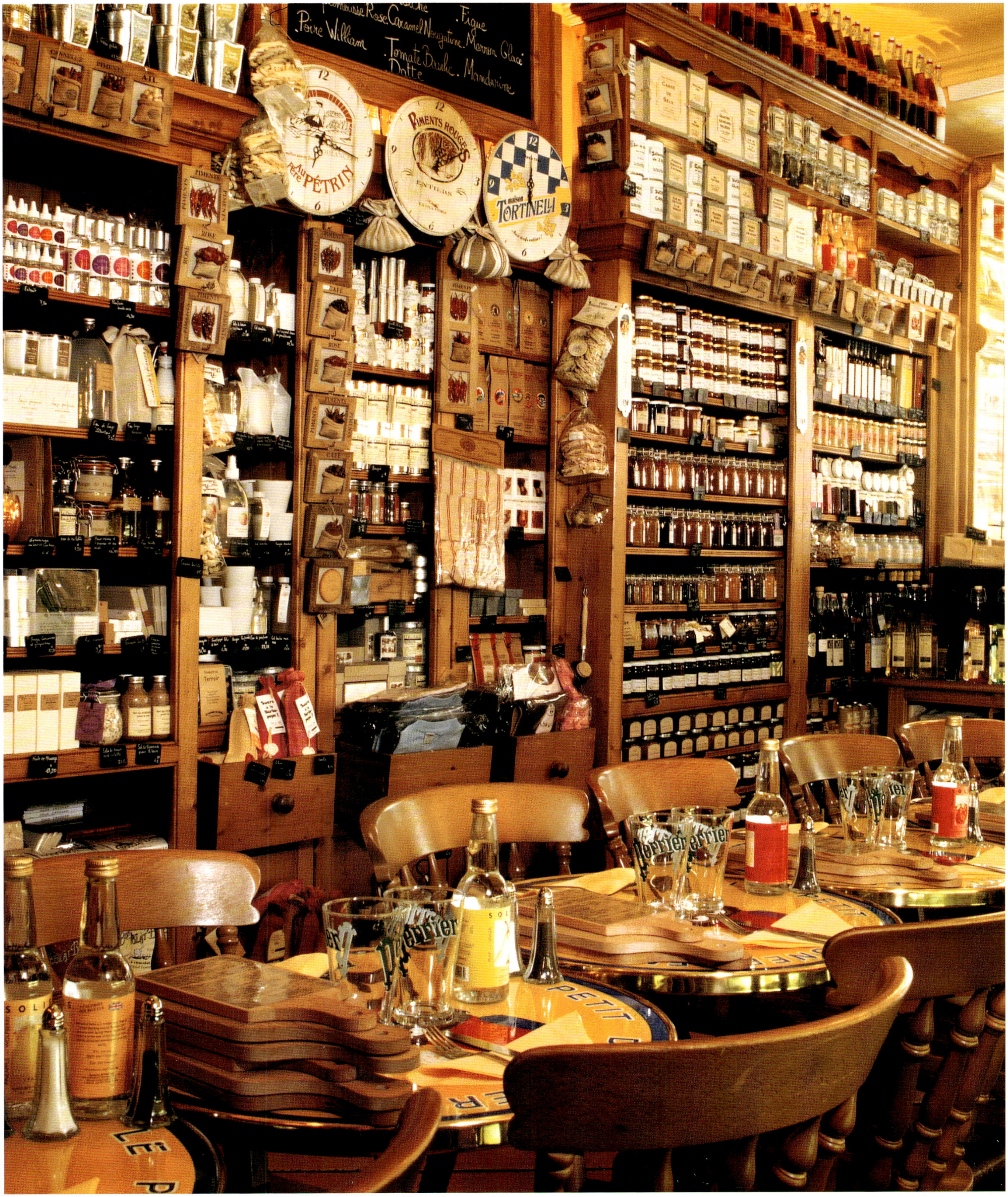

Poire William
Tomate Basilic . Mandarine
Datte
Figue
Marron Glacé
Au Père PÉTRIN
PIMENTS ROUGES
maison TORTINELLI
Perrier
PETIT

Paris au verre

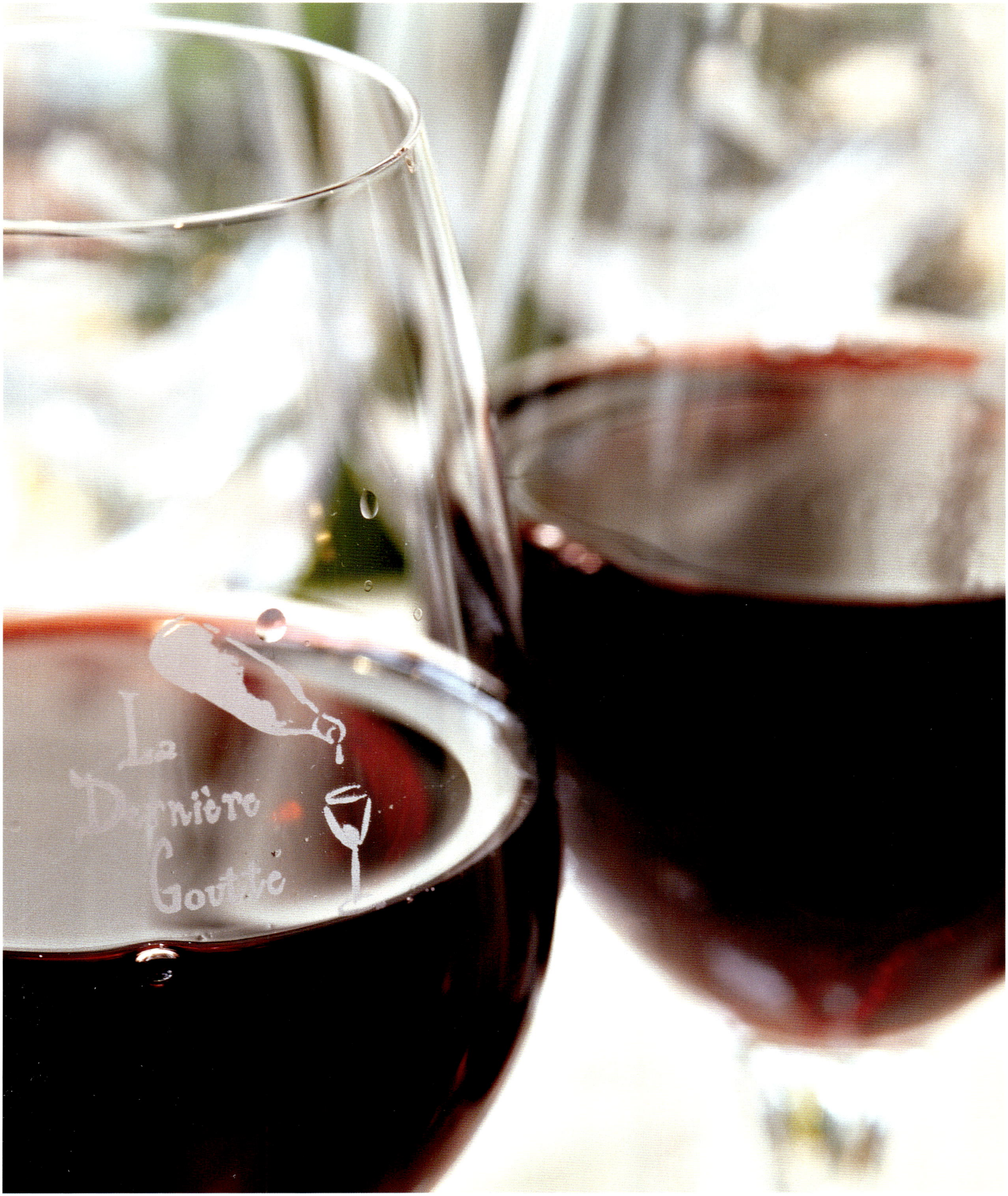

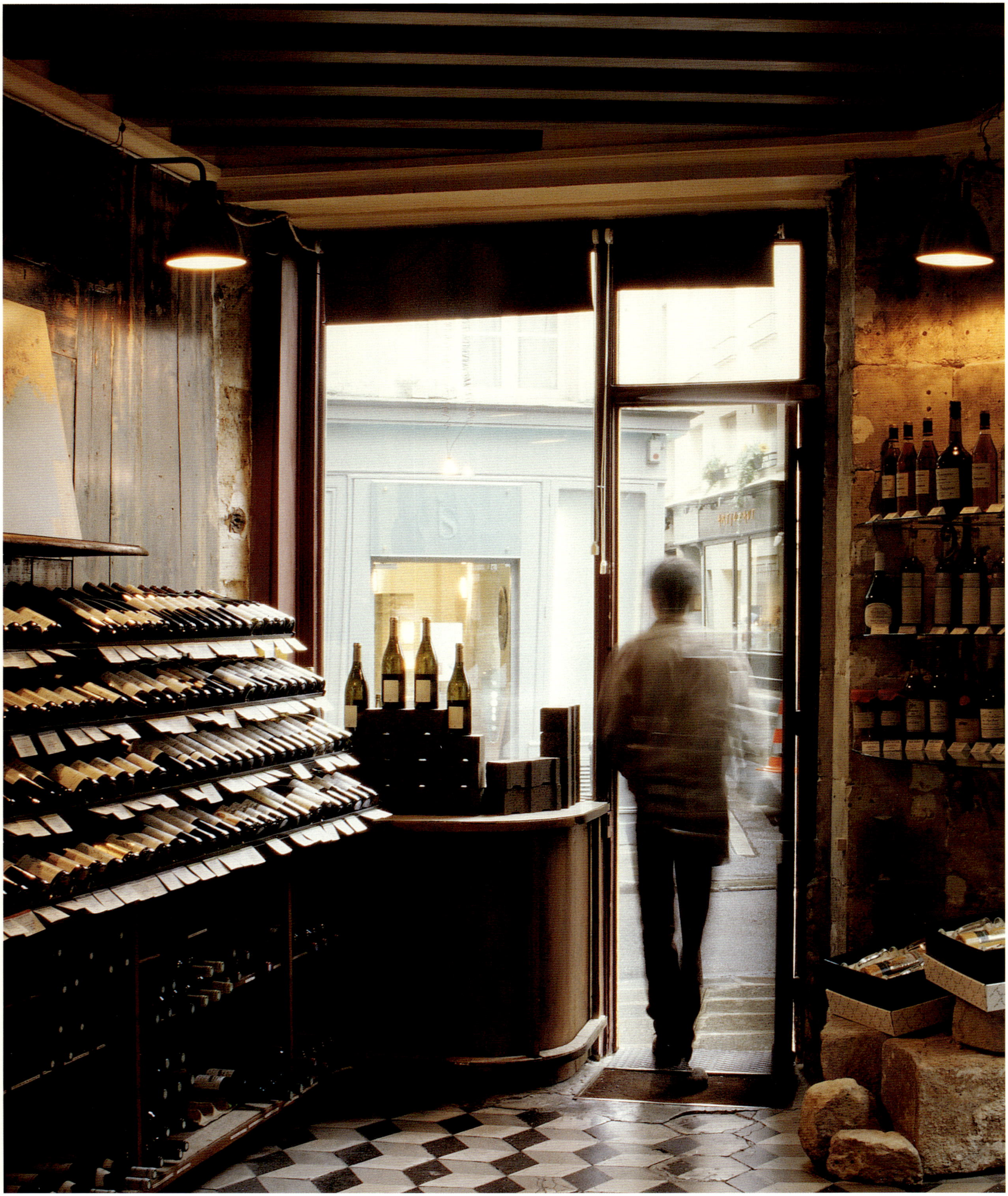

Caves célèbres ou secrètes

L'histoire d'amour de Paris avec le vin remonte loin. Le grand vignoble parisien a été planté par les Romains sur les hauteurs de Lutèce, les coteaux de Suresnes et la colline de Montmartre : l'empereur Julien qui avait établi sa capitale le signale dans sa correspondance. On célèbre toujours en octobre la Fête des vendanges à Paris. Dans un fabliau du Moyen Âge, *La Bataille des vins*, les meilleurs crus de Paris, les vins de Montmorency, de Mantes, de Meulan, de Pierrefitte et d'Argenteuil rivalisent avec les meilleurs vins de Champagne et de Bourgogne. Meudon, Sèvres, Issy, Auteuil passaient pour des terroirs aussi importants qu'Ay ou Chablis. Mais Paris, baigné par cinq rivières importantes, la Seine, l'Aisne, la Marne, l'Oise et l'Yonne, l'a été également de tout temps d'un sixième, un fleuve de vins arrivant de toutes les régions et s'empilant en fûts d'abord sur la place de Grève, l'actuelle place de l'Hôtel-de-Ville, en amont de l'île de la Cité, puis plus tard dans les entrepôts de Bercy. La ville est devenue ainsi en France le centre le plus important du négoce du vin avec notamment les douze marchands qui avaient le privilège de « suivre la cour », c'est-à-dire d'approvisionner le roi en vin. Mais aussi le peuple qui se régalait de vins moins fins et dont la soif paraissait inextinguible. Au-delà de la barrière des fermiers généraux, dans les faubourgs tels Belleville, Auteuil, Suresnes, le vin se vendait à moitié prix car il n'était pas soumis à l'octroi. Les guinguettes fleurissaient à l'exemple du célèbre Ramponneau. La « blonde » et la « négresse », ainsi qu'on appelait le blanc et le rouge (il devait être fort noir), coulaient à flots, vins de piètre qualité mais à qui les Parisiens demandaient seulement l'ivresse.

C'est que le vin a longtemps été un aliment. L'art de la dégustation appartenait à une aristocratie de connaisseurs. Les Parisiens croyaient connaître le vin parce qu'ils en buvaient beaucoup, trop. Ils en buvaient au bistrot, ils en buvaient au resto, ils en buvaient pendant les repas, du petit déjeuner au dîner, et hors des repas, pour accompagner le travail, nourrir l'effort physique du terrassier, l'effort intellectuel du plumitif. Ils en buvaient enfin pour faire la fête. Autant dire que les Parisiens n'ont pas toujours été des connaisseurs. Plutôt des consommateurs. Il y a trente ans encore on achetait le vin en vrac, on le mettait soi-même en bouteilles. Et comme les caves individuelles de Paris sont petites, mal protégées, on se dépêchait de le boire. Le vin comme art de vivre appartenait à une catégorie

LA DERNIÈRE GOUTTE
Surprise à La Dernière Goutte : c'est un Américain qui initie les Parisiens aux petits vins des terroirs oubliés.

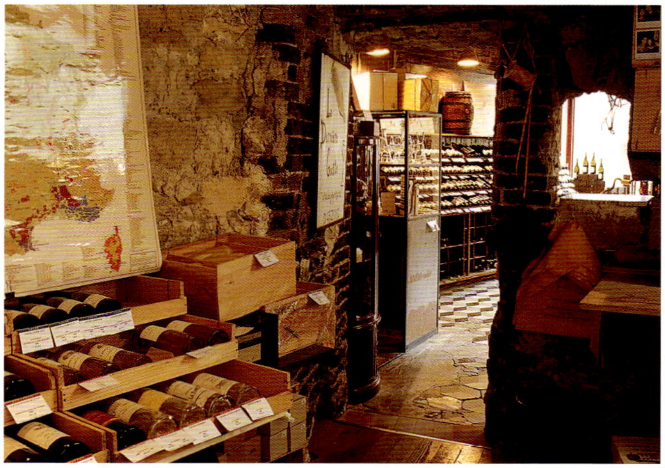

LA DERNIÈRE GOUTTE
Une cave claire, des amateurs éclairés. La Dernière Goutte, à deux pas de la Place Furstenberg, derrière l'église Saint-Germain-des-Prés, fait toute la lumière sur le vin.

sociale privilégiée, cosmopolite. Paris était peut-être la capitale du vin par le volume, Londres, la grande rivale, buvait sinon moins, du moins avec plus de discernement. Paradoxe d'une offre tellement sensationnelle, Paris, à la tête du premier pays pour le vin, s'est longtemps abreuvée avec une certaine indifférence pour la qualité. Bien sûr, il ne faut pas généraliser. La grande restauration a toujours stocké dans ses caves les grands crus, les gourmets ont toujours su marier les meilleures bouteilles aux meilleurs mets, mais le grand fleuve du vin à Paris charriait surtout de la vinasse.

Pourtant, avec le temps, la hausse du niveau de vie, la tertiarisation des activités, de nouvelles habitudes de consommation ont vu le jour. Le vin a perdu sa place d'aliment primordial pour devenir un produit d'élection, fleur du terroir, expression de la culture et de la civilisation d'un pays. Et en même temps, les Parisiens se sont piqués de savoir. Les ont aidés dans ce travail de réappropriation de leurs propres traditions d'étranges passeurs ou plutôt des passeurs étrangers, tel l'Anglais George Bardawil qui, en ouvrant au début des années quatre-vingt le premier établissement de la chaîne L'Écluse inaugura à Paris la mode des « wine bars ». Ils sont nombreux ces Anglo-Saxons à avoir fait découvrir aux Parisiens les beautés de leurs propres terroirs, comme ils leur ont fait connaître dans leurs moindres méandres les fleuves de Bordeaux et même de Champagne. Pourtant, c'est à Paris que ces grands connaisseurs, bien placés pour avoir une vue mondiale de la production viticole, leurs îles étant dépourvues de tout vignoble, sont venus chercher la consécration. Ou plutôt la reconnaissance des Parisiens et des Français, comme dans le cas de Michael Broadbent, premier expert à avoir vendu aux enchères des vins fins anciens à Sotheby's et que la République a récompensé en 1971 du Mérite agricole.

Commençons donc par eux ce tour du Paris au verre, et par un jeune homme encore : Juan Sanchez, la trentaine, Cubain américain né à New York et venu à Paris suivre les cours de cuisine de l'École Ferrandi qui forme les grands chefs. Sur le chemin des fourneaux, le jeune homme a rencontré le vin et a ouvert en 1993 une enseigne en plein Saint-Germain-des-Prés, Les Béoux, devenue au gré des déménagements mais sans changer de quartier, La Dernière Goutte. Une boutique pointue, presque vide, car elle ne s'encombre pas d'une offre pléthorique. Juan Sanchez avec le pragmatisme d'un Américain ne propose que de très bons vins pas chers, ce que les Parisiens appellent, l'œil brillant, « le bon rapport qualité prix ». Cette équation, elle est souvent proposée mais jamais aussi bien résolue qu'à La Dernière Goutte. Car Juan Sanchez, par absence de ce préjugé qui condamnait

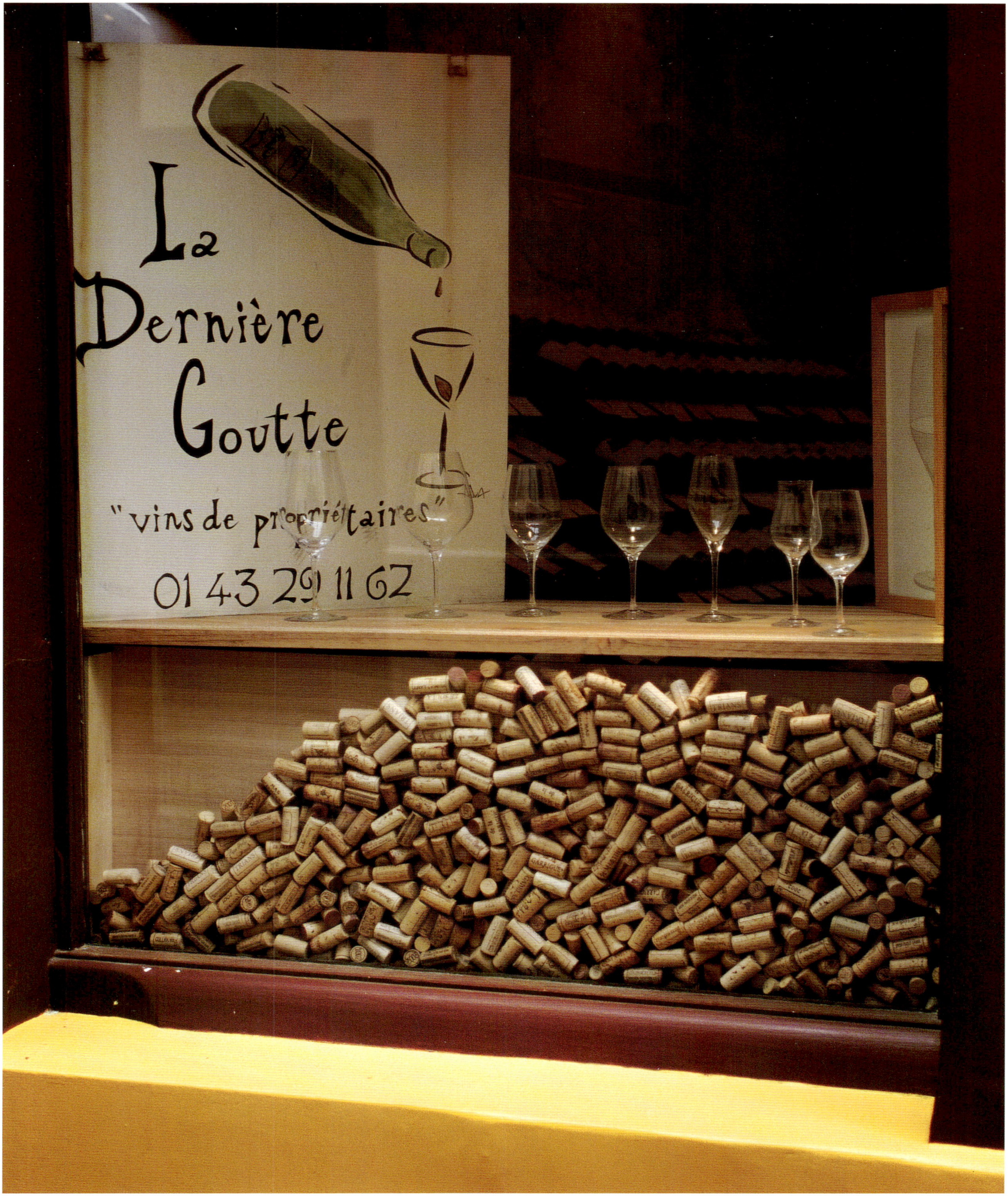
La Dernière Goutte
"vins de propriétaires"
01 43 29 11 62

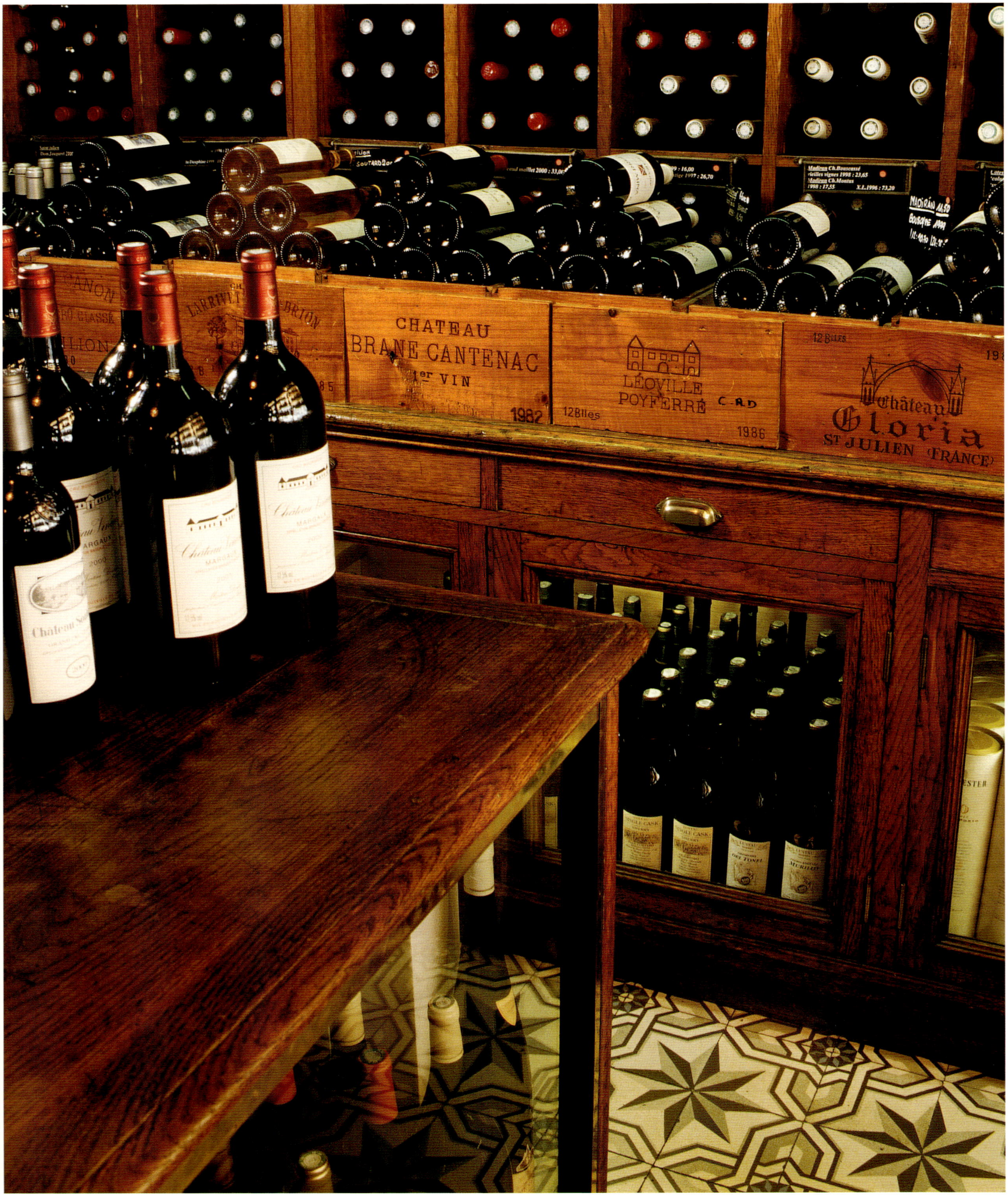
CHATEAU
BRANE CANTENAC
1er VIN
1982
LÉOVILLE
POYFERRÉ
12 Blles
1986
12 Blles
Château
Gloria
ST JULIEN (FRANCE)

les Parisiens à balancer toujours entre bordeaux et bourgogne a opté d'emblée pour ces appellations obscures, connues seulement dans leurs régions d'origine et qui commençaient alors leurs révolutions qualitatives : Corbières, Faugères, Coteaux du Roussillon et du Languedoc, vins du Sud dont la réputation était entachée par des passés pas toujours glorieux, petits vins profonds dont les Parisiens ont appris à faire leurs délices. Remontant toujours le Rhône, Juan Sanchez trouva sur son chemin de plus grands vins, mais aussi, çà et là, en Savoie, dans le Jura, et dans des appellations plus connues de Beaujolais, d'Alsace ou même de Champagne, des vignerons selon son cœur : Marcel Lapierre, André Ostertag, Anselme Selosse n'étaient pas encore des vedettes quand ils se déplacèrent à La Dernière Goutte pour participer à des dégustations de leurs vins. L'astucieux Américain avait découvert un filon dont il fait toujours profiter sa clientèle. Et ce sont bien les gens du quartier qui ont plébiscité ces vins. Il avait fallu un jeune Américain passionné pour provoquer une rencontre durable entre ce public difficile parce que versatile et la nouvelle avant-garde de la viticulture française. Saint-Germain-des-Prés était connu après-guerre pour ses caves où l'on dansait sur du be-bop existentialiste, on y revient maintenant pour faire valser les verres dans une cave… à vins.

LES CAVES AUGÉ
Les Caves Augé, boulevard Haussmann, non loin de l'église Saint Augustin, sont un temple pour initiés, la cathédrale où l'on présente les grandes étiquettes à l'autel et les « vins poètes » dans les chapelles latérales.

Il n'y a pas que les étrangers pour être de bons passeurs du monde du vin. Marc Sibard officie aux Caves Augé depuis 1988, mais la maison existe depuis 1850. Situées boulevard Haussmann, au cœur du Paris bourgeois, les Caves Augé n'avaient qu'à se baisser pour ramasser une clientèle toujours prête à ouvrir grand son portefeuille : cadeaux d'entreprises, de première communion, de mariage, on est venu et on vient toujours ici pour acheter de grandes étiquettes, des premiers crus de légende, des châteaux hors concours. Les Caves Augé les ont toutes ces références qui font rêver : Latour, Haut-Brion, Margaux, Romanée-Conti, Yquem… Échelle en laiton massif, authentique caisse encagée, casiers en bois sombre font ressembler les Caves Augé à une salle de consultation de la Bibliothèque nationale, les flacons précieux remplaçant les incunables, dormant paisiblement comme des classiques attendant l'érudit qui viendra les feuilleter. Si les Caves Augé n'étaient que cela, un conservatoire des valeurs sûres, elles mériteraient certes le détour mais pas le désir. Car c'est de désir que sont animés ceux qui viennent un moment partager leur passion dans cette vénérable librairie du vin. Désir pour des vins non pas officiels, mais dissidents. Des vins différents. Marc Sibard, depuis seize ans, s'est fait en effet l'apôtre des « vins poètes » ou plutôt des « vignerons poètes » comme il les appelle. De vrais vignerons en somme : ceux qui labourent leurs vignes et ne les désherbent pas,

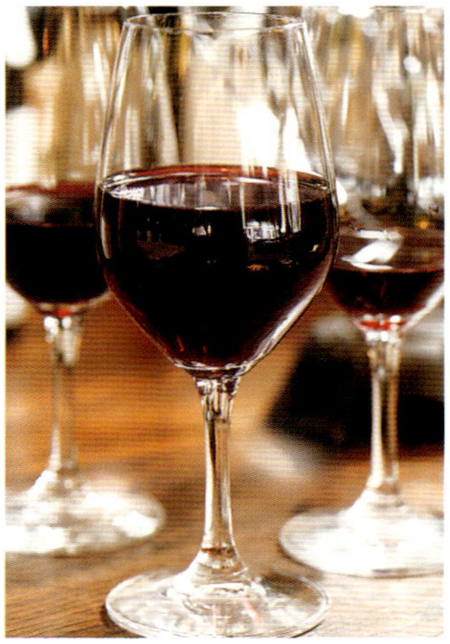

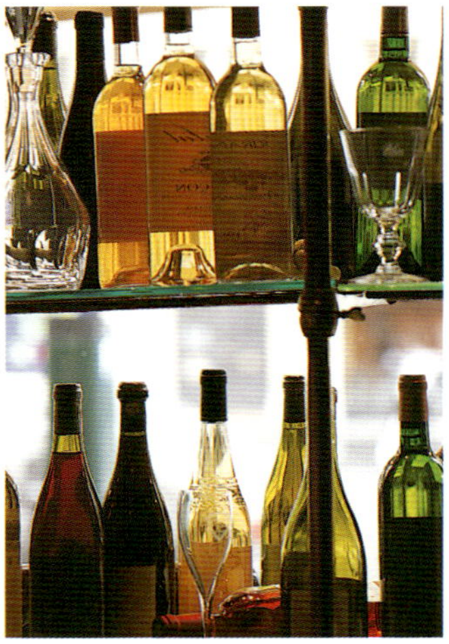

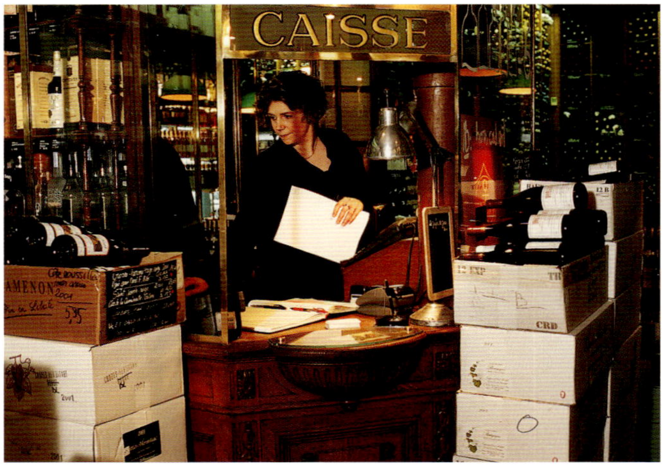

LES CAVES AUGÉ
Depuis 1850, le décor de la cave Augé n'a pas changé. Et c'est toujours la même exigence : le meilleur de ce que le vignoble français peut offrir.

qui comptent seulement sur les levures endogènes pour faire démarrer les fermentations et les mener longuement, à froid, par des moyens naturels. Et de vrais vinificateurs qui ne filtrent ni ne collent et sulfitent au minimum, quand ils sulfitent. Encore faut-il que leurs vins soient bons, car Marc Sibard est un dégustateur impitoyable. Alors il vous cite la liste de ses « vignerons chouchous », de ces risque-tout qui « mettent leur vin à poil » : Thierry Cuzelet du Clos Tue-Bœuf à Cheverny, René Mosse en Anjou, Jérôme Prévost à Gueux en Champagne, Romaneaux Destezet à Saint-Joseph, Bruno Duchêne à Collioure. Des noms inconnus hors d'un petit cercle d'initiés, mais des noms qui seront ceux des grands domaines de demain. En cela, Marc Sibard poursuit l'authentique tradition des Caves Augé. Celle d'offrir tout simplement le meilleur, en dehors du souci des étiquettes. Car les étiquettes, il a la prétention de croire que c'est lui qui en détermine la valeur comme un grand critique détermine la hiérarchie des artistes. Autour des Caves Augé, un groupe de Parisiens passionnés acceptent eux aussi de prendre le risque de la découverte et forment comme une petite église d'amis de la vérité du vin. Car on entre aux Caves Augé, dans ce second cercle des Caves Augé, le premier étant constitué du fonds de clientèle qui vient pour l'étiquette, un peu comme on entre en religion. À la suite d'une révélation. Et c'est peut-être bien là le dommage, car les Caves Augé devraient au contraire servir d'école communale à tous ceux qui veulent connaître le vin, à tous ceux qui veulent se servir honnêtement de leurs papilles et de leur nez, à tous ceux qui veulent acheter des vins qui « goûtent » et pas des vins qui « flashent ».

Sans doute parce qu'il était conscient de ce déficit démocratique, Marc Sibard a accepté de participer à l'aventure de l'ouverture à Paris de Lavinia. Lavinia est un ovni dans le monde toujours riquiqui des caves : mille cinq cents mètres carrés sur trois étages, à deux pas de la Madeleine, climatisés pour offrir une température constante de dix-neuf degrés et une humidité de soixante-dix pour cent. En ouvrant ce monstre en septembre 2002, Thierry Servant, ancien PDG de L'Oréal en Espagne et Pascal Cheverot, son associé, deux hommes d'affaires amoureux du vin, après avoir expérimenté leur concept en Espagne, à Madrid et à Barcelone, ont osé implanter en plein cœur d'un Paris, si conservateur parfois, un supermarché, une grande surface du vin. Non seulement ils créaient le plus grand magasin du vin à Paris, mais d'emblée, ils alignaient six mille cinq cents références dont deux mille en vins étrangers, autant dire une gageure dans une ville peu encline à faire une place aux nectars allogènes. Tout le rez-de-chaussée leur est consacré, du Château Musar libanais au Sassicaia,

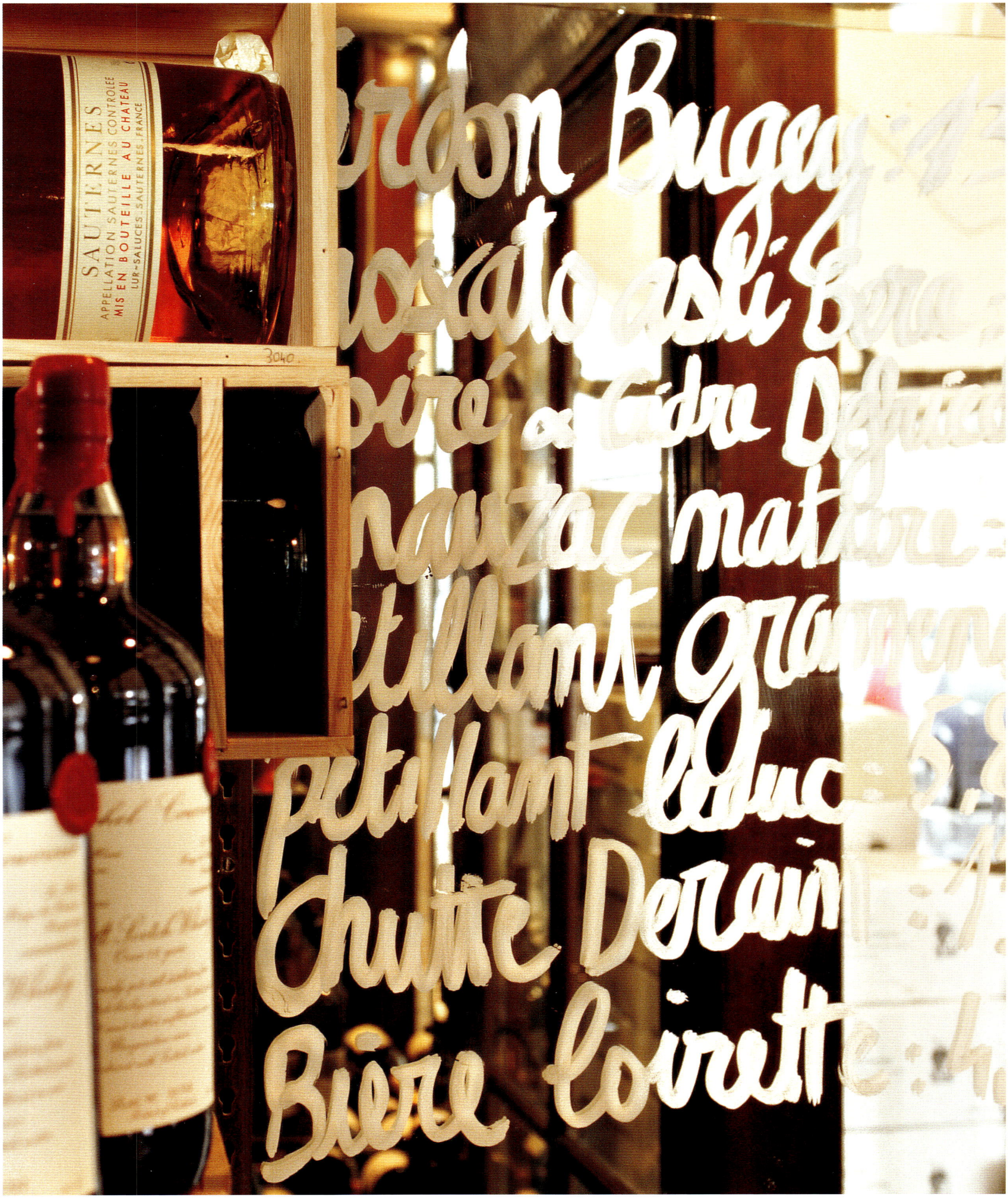

SAUTERNES
APPELLATION SAUTERNES CONTROLEE
MIS EN BOUTEILLE AU CHATEAU
LUR-SALUCES · SAUTERNES · FRANCE
Bugey
pétillant
Bière

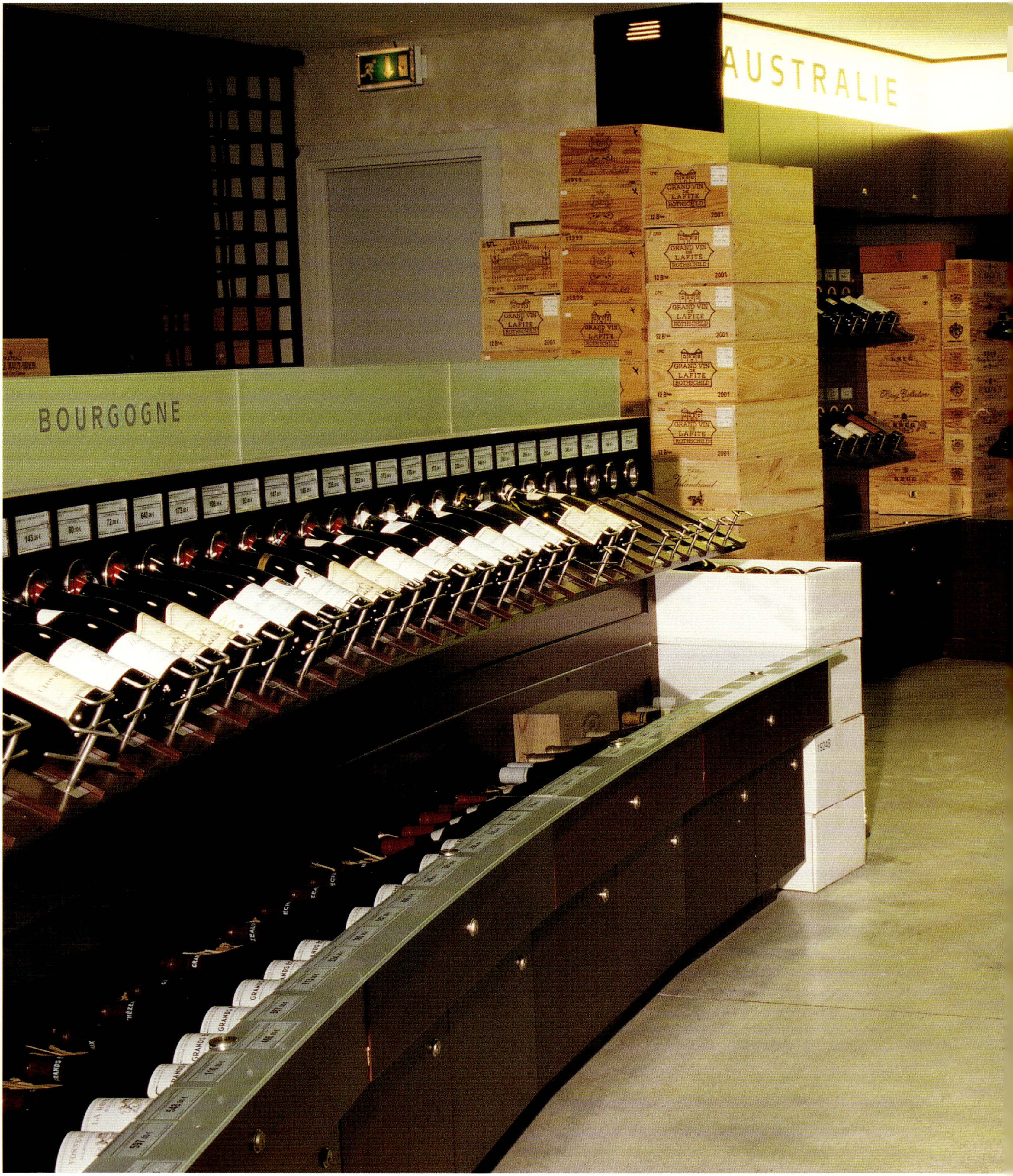
AUSTRALIE
BOURGOGNE

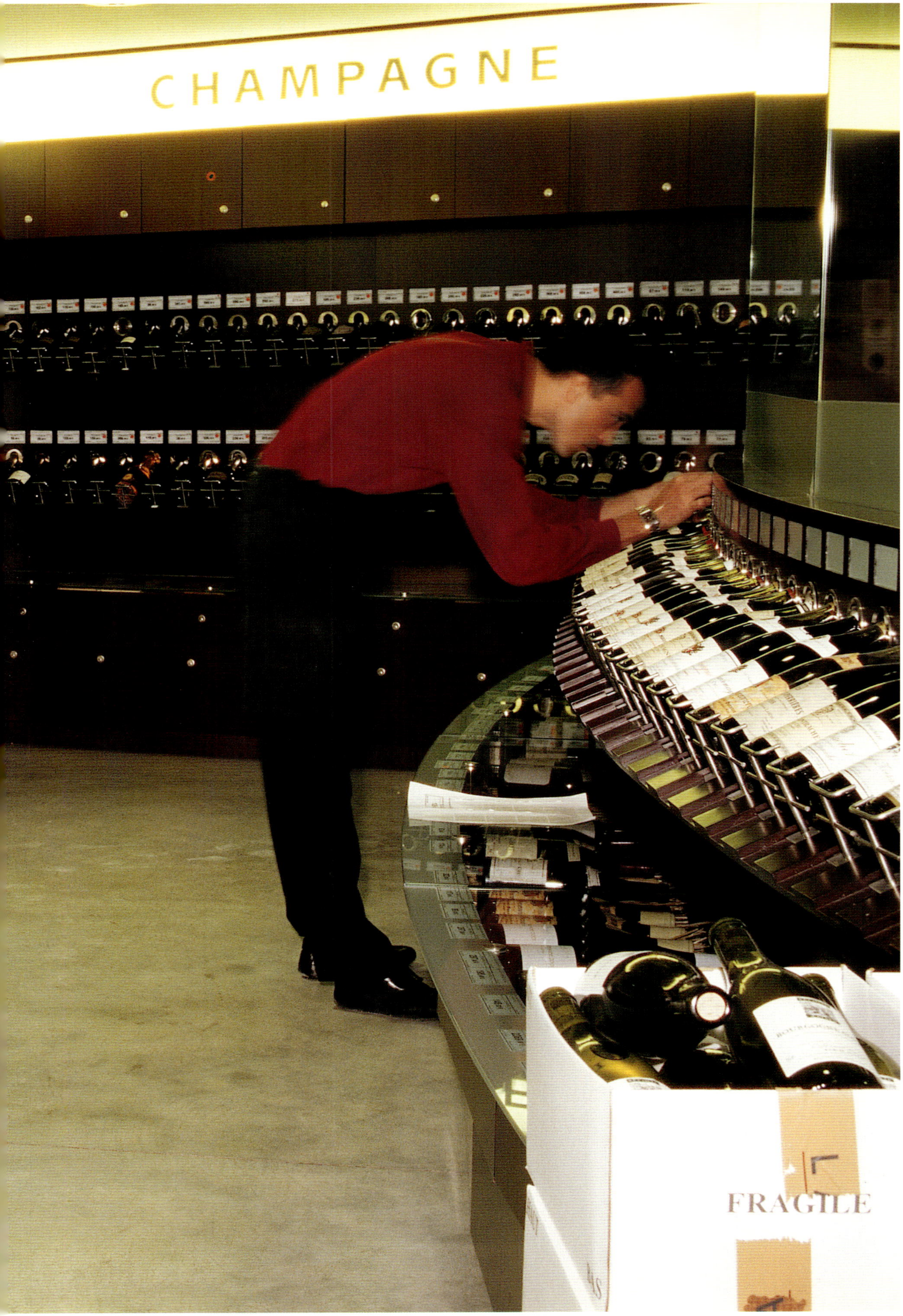

LAVINIA
Tout près de l'église de la Madeleine, sur trois étages, Lavinia offre plus de six mille références de vins de France et du monde. Ici le sous-sol où l'on vient chiner dans une atmosphère réfrigérée les grands millésimes des grands crus mais aussi les vins non soufrés et qui ne supportent pas le choc thermique.

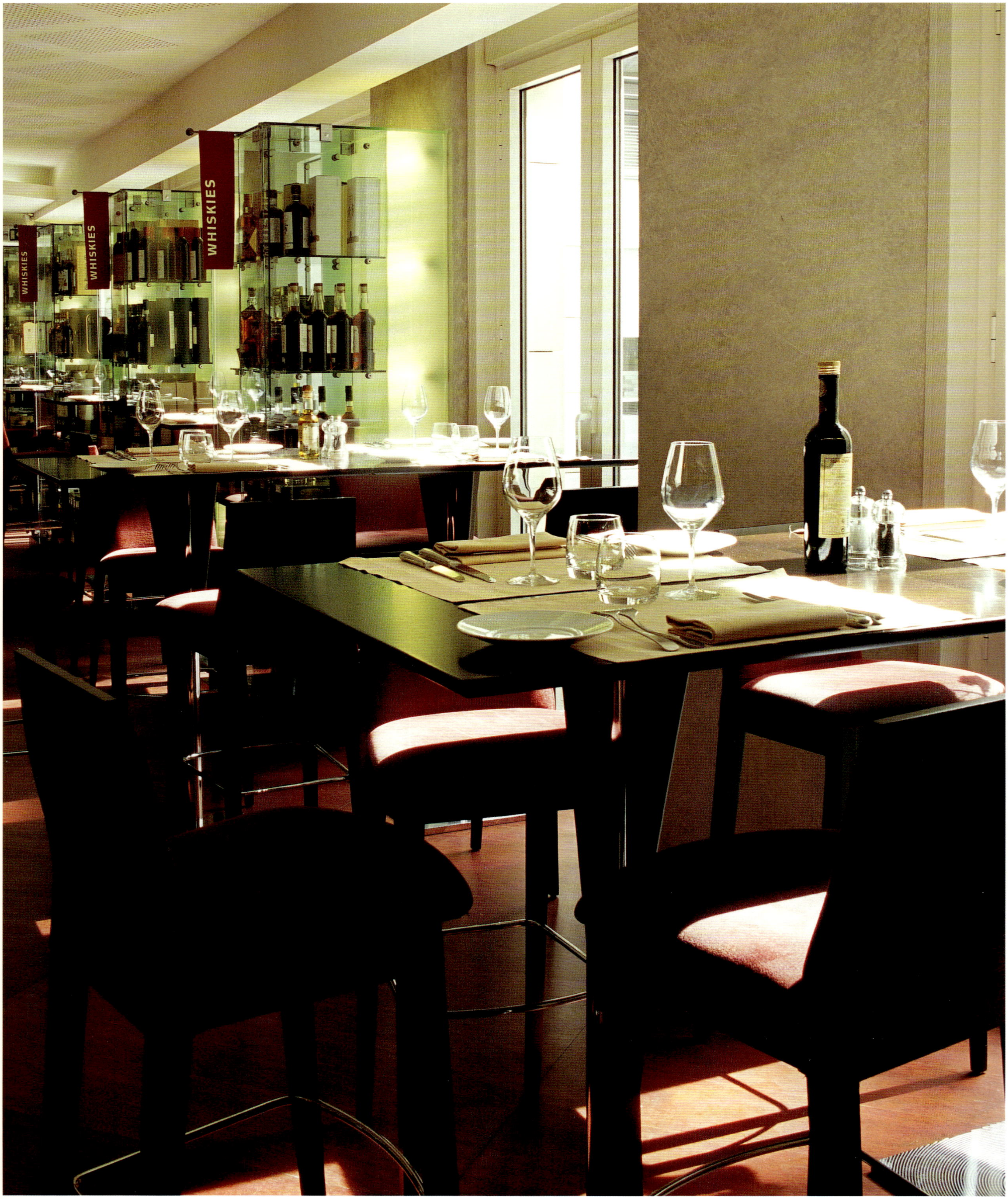
WHISKIES
WHISKIES
WHISKIES

des « petits » vins chiliens aux rares chardonnays pétillants anglais. Mais l'intérêt des œnophiles se porte sur le sous-sol où se concentrent les vins français et les raretés. Dans une cave, réfrigérée elle à quatorze degrés, on trouve les vieux millésimes avec d'imposantes verticales de Château Latour, Jaboulet-Hermitage ou encore de l'Amarone-Bertani, mais aussi les vins non ou peu sulfités chers à Marc Sibard. Sauf qu'ici, compte tenu de l'appel du magasin, ils sont à la portée des huit mille cinq cents membres du club qui constituent l'armature de la clientèle de Lavinia. Ces clients, des Parisiens ou des étrangers qu'intimide sans doute le cérémonial du vin, si perceptible aux Caves Augé, retrouvent dans cet espace moderne et fonctionnel un univers familier qui les met sur un pied d'égalité avec les connaisseurs. Des fiches pédagogiques en « tête de gondole », une signalétique permettant de repérer tout de suite les « vins de moins de 10 € », la « sélection des sommeliers » ou encore les « vins bio », libèrent l'achat du vin de son caractère initiatique, le mettent à la portée sinon de toutes les bourses, du moins de toutes les âmes. Ce sont pourtant les connaisseurs qui font ici vraiment leurs délices, par un paradoxe amusant. Ou plutôt leur marché. La Fnac avait inventé de mettre la culture sur le même plan que le prêt-à-porter, Lavinia propose aux Parisiens de faire le même pari avec le vin.

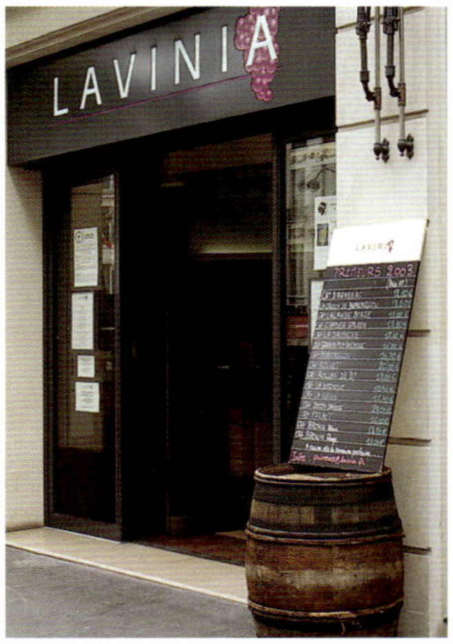

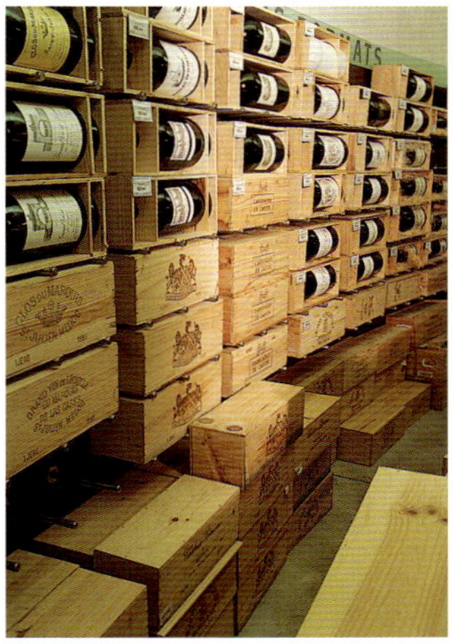

LAVINIA

Au restaurant de Lavinia, les vins sont au prix de la boutique. On les prend sur l'étagère et on les boit sur la table. Lavinia démocratise la manière de vendre le vin à Paris. Les femmes notamment sont sensibles au côté pratique mais non dénué de poésie de cette enseigne capitale.

Reste que pour les réfractaires à ce style de grande distribution, Paris regorge encore de caves de quartier où l'acte d'acheter du vin relève de l'échange, où le caviste se fait sinon ami personnel, du moins complice objectif. Les Caves Legrand sont un bon exemple de ces maisons à taille humaine où le Parisien, dépourvu le plus souvent de cave personnelle, a le sentiment de garder à demeure sa provision de bonnes bouteilles. Depuis 1880, cette maison patricienne, à cheval entre la galerie Vivienne et la rue de la Banque, est le réceptacle du bon goût en matière de vin, un peu à la manière de Berry Bros & Rudd à Londres. Des générations de Parisiens ont fait ici leurs provisions, non seulement en vins fins, mais aussi en produits d'épicerie et de confiserie. La boutique en a gardé un côté capharnaüm plaisant avec ses bocaux pleins de berlingots, ses boîtes à thé et ses paniers de saucissons au canard. Mais c'est surtout pour le vin qu'on est venu et qu'on vient ici. Legrand a toujours su évoluer au rythme des Parisiens. Jusqu'à la fin des années quatre-vingt-dix, la maison était tenue par des descendants de la famille des fondateurs, Lucien Legrand, puis sa fille Francine. Lucien Legrand a été l'un des premiers cavistes parisiens à rechercher les « petits » vignerons, ceux qui vinifiaient eux-mêmes et mettaient leur vin en bouteilles, phénomène en fin de compte pas si fréquent il

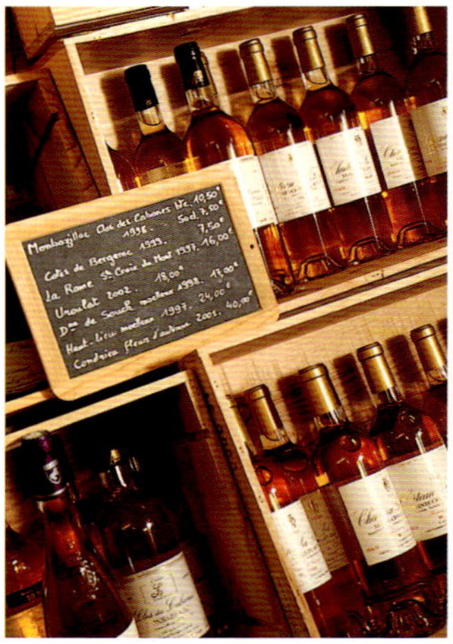

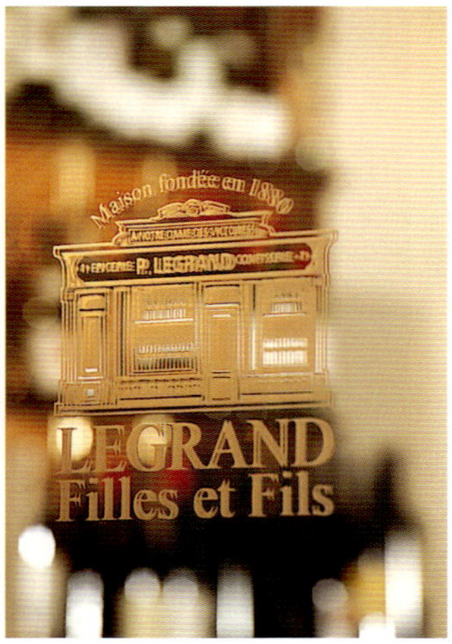

LEGRAND

Ouvert sur l'élégante galerie Vivienne, Legrand a su évoluer depuis un siècle avec le goût des Parisiens. Cette cave au décor ancien offre maintenant, autour de son grand bar en U, la possibilité de déjeuner en dégustant un verre ou même de prendre une fois par semaine un cours de dégustation.

y a quarante ans. Les Parisiens lui doivent la découverte de domaines comme celui de Zind Humbrecht en Alsace ou de La Grange des Pères dans le Languedoc, devenus aujourd'hui des classiques. L'équipe actuelle, après le rachat de la boutique par un négociant en vins, poursuit cette tradition en proposant ses propres découvertes : Domaine Bizot en Vosne-Romanée ou de la Rectorie en Roussillon. Mais la maison a su également s'adapter à une demande de plus en plus pointue des Parisiens : l'ouverture côté galerie Vivienne d'un grand espace de dégustation avec son bar en U et sa table d'hôtes permet d'organiser des manifestations conviviales, symptômes de la nouvelle sociabilité autour du vin. Ici, de grandes banques d'affaires invitent leurs clients à des dégustations prestigieuses, de simples particuliers y donnent leurs réceptions de mariage ou d'anniversaire. Chaque mardi, des œnologues et des sommeliers dispensent dans cet espace des cours de dégustation. Et sous la galerie, où sont déjà stockées trente mille des cent mille bouteilles qui constituent le trésor de guerre des Caves Legrand, la maison va bientôt proposer un service original de location de caves pour particuliers. Legrand, ou l'art de chouchouter le client parisien.

De même qu'il y a des libraires spécialisés dans les livres anciens, les amateurs de vieux millésimes trouvent leur bonheur en fouinant dans les caves de quelques cavistes antiquaires. De Vinis Illustribus a été fondé par Lionel Michelin en 1994. Ce spécialiste des télécoms avait fini par céder totalement à sa passion pour les vieilles bouteilles en ouvrant un lieu secret, où l'on n'accédait que sur rendez-vous, pour ne pas dire par cooptation, et qui était l'une des grandes adresses du réseau international de ce négoce très spécial. Il vient tout juste d'ouvrir une boutique derrière le Panthéon, dans laquelle, au hasard des successions familiales, des liquidations judiciaires ou des ventes du fonds de commerce de cavistes et de restaurants de province, il a constitué peu à peu une vinothèque de référence. Les collectionneurs l'appellent du monde entier, qui à la recherche d'un cheval-blanc 1903, qui d'un romanée-conti 1937. Mais Lionel Michelin répond aussi bien aux sollicitations de clubs d'amateurs parisiens désireux de réaliser une dégustation verticale en Chambolle-Musigny ou aux demandes ponctuelles d'individuels souhaitant fêter l'anniversaire d'un proche en lui offrant une bouteille de l'année de sa naissance. Ouvrir un vieux flacon procure toujours une émotion particulière.

Car à la base du commerce du vin, il y a souvent un compagnonnage. En témoigne l'histoire des Repaires de Bacchus dont le fondateur, Dominique Fenouil, jeune cadre du groupe Philips, se voit investi en 1983 d'une mission fort agréable : acheter cinq mille caisses de grands crus classés pour

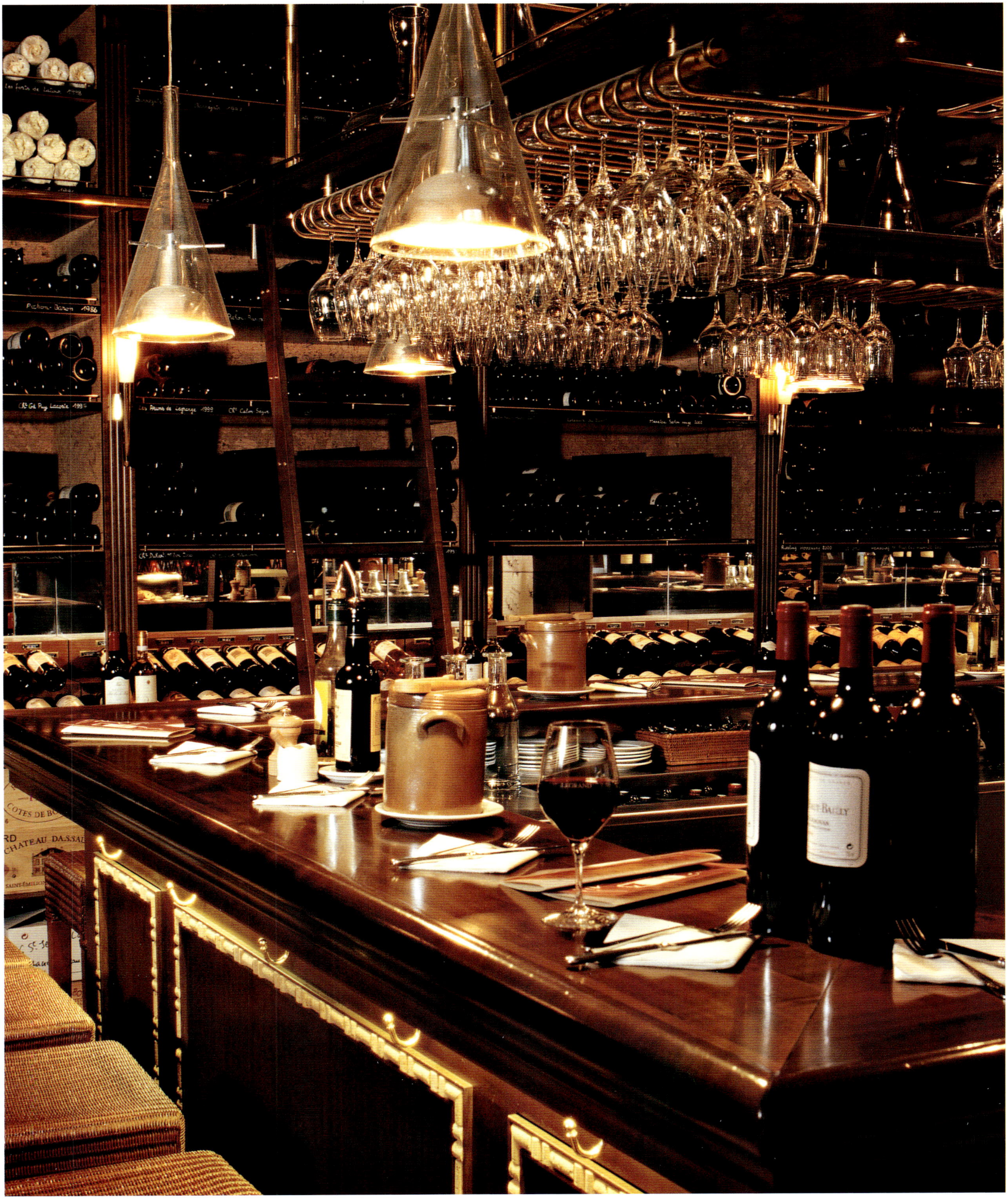

Pichon-Baron 1986
Cht Calon Segur

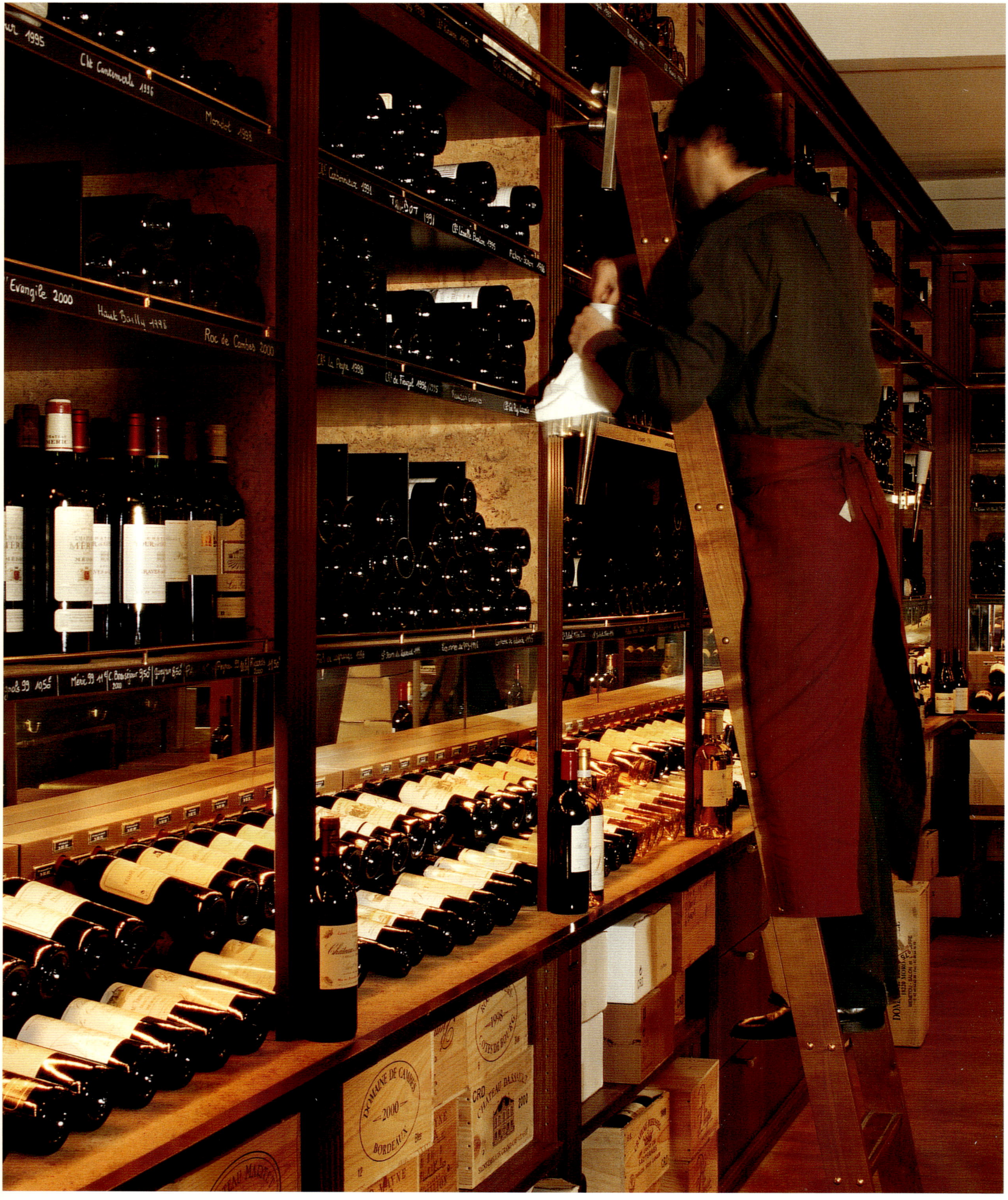
L'Evangile 2000
Haut Bailly 1998
Roc de Cambes 2000
DOMAINE DE CAMBES
2000
BORDEAUX

un concours destiné à stimuler les forces de vente d'une filiale. Le club qu'il monte à cette occasion débouche sur une première boutique parisienne, rue des Acacias, dans le dix-septième arrondissement. On y organise pour la première fois à Paris des dégustations gratuites dont certaines resteront fameuses dans les annales du club : un panaché Pétrus 78, Romanée-Conti 84 et Yquem 81 en 1987, une dégustation verticale de cinq millésimes Mouton-Rothschild en 1988, une autre de Latour en 1990. Entre-temps, le nombre des boutiques a explosé. On en compte aujourd'hui vingt-neuf sur Paris et la région parisienne dont douze où se poursuivent les dégustations du club. La force des Repaires de Bacchus réside précisément dans cette fidélisation d'une clientèle aisée, prête à suivre l'enseigne dans ses choix. Avec six mille membres aujourd'hui, il n'est plus possible au club d'offrir les flacons prestigieux qui lui valurent sa réputation dans les années quatre-vingt. En revanche, la palette des vins s'est ouverte et ce sont les découvertes et les coups de cœur de Dominique Fenouil et de son équipe qui jouent le rôle de produits d'appel : le Château de Beaucastel des Frères Perrin en Châteauneuf-du-Pape, le Château Le Thil de Jean de Laitre en Pessac-Léognan, le Domaine Sarda Malet de Jérôme Malet en Côtes-du-Roussillon ou encore le Château Hostens-Picant sur Sainte-Foy de Bordeaux. Leur crédibilité, les Repaires de Bacchus l'engagent même sur une gamme d'alcools non colorés et non caramélisés qu'ils commercialisent sous la marque « Natural Colour ». Cette déclinaison de trente-trois produits dans cinq titres d'alcools différents, armagnac, calvados, cognac, rhum et whisky est présentée dans des bouteilles transparentes pour bien montrer la limpidité du liquide proposé. Quand on sait que les grandes marques de whiskys, à l'exception de J & B et Cutty Sark, « foncent » pour la plupart leurs whiskys et le présentent dans des bouteilles volontairement opaques pour renforcer l'impression de force de l'alcool, on mesure le retournement effectué par Dominique Fenouil. À ce propos, il convient de noter que Paris est devenue en Europe le marché test pour les « single malts ». Les distillateurs lancent désormais en priorité dans la capitale tous leurs produits spéciaux : malts millésimés, vieillis dans des fûts de grands crus ou encore whiskys directs du fût et non réduits. Des boutiques comme La Maison du Whisky se sont fait une spécialité de ces éditions limitées.

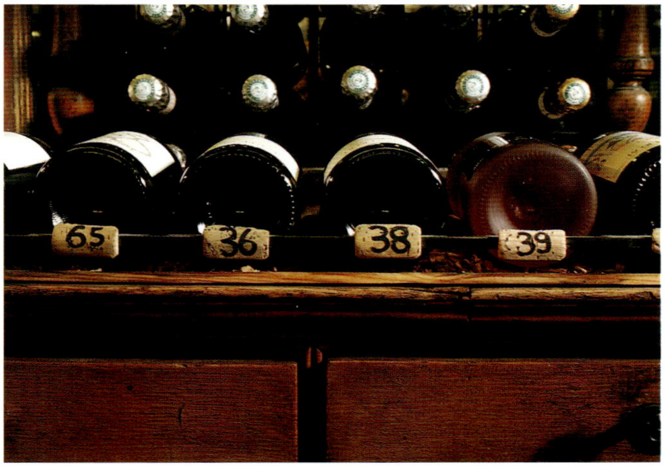

LEGRAND
Magasin à double entrée, Legrand offre côté place des Victoires un étonnant choix de confiseries dont les bocaux (voir photo p.160) voisinent avec les flacons de grands crus et de petits vins de pays.

Paris sur le pouce

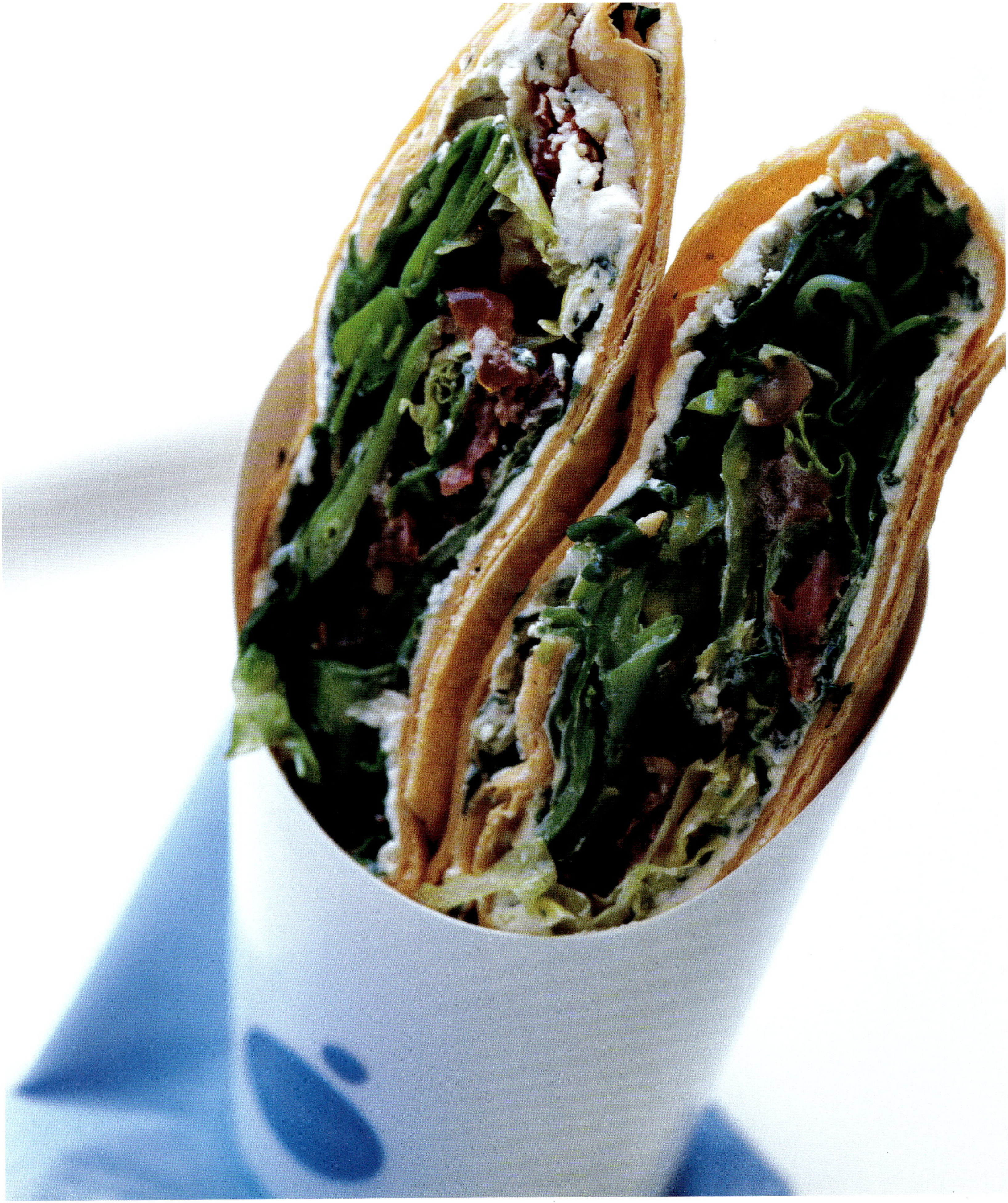

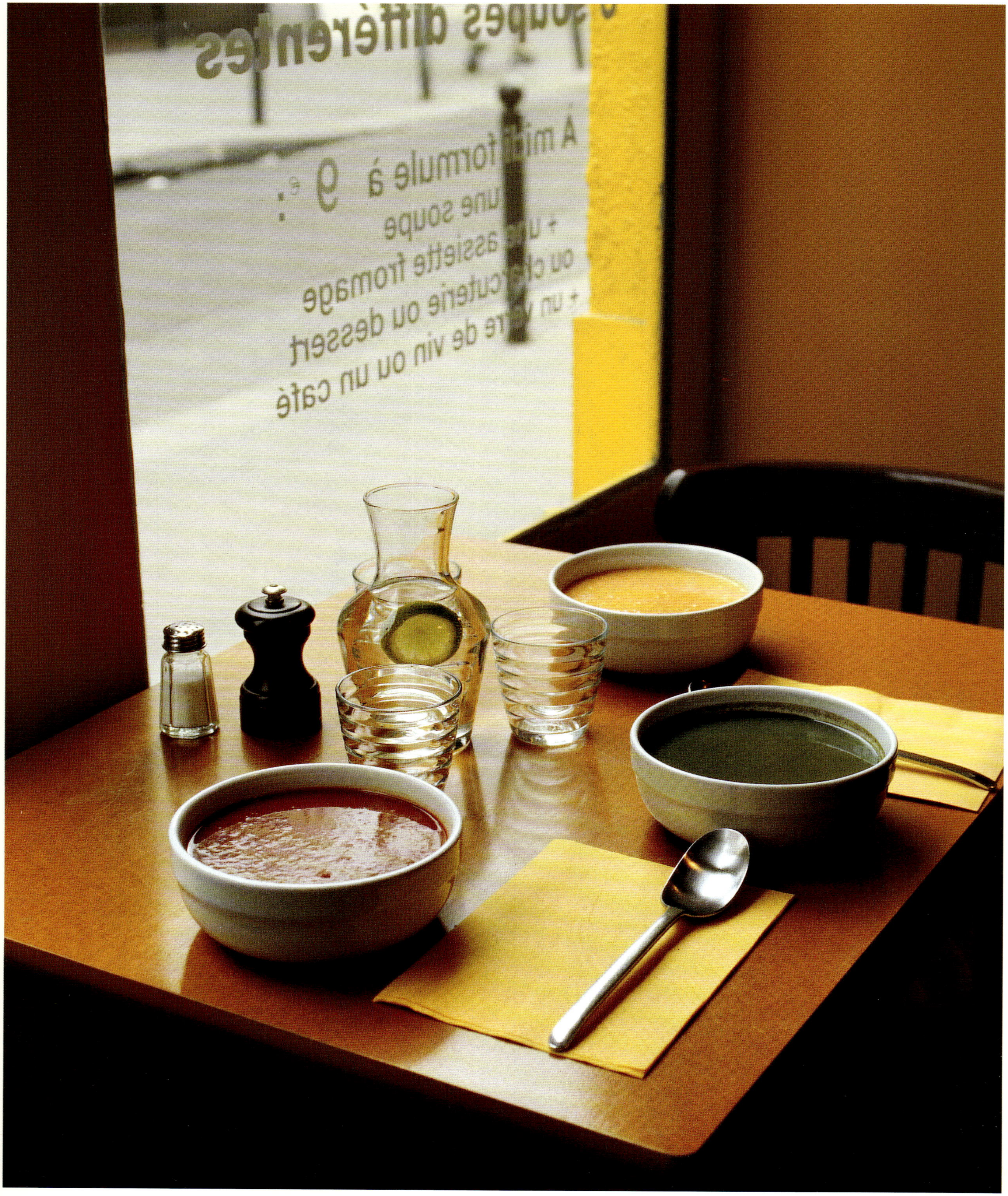
soupes différentes
formule à 9 €:
une soupe
assiette fromage
ou dessert
de vin ou un café

Petites et grandes faims

La première apparition de l'appellation « restaurant » date de 1765 et désignait une guinguette où l'on vendait des soupes « restaurantes », des restaurants. Un certain M. Boulanger avait appliqué au-dessus de la porte de son café, rue des Poulies, une inscription peu respectueuse de l'Évangile : « *Venite ad me omnes qui stomacho laboratis, et ego restaurabo vos.* » Ce qui, traduit mot à mot, donne à peu près ceci : « Venez à moi, vous dont les estomacs sont en travail, et je vous restaurerai. » Il s'attira non pas l'ire de l'Église, l'époque des Lumières était déjà trop tolérante, mais celle de la corporation des traiteurs qui lui contestaient le droit de vendre de la nourriture. Sa cause gagnée devant le Parlement, il ouvrit le premier restaurant qui n'était autre que l'ancêtre des bars à soupes. D'autres l'imitèrent, dont le célèbre Antoine Beauvilliers, officier de bouche du comte de Provence et qui initia en 1784 le premier établissement de luxe, La Grande Taverne de Londres. Mais revenons aux « bars à soupes. » Ils connurent à Paris sous le nom de « bouillons » une véritable popularité pendant tout le XIXe siècle et jusqu'après la Seconde Guerre mondiale, en raison de leurs prix modiques. Des maisons comme Chartier ou le Café du Commerce attiraient à elles des milliers d'ouvriers tous les jours. La soupe était alors le repas du pauvre. Et puis, sous les coups de boutoir de la restauration d'entreprise, puis du libre-service, les bouillons disparurent ou changèrent de vocation. Les « bars à soupes » comme les restaurants au sens classique du mot sont donc nés à Paris. Mais si les seconds ont prospéré dans la capitale et se sont imposés au monde entier, la renaissance à Paris des premiers est passée curieusement par une adaptation venue de l'étranger et notamment des États-Unis où depuis les années quatre-vingt des restaurateurs proposent ce plat typiquement rural à la plus urbaine des populations. Les femmes principalement ont fait le succès de cette formule qui marie la soupe traditionnelle avec les méthodes de la restauration rapide. À Paris, le premier « bar à soupes » au sens actuel a donc ouvert en l'an 2000 et sous ce nom dans le sillage de cette vague venue d'outre-Atlantique. Mais Anne-Catherine Biey, en inaugurant rue de Charonne, à deux pas de la place de la Bastille, sa boutique à la façade jaune comme la couleur des taxis new-yorkais, renouait en fait avec une antique tradition parisienne.

LE BAR À SOUPES
Rouge (gaspacho), jaune (potiron), vert (cresson) la gamme des recettes du Bar à Soupes, rue de Charonne, derrière la Bastille, est aussi grande que la palette d'un nuancier.

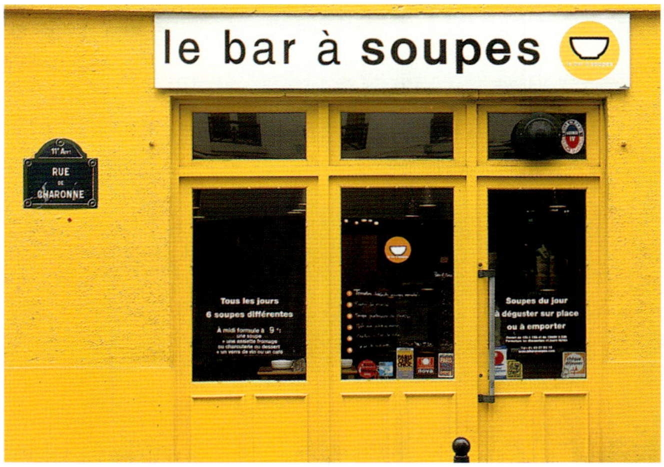

Cette ancienne du marketing du disque n'a pas appliqué les méthodes apprises dans son précédent métier pour se décider à créer son propre bar à soupes. Elle y est allée au feeling, à l'envie, cette envie qui la taraudait depuis plusieurs années de trouver à côté de son lieu de travail un endroit où manger des plats diététiques, goûteux et naturels : des soupes. Mais contrairement à ses homologues de New York ou de Boston, elle a joué la carte de la diversité, proposant près de quatre-vingts recettes de soupes différentes. Le charme de ce petit établissement artisanal réside donc précisément dans le choix particulièrement étendu de soupes. Bien sûr, on y trouve en été le classique gaspacho et en hiver la soupe de légumes, mais aussi, pour ne citer que quelques exemples, la soupe de pois cassés au lard ou la soupe de tomates aux pommes et à la ricotta à la mauvaise saison ; et à la belle saison : la soupe de carottes au lait de coco, la soupe de tomates aux boulettes de viande de bœuf avec des graines de cumin ou encore la soupe froide de concombre à la menthe fraîche. Anne- Catherine Biey n'a pas voulu ouvrir d'autres établissements et elle supervise elle-même le travail de son chef, Fritz Talvin, un ancien pâtissier qui agrémente le menu de bons desserts familiaux comme le clafoutis « maison », le véritable crumble « à la française » ou encore une onctueuse crème de carottes. Comme c'est elle aussi qui tient la caisse, l'accueil est vraiment personnalisé. Anne-Catherine Biey est devenue en quelque sorte la grande sœur de ses clientes, leur dispensant au passage d'éventuels conseils de diététique (« Vous mangez suffisamment de protéines »), des encouragements pour leur régime (« Oh ! Qu'est-ce que vous avez maigri depuis la dernière fois ») et adressant à toutes et à tous un petit mot personnel (« Voilà votre petit assortiment de couleurs et de goûts ») et cela, même aux clients japonais qui se pressent dans son magasin depuis qu'elle est passée sur la télévision publique japonaise NHK (« Arigato ! Arigato Masaï ! »). Autant dire que le bar à soupes de la rue de Charonne est devenu une sorte de minuscule institution, un espace de vie gastronomique dans l'un des quartiers les plus branchés de Paris et que, loin de la logique des franchises, Anne-Catherine Biey creuse le sillon d'une restauration conviviale où tout est « fait main » et les soupes des créations haute couture.

LE BAR À SOUPES
Le Bar à Soupes est à la fois un lieu que fréquentent des habitués, accros aux recettes d'Anne-Catherine Biey et des touristes étrangers venus des quatre coins du monde.

Dans la foulée, la marque de soupes artisanales Giraudet a voulu disposer également d'un espace pour valoriser son savoir-faire, vieux de plus d'un siècle. À l'enseigne du Bar à Soupes et Quenelles, elle tient depuis 2002 un espace très design, à deux pas du Marché Saint-Germain. La boutique rencontre dans les milieux de l'édition et chez les bobos du quartier un succès qu'on qualifierait d'inattendu si l'exemple du Bar à Soupes d'Anne-Catherine Biey n'avait pas prouvé que, à Paris aussi,

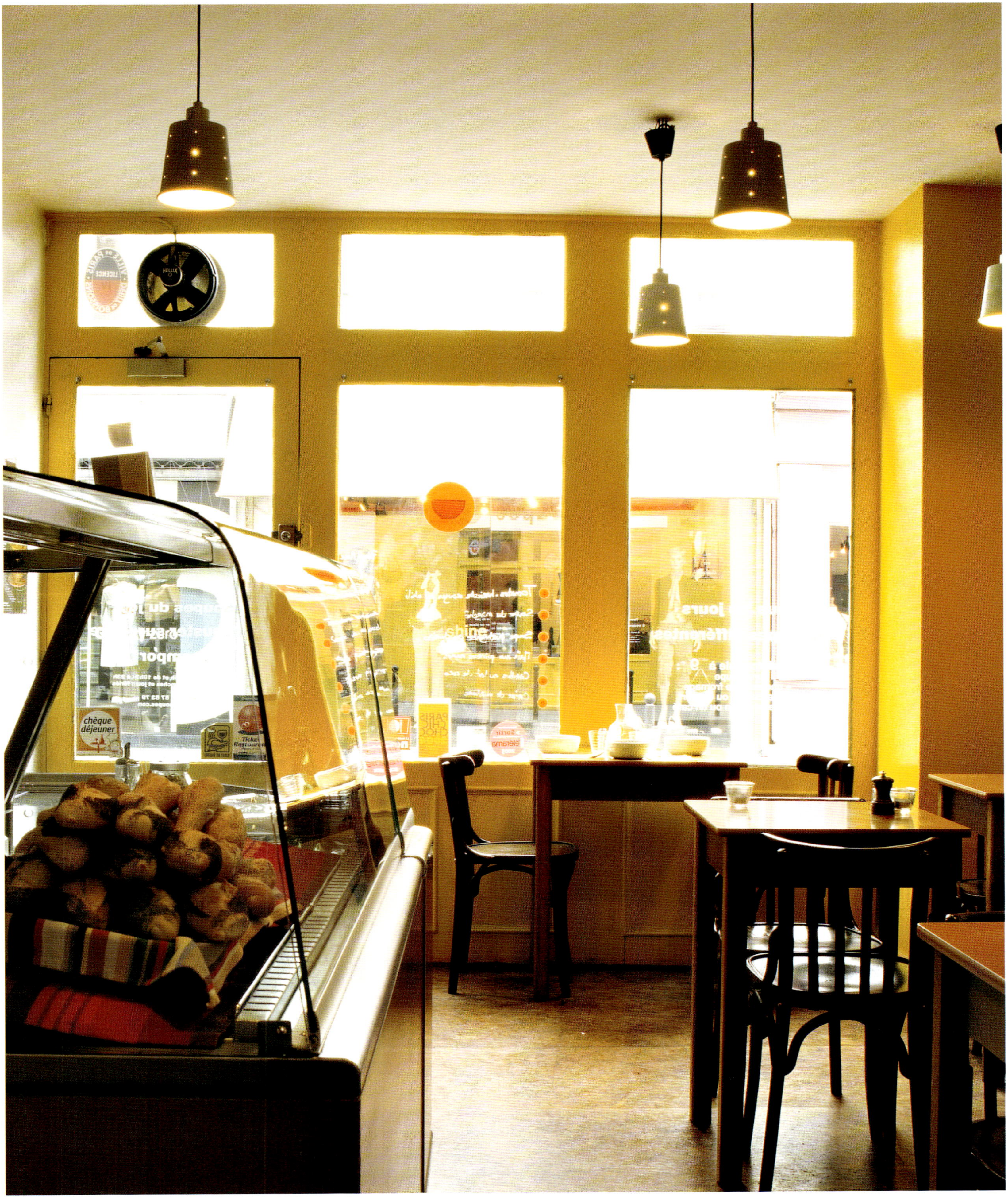
chèque déjeuner

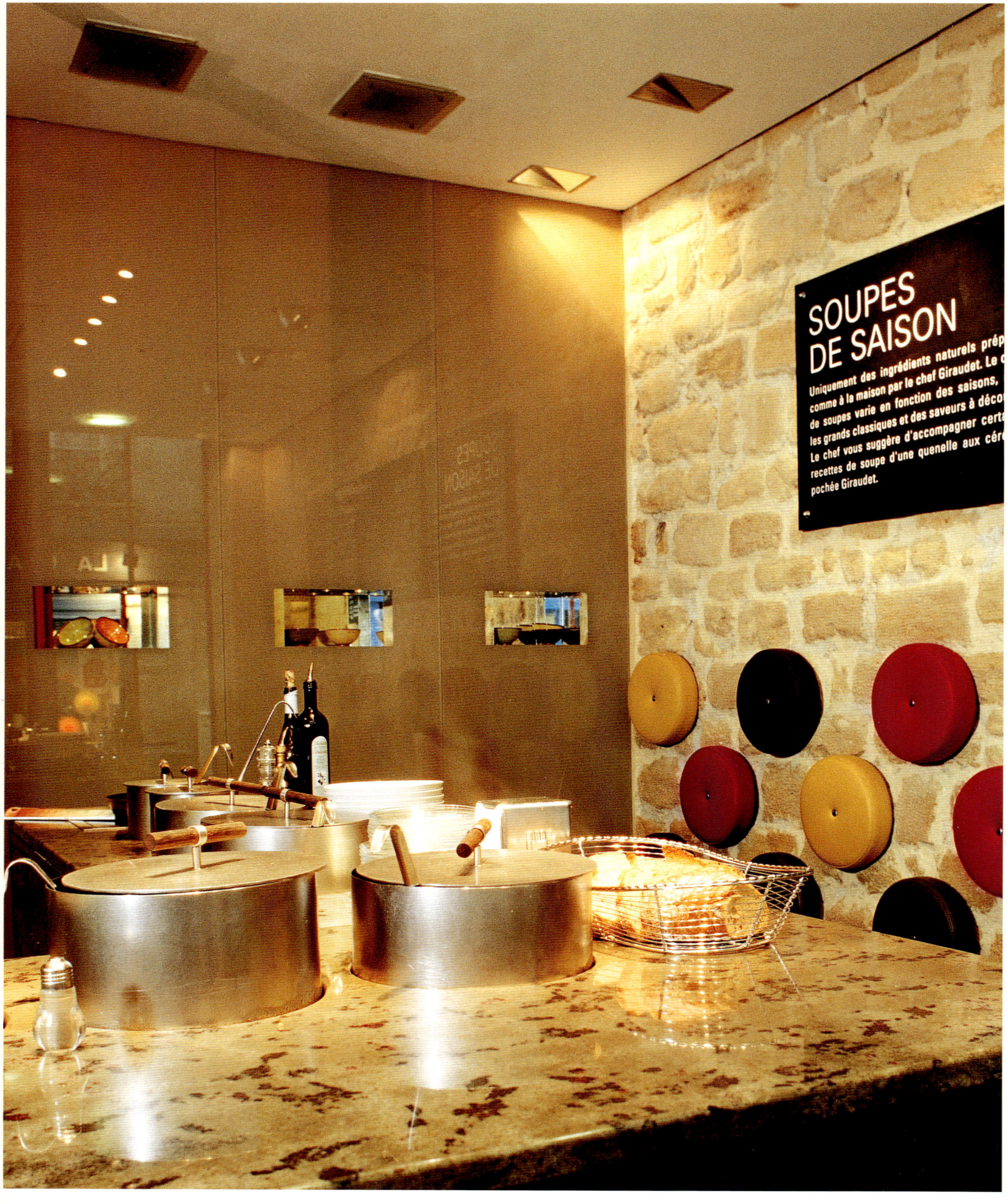
SOUPES
DE SAISON
Uniquement des ingrédients naturels
comme à la maison par le chef Giraudet. Le
de soupes varie en fonction des saisons,
les grands classiques et des saveurs à
Le chef vous suggère d'accompagner
recettes de soupe d'une quenelle aux
pochée Giraudet.

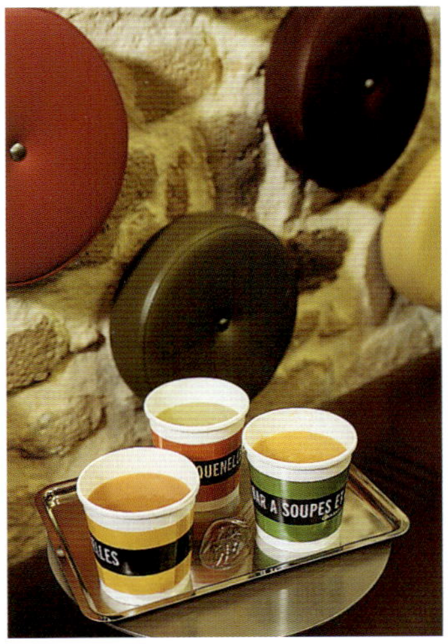

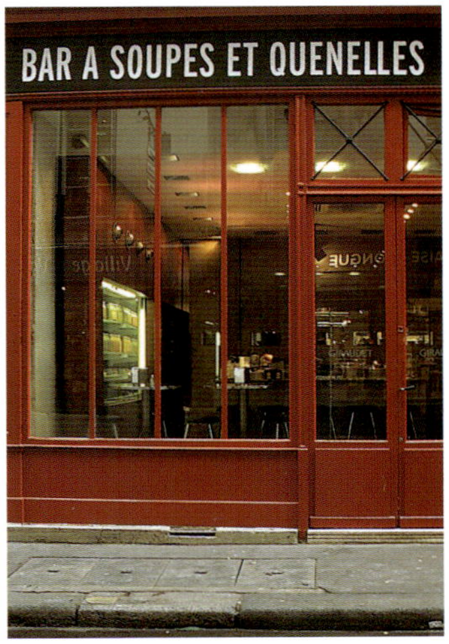

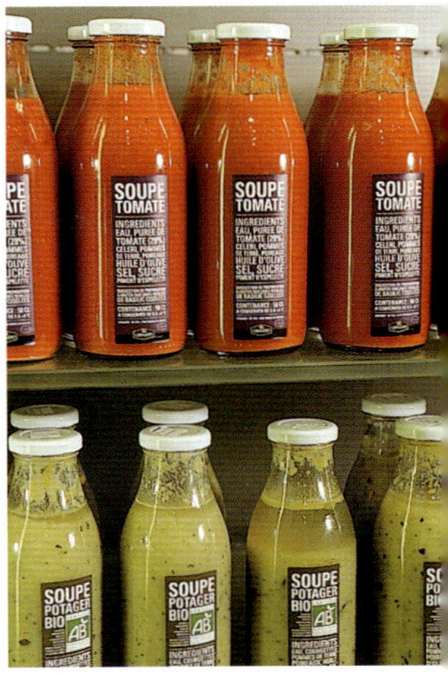

la soupe avait perdu sa connotation populaire pour devenir l'un des plats préférés d'une certaine élite. Autrement plus déconcertant, l'engouement de cette même clientèle pour les quenelles accompagnant les soupes et servies soit simplement pochées soit en supports à de petits tapas à la bressane, témoigne de manière surprenante d'un retour à des valeurs gastronomiques d'un autre siècle. Longtemps, la quenelle a été associée à la cuisine lyonnaise. Elle en était considérée même comme le fin du fin, une délicatesse rehaussée par la chair du brochet, d'un blanc de volaille ou d'une écrevisse à pattes rouges. Michel Porfiro, le chef quenelles de Giraudet la cuisine à la semoule de blé et même parfois au seigle pour éviter l'emploi de farine ou de mie de pain et donner de la légèreté à ce classique. À deux pas du bar, rue Mabillon, Giraudet a d'ailleurs établi une boutique où toute la gamme de spécialités mises au point par Michel Porfiro est proposée à emporter. Les amateurs se régalent, car nulle part ailleurs à Paris on ne peut trouver en permanence ces petits chefs-d'œuvre culinaires que sont les quenelles au brochet, à l'écrevisse, aux morilles ou aux cèpes, au seigle et à l'huile de noisette ou simplement nature et à l'huile de sésame, sans oublier les quenelles bio pour tenir compte du nouveau credo écologique. Toutes moulées à la main, elles s'alignent sous la vitrine immaculée de la boutique, tels des bijoux offerts à la convoitise des gourmets.

BAR À SOUPES ET QUENELLES
Le Bar à Soupes et Quenelles, près du Marché Saint-Germain, joue d'un design résolument moderne pour attirer la clientèle du midi : artistes, éditeurs, journalistes qui peuvent se procurer également leurs soupes favorites en bouteille.

Même si Paris s'emballe pour une restauration plus simple et plus rapide, le souci de la qualité des produits conduit les Parisiens à privilégier des lieux raffinés qui s'inscrivent dans l'histoire de la ville et attestent d'une continuité, sinon dans les activités, du moins dans le souci de l'authenticité. Ainsi de la Crémerie, située à deux pas de l'Odéon. La boutique a gardé son apparence ancienne avec un beau plafond en fixés sous verre. Mais en lieu et place des crèmes normandes et des fromages, on trouve désormais dans ce minuscule espace de dégustation, outre une cave de vins français de

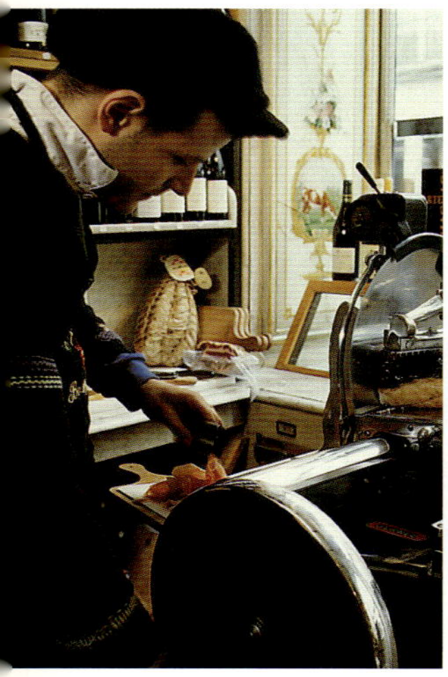

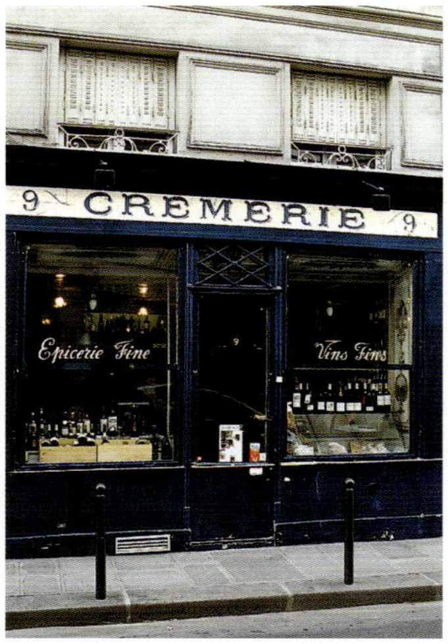

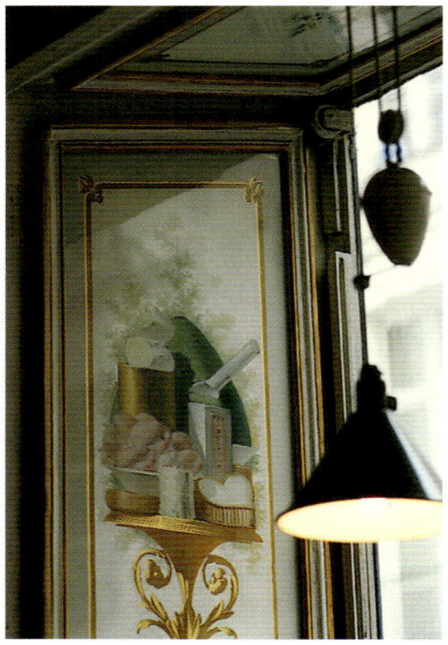

LA CRÉMERIE

Dans le quartier de l'Odéon où la Crémerie réussit l'exploit d'être à la fois une charcuterie fine, un bar à vins et un des mini-lieux les plus charmeurs du quartier : la machine à découper Barkel ronronne tandis que les convives finissent leurs verres dans un décor délicieusement fin de siècle.

grande qualité, le meilleur de la salaison italienne. L'esprit Slow Food souffle ici, même si Pierre Jancou, le propriétaire du lieu, n'est pas officiellement affilié à cette association de défense de la biodiversité culinaire. On vient à la Crémerie pour se régaler du *culatello di zibello*, le postérieur de porc vieilli deux ans en cave au bord du Pô dans la ville natale de Giuseppe Verdi, de la *coppa* et de la *spalla cruda* di Piacenza, respectivement le cou et l'épaule du cochon, de l'éblouissant lard blanc di Colonnata en Toscane, vieilli au sein des caves de marbre de Carrare dans un mélange de saumure aromatisée aux clous de girofle, à la cannelle, au romarin, au poivre vert et au sel de Guérande, ou encore du parmesan bio de M. Panini, l'inventeur des figurines de footballeurs qui, dans sa propriété de trois cents hectares, produit « pour le plaisir » un fromage vieilli en cave près de trente-six mois. Et comme l'Italie est le pays de la « tranche fine », au milieu de la Crémerie trône la Rolls Royce des trancheuses, une machine Barkel des années trente entièrement restaurée par des artisans italiens fous de mécanique. La firme hollandaise Barkel a cessé de produire de tels engins depuis les années cinquante, mais les Italiens continuent d'entretenir un parc de machines dont Pierre Jancou est le représentant à Paris. On trouve également chez lui toute la gamme de l'épicerie raffinée de la péninsule : les moutardes de Crémone aux fruits et aux agrumes confits, les balsamiques du Consortium de Reggio et de celui de Crémone et leur dérivé, le *fragolaceto* ou confiture de fraises entières marinées dans du vinaigre et bien sûr les huiles d'olive de Sicile ou de Toscane. Toutes ces spécialités sont proposées à l'assiette ou au plateau et à emporter, ce qu'on ne manque pas de faire une fois qu'on y a goûté. Pour une visite « italienne » de Paris, Pierre Jancou, qui n'est pas mesquin, propose sa propre liste des bonnes trattorias parisiennes et on est sûr, en venant de sa part, d'y être fastueusement traité. La Crémerie est peut-être un confetti par la taille mais c'est à un carnaval gustatif qu'elle nous convie.

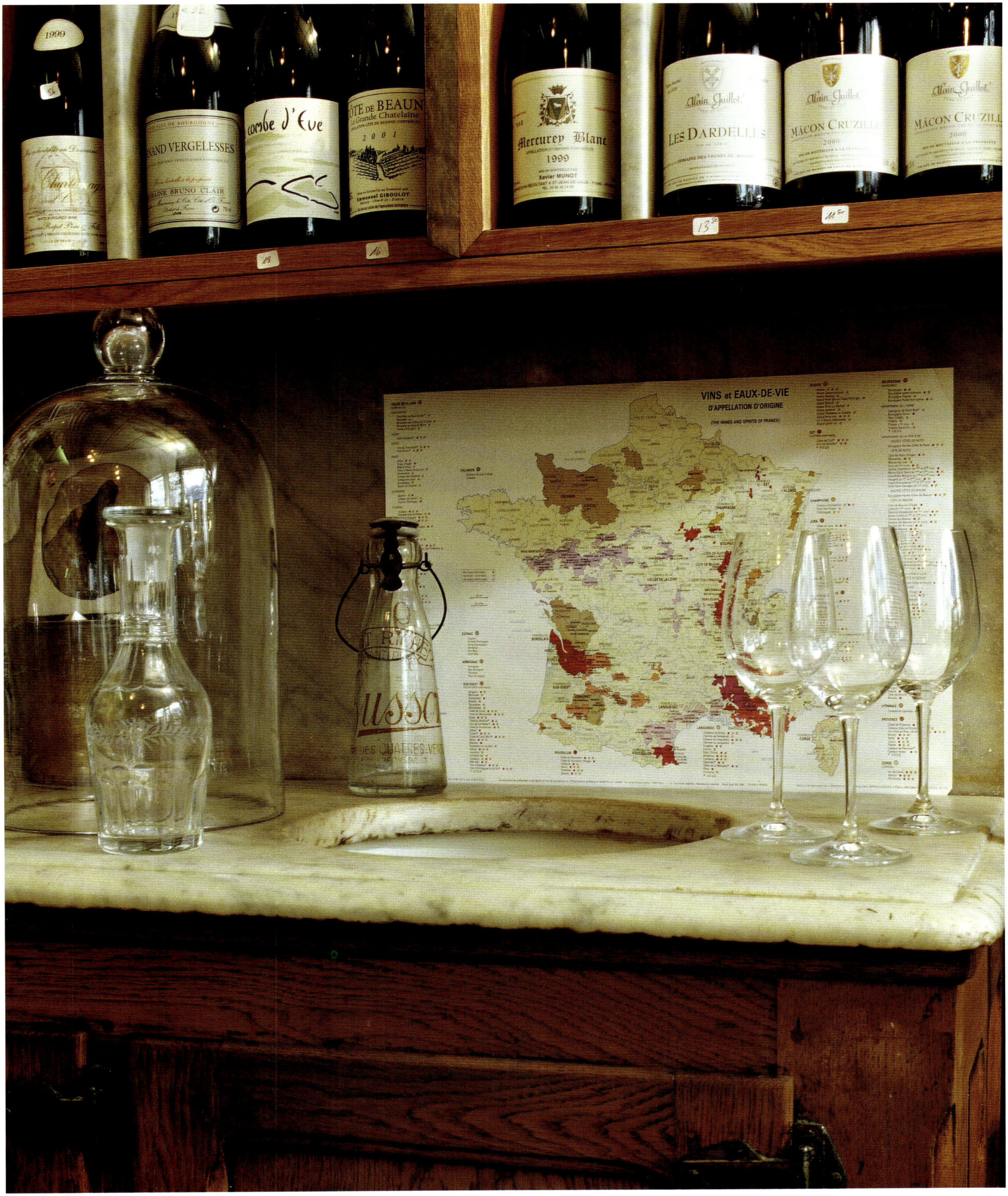
1999
Combe d'Eve
2001
Mercurey Blanc
1999
Xavier MUNOT
Alain Guillot
LES DARDELLES
Alain Guillot
2000
Alain Guillot
2000
VINS et EAUX-DE-VIE
D'APPELLATION D'ORIGINE
(THE WINES AND SPIRITS OF FRANCE)

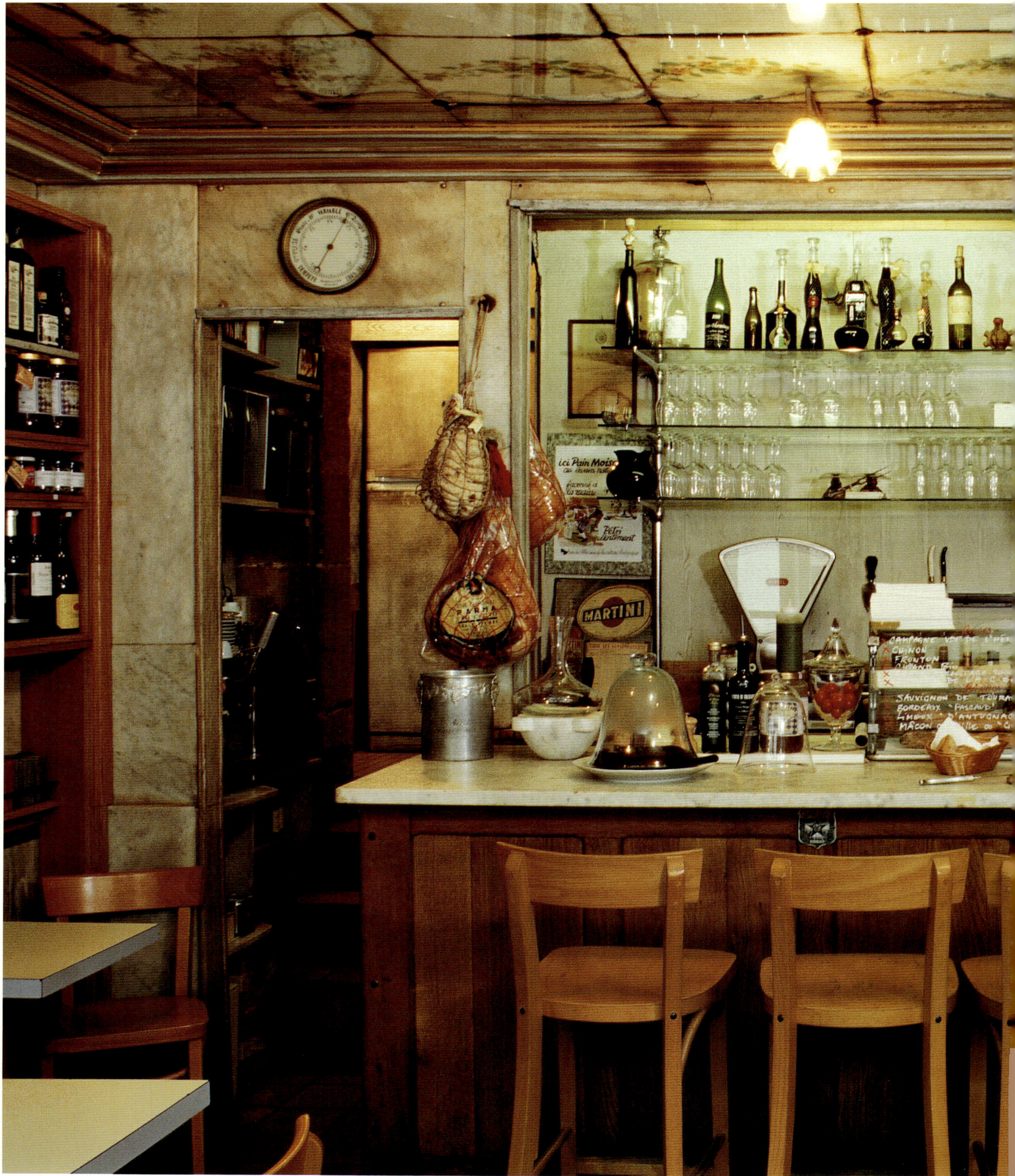
MARTINI

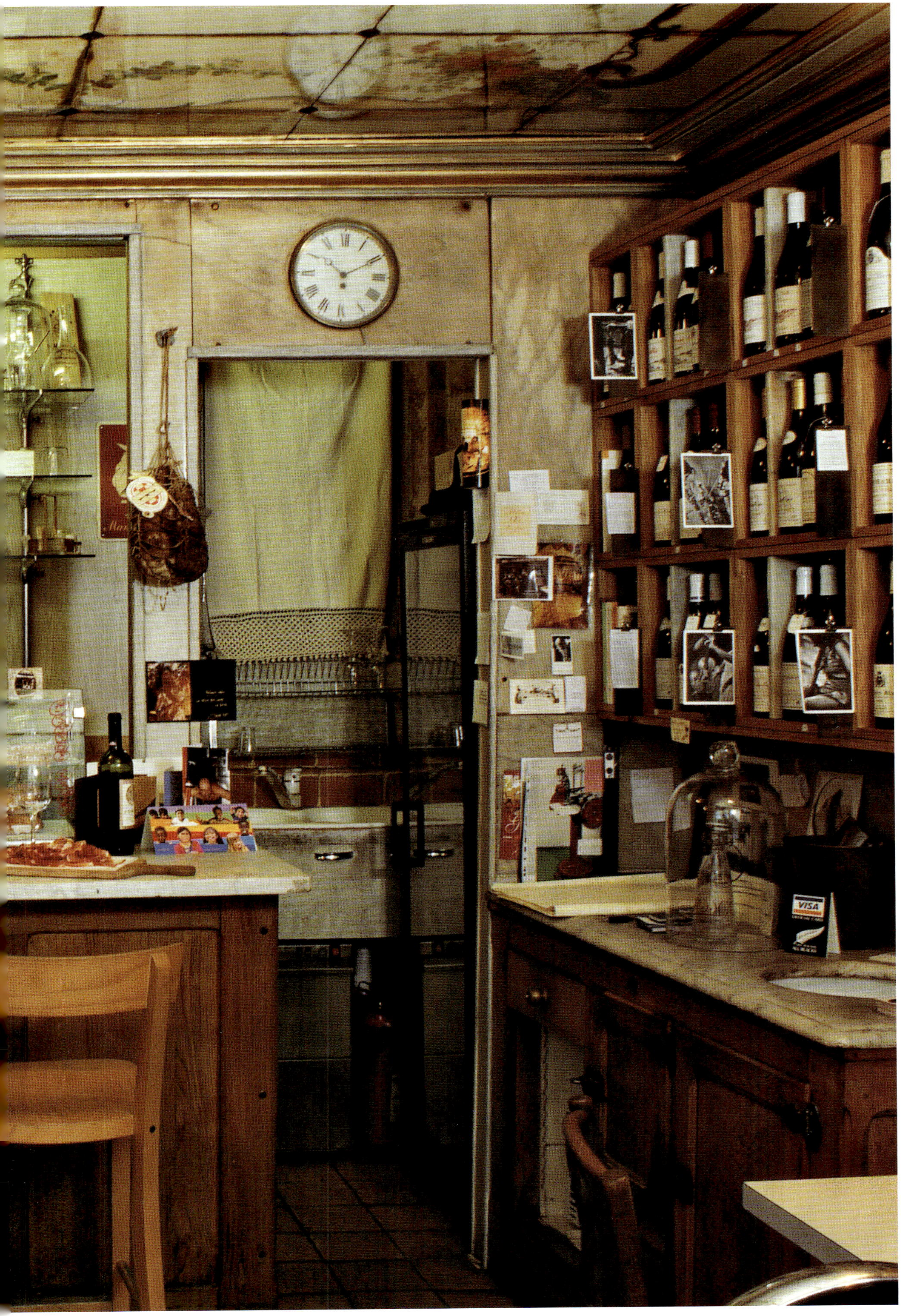

LA CRÉMERIE

Un comptoir transformé en table d'hôtes, la Crémerie se prête à toutes les découvertes. À consommer sur place, les assiettes de salaisons italiennes, les vins en biodynamie sélectionnés par Pierre Jancou, les délicieux achards de tomates ou de poivrons arrosés d'une huile d'olive de terroir.

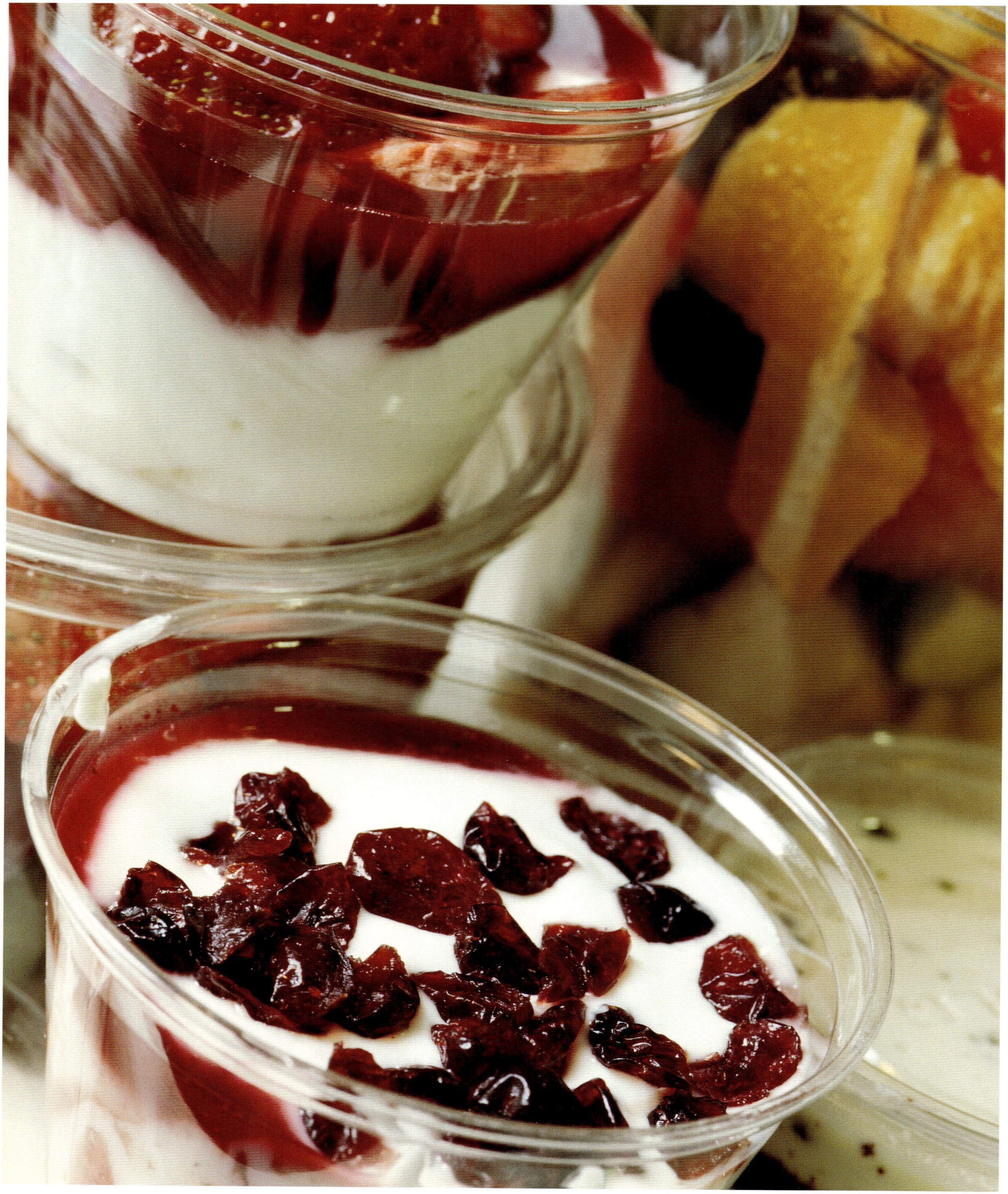

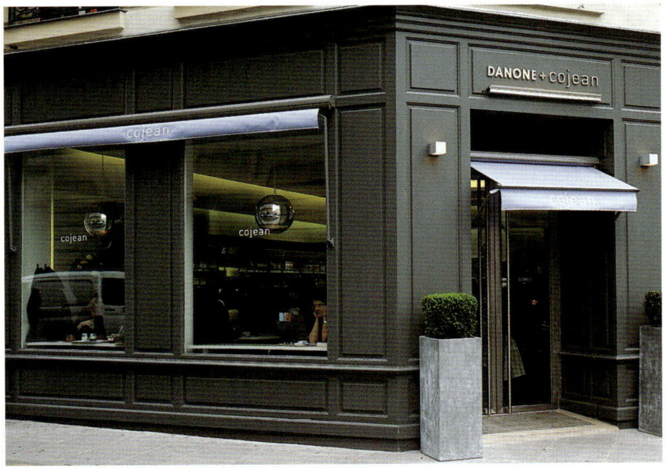

Le sandwich, invention britannique plébiscitée par les Français, a longtemps régné sur la brasserie parisienne. Servi en baguette, puis dans des temps plus récents en pain complet, il subit actuellement les assauts du panini italien, du hamburger américain et même du sushi japonais et du dimple à la vapeur chinois. Derrière lui, c'est toute une profession qui souffre : celle des cafetiers dont les plats simples et rapides, tel le croque-monsieur, nourrissaient des cohortes d'employés pressés, à la pause de midi. Des sandwicheries industrielles ont bien cherché à pallier cette désaffection mais ce service traiteur d'un nouveau genre souffre des mêmes défauts que la concurrence dite étrangère : des produits semi-frais ou même pas frais du tout, une approche bas de gamme jouant la quantité et la rapidité plutôt que la qualité et la... rapidité. Dans ce contexte, l'inauguration en 2001 du premier magasin Cojean derrière la Madeleine a constitué une véritable bonne surprise. Certes, les deux créateurs de cette enseigne, Alain Cojean et Frédéric Maquair, poursuivaient un but identique : nourrir au plus vite une horde d'affamés en leur servant des mini-plats faciles à consommer sur place ou à transporter au bureau. Mais là où le congélateur avait jusqu'à présent régné en maître, exerçant un nivellement général des saveurs par le bas, les deux garçons ont voulu réhabiliter le goût des bons produits, en offrant à leurs clients une garantie de fraîcheur sans faille. Aussi, il n'y a pas que le décor minimaliste de Cojean avec sa dominante bleue qui procure une bouffée d'oxygène : les sandwichs enveloppés de Cellophane sont assemblés le matin même, les jus de fruits frais pressés sur place et les « wraps » et les plats du jour préparés sans délai ni mise au froid dans la grande cuisine de l'établissement. Une délicieuse salade d'herbes où se mêlent coriandre, cerfeuil, ciboulette, basilic, roquette, batavia, feuilles d'épinards, ou encore une salade « autobronzante » à base de carottes râpées du jour, jus d'orange et cannelle, attestent qu'on ne se paye pas de mots chez Cojean. « Frais du jour » n'y signifie pas : préparé aujourd'hui avec les produits de la veille ou l'avant-veille. Traçabilité et transparence ne sont pas ici que des slogans. Alain Cojean et Frédéric Maquair travaillent pour les légumes avec Bermudes, le meilleur fournisseur d'herbes fraîches de Rungis et à l'avenant pour tous les autres produits. Ils sont livrés tous les matins à six heures par de vrais maraîchers qui garent de vrais camions dans la petite rue et débarquent des produits directement du marché central de Paris. En un mot, ils font leur métier à l'ancienne, dans un cadre pourtant résolument contemporain et cela leur vaut l'honneur redoutable d'être l'enseigne de restauration rapide la plus espionnée de la place, comme si la concurrence s'interrogeait sur le secret de leur succès. Mais il n'y a rien à photographier. L'évidence est dans l'assiette : beaucoup de travail et d'imagination, et beaucoup de respect pour ceux qui viennent manger.

COJEAN

Dans le quartier industrieux de la Madeleine, à l'heure où se vident les bureaux, où manger sain, frais et vite ? Chez Cojean bien entendu dont on voit ci-dessus la nouvelle enseigne, boulevard Haussmann. Page suivante, deux vues du décor très « feminine touch » de cette boutique du snacking qui a séduit les Parisiennes.

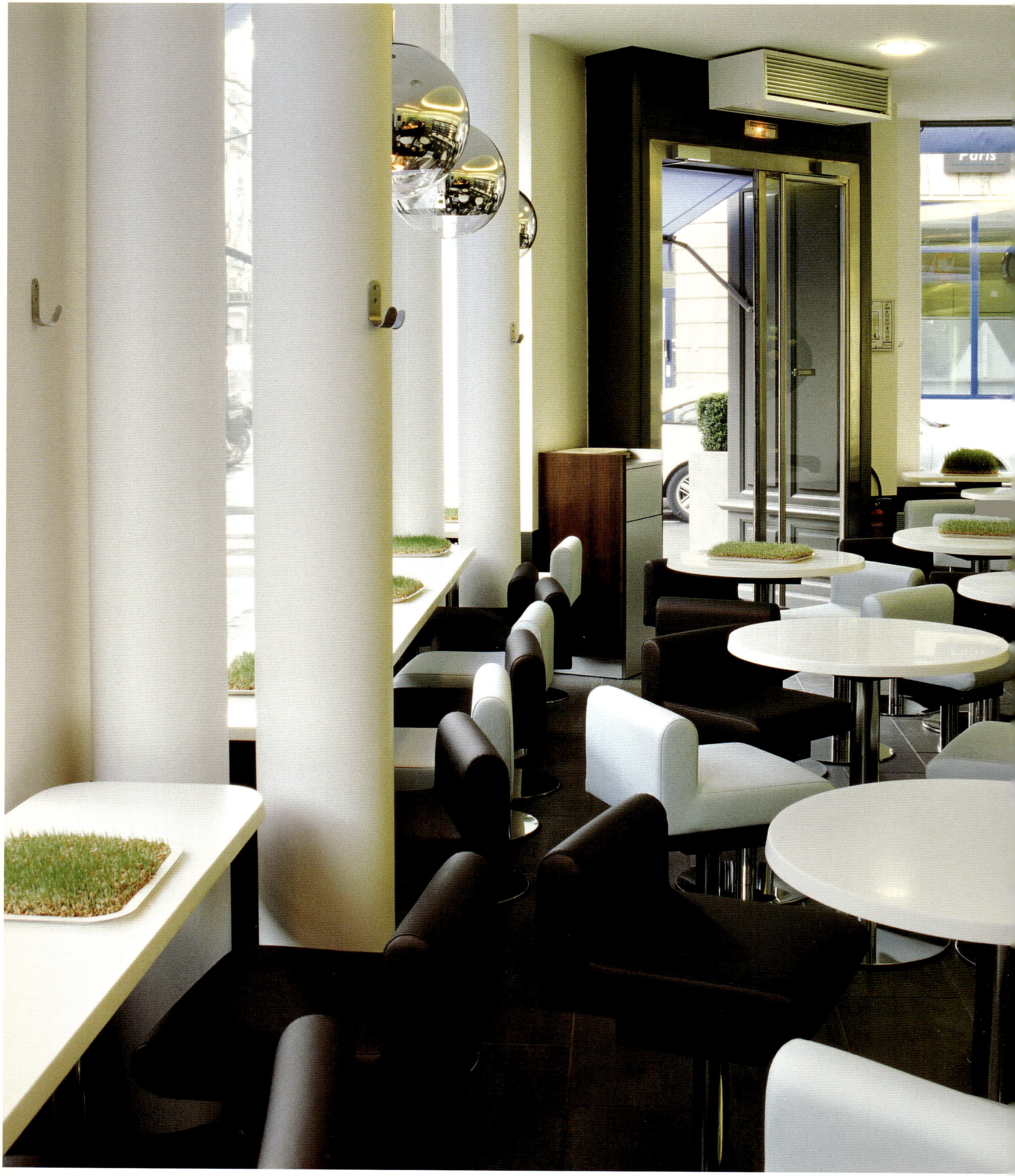
Paris

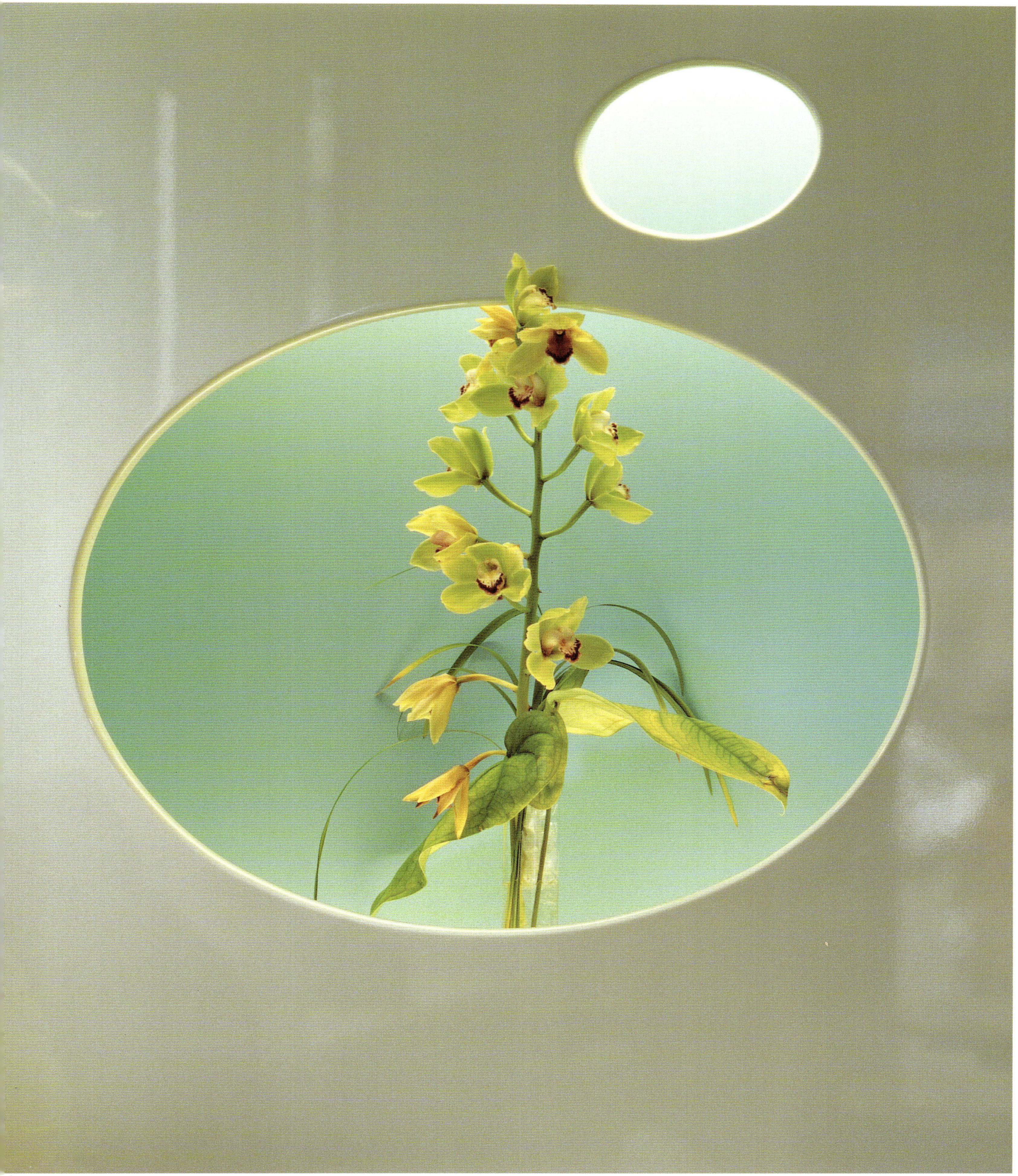

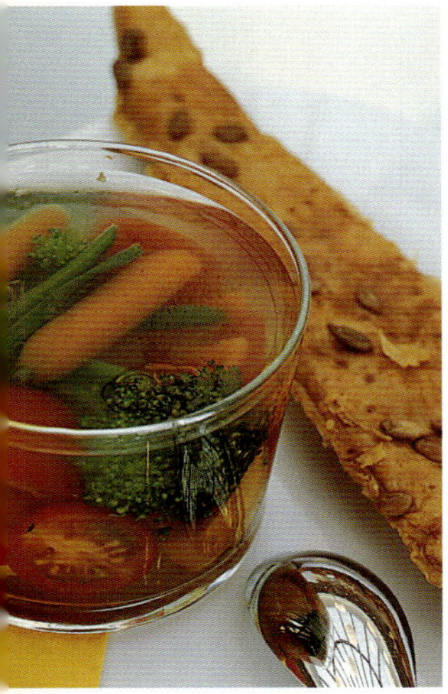

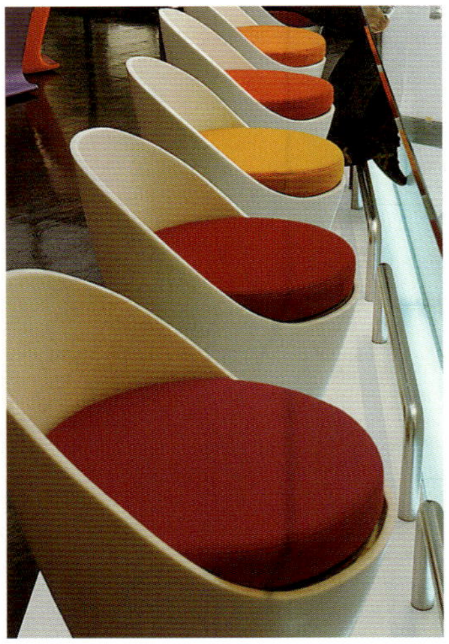

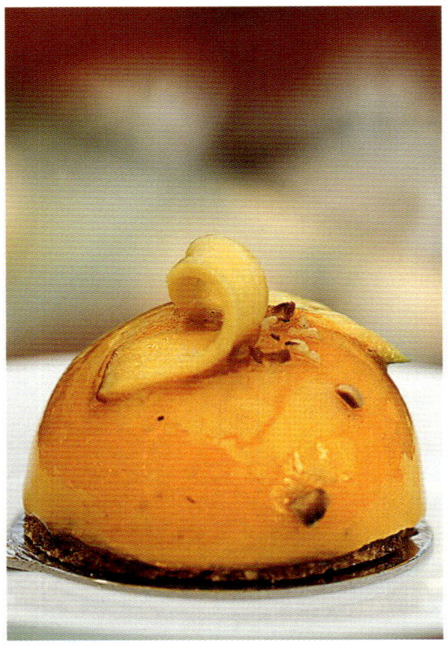

DELICABAR

Au cœur du Bon Marché, dans une ambiance très pop art, le Delicabar propose aux « fashion victims » une halte devant un bubble à la carotte ou une gelée de fruits.

La mode, elle est tellement au cœur de la démarche du Delicabar que cette pâtisserie se trouve au cœur du Bon Marché, le grand magasin de la rive gauche, à l'étage du rayon des vêtements féminins. Est-ce assez indiquer que la gourmandise et la coquetterie ont partie liée, que l'une complète l'autre ? Après une demi-journée de shopping, le moment de la dégustation complète le plaisir et la Parisienne s'octroie un gâteau léger comme autrefois les élégantes se délivraient de leurs péchés véniels en sollicitant des indulgences. Pour celles qui craindraient de prendre du poids, Sébastien Gaudard, ancien chef pâtissier de chez Fauchon, a concocté des douceurs aux goûts intenses mais qui ne pèsent pas sur l'estomac. Ainsi, les bubbles, sablés recouverts d'une mousse très légère en forme de bulles comme leur nom l'indique et qui jouent habilement des arômes fruits et légumes : bubble à la carotte ou à la pulpe de mangue, ou plus classiquement au chocolat. Ici encore, les friandises se déclinent en sucré et en salé. Les millefeuilles et les sabayons, ces classiques de la technique pâtissière, sont présentés ainsi en deux lignes : sabayon au cerfeuil, courgettes confites ou au chocolat aux agrumes, millefeuille caramélisé à la pomme ou « fine-feuille » croustillante aux légumes confits, caviar d'aubergines, sans compter les ganaches poivrées dans les gâteaux en chocolat. Le pâtissier joue avec les codes, brouille les pistes, affirme la vocation cuisinière de la pâtisserie. Dans le décor vitaminé et gai, très pop art du Delicabar, une grande vitrine transparente en forme de bar permet soit de consommer sur place soit de choisir et d'emporter. Car on vient ici à toute heure, pour grignoter comme pour goûter, déjeuner comme pour bruncher. Le regard s'attarde sur les tartelettes aux couleurs vives mais s'arrête sur les tablettes de chocolat dont les carrés (faut-il dire les rectangles ?) se partagent en trois tailles : petit, moyen et grand, nouveau clin d'œil aux codes du prêt-à-porter. Quant aux pâtes à tartiner, chocolat, noisette et amandes, elles se présentent en tube, façon « tube de dentifrice », en référence sans doute à l'univers de la beauté. Pour emporter

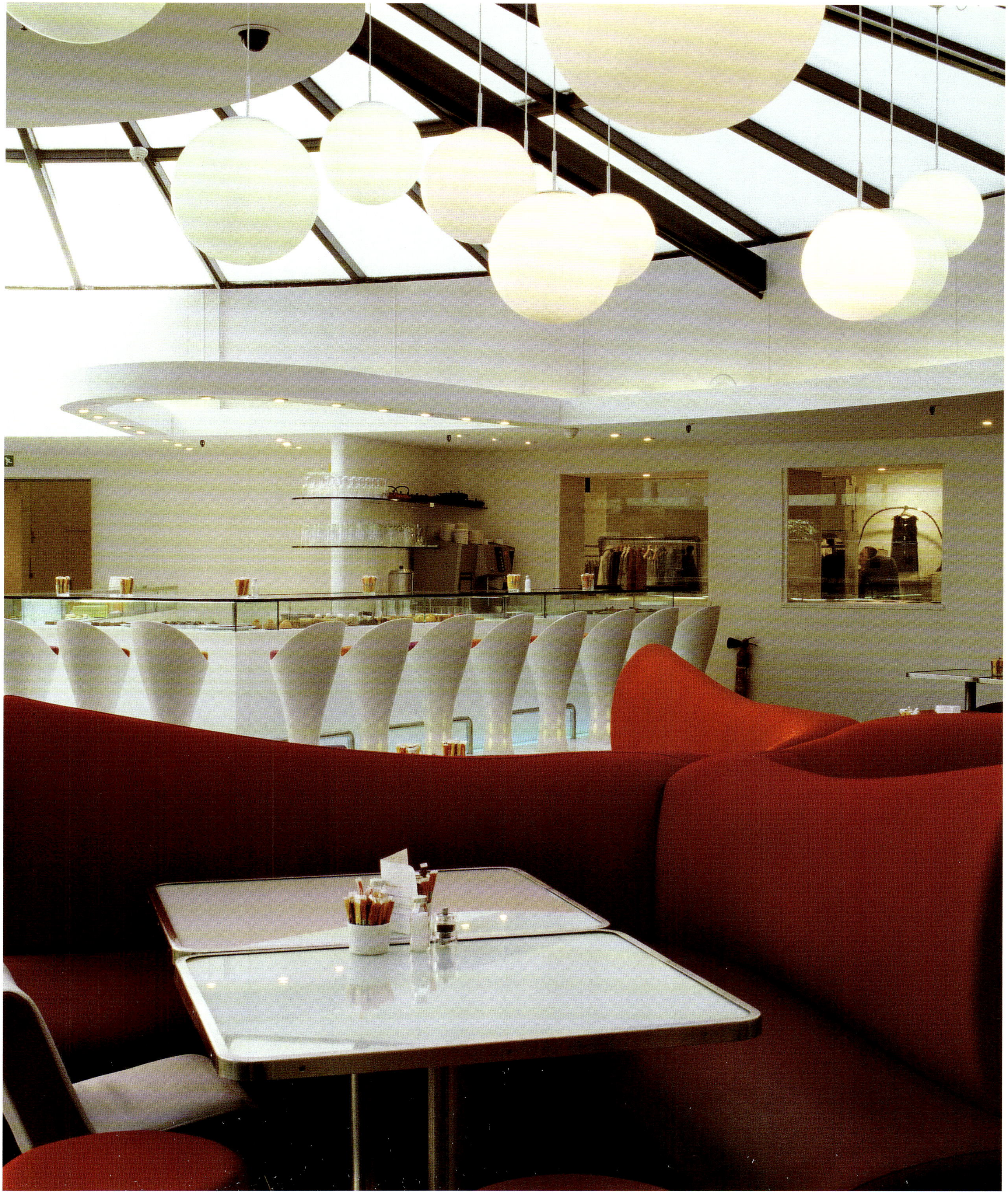

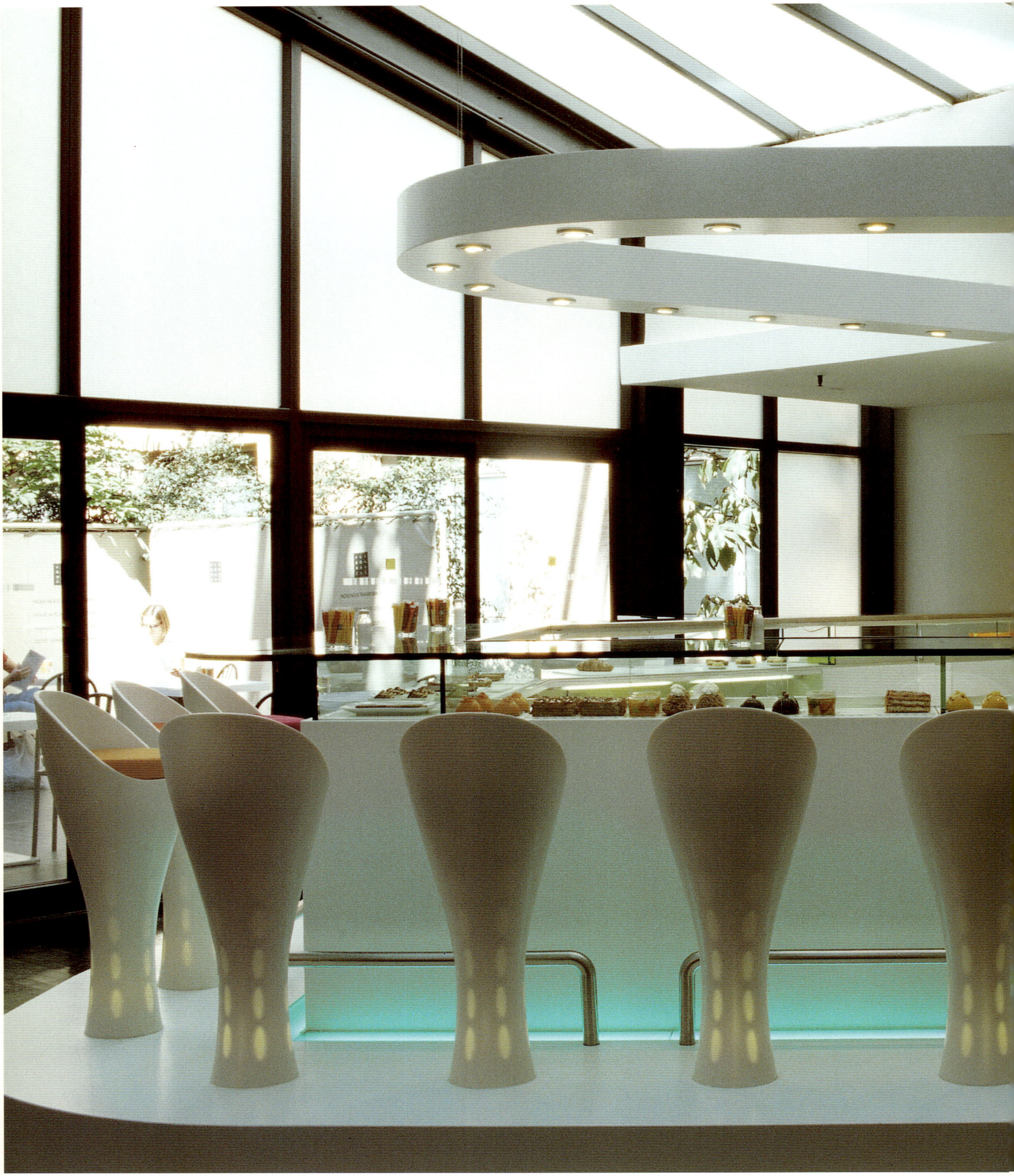

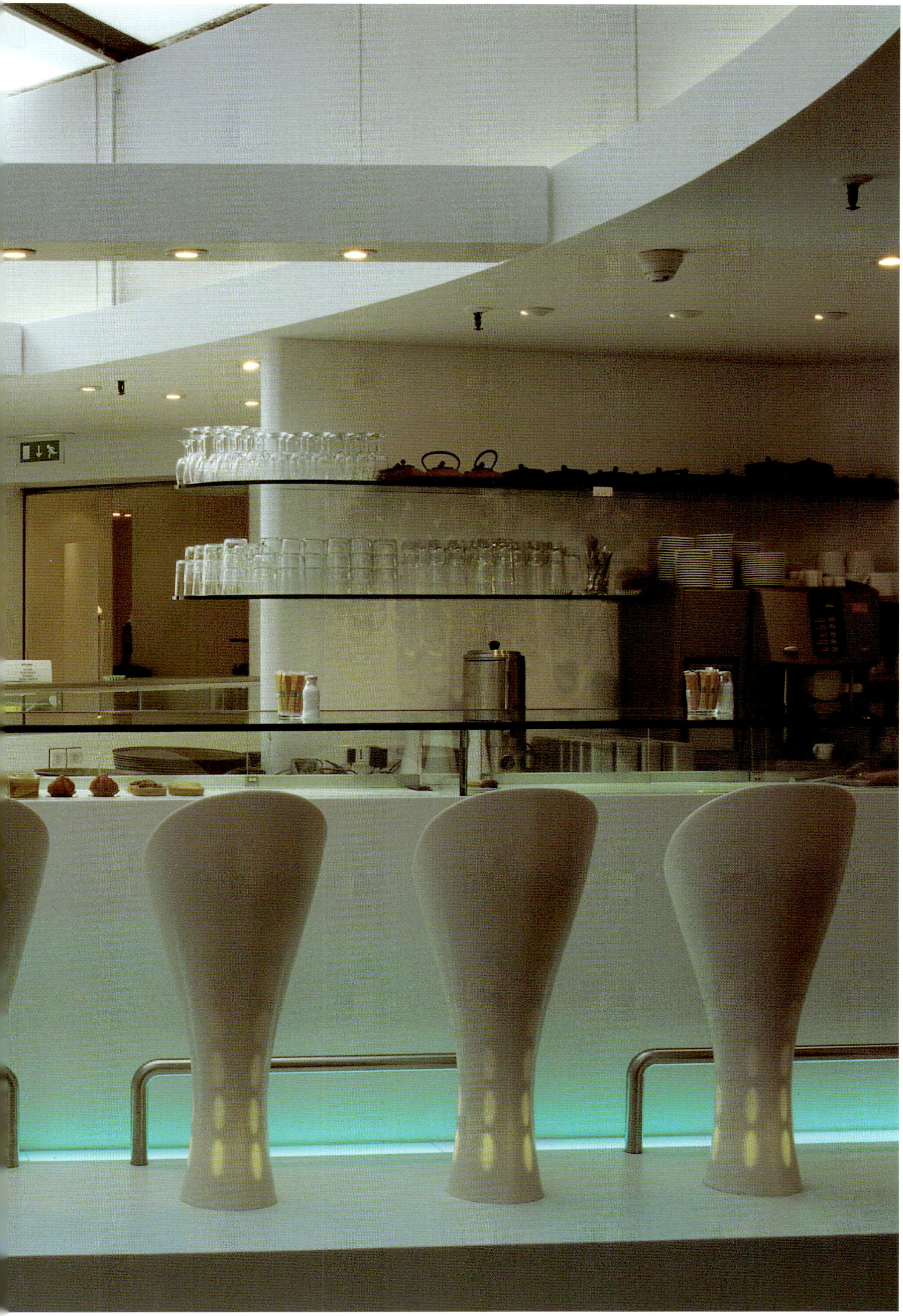

DELICABAR

Au bar, les pâtisseries tentent d'autant plus qu'elles sont situées directement sous l'œil des convives. Comment alors résister à la tentation ?

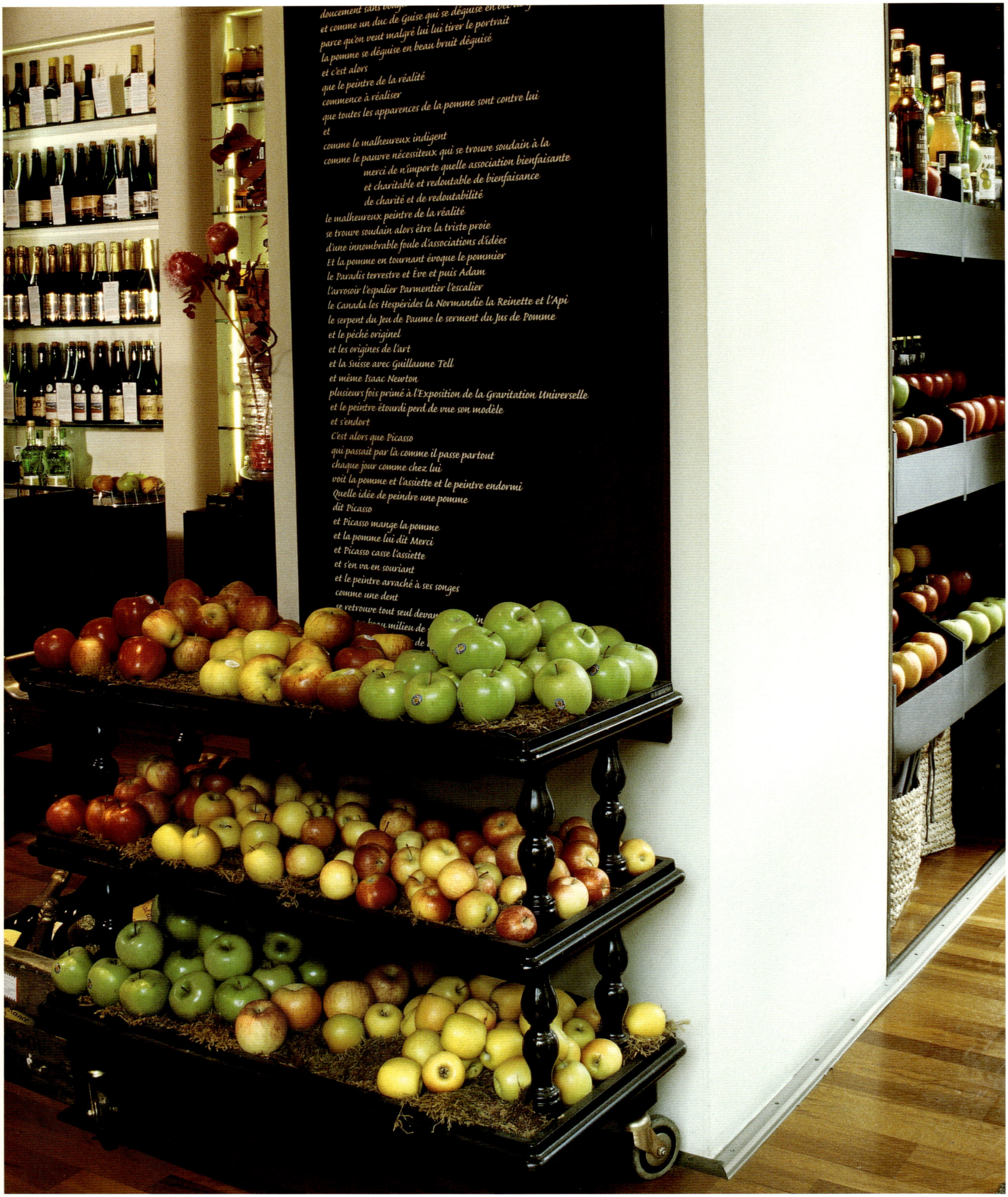
et comme un duc de Guise qui se déguise en bec de gaz
parce qu'on veut malgré lui lui tirer le portrait
la pomme se déguise en beau bruit déguisé
et c'est alors
que le peintre de la réalité
commence à réaliser
que toutes les apparences de la pomme sont contre lui
et
comme le malheureux indigent
comme le pauvre nécessiteux qui se trouve soudain à la
merci de n'importe quelle association bienfaisante
et charitable et redoutable de bienfaisance
de charité et de redoutabilité
le malheureux peintre de la réalité
se trouve soudain alors être la triste proie
d'une innombrable foule d'associations d'idées
Et la pomme en tournant évoque le pommier
le Paradis terrestre et Ève et puis Adam
l'arrosoir l'espalier Parmentier l'escalier
le Canada les Hespérides la Normandie la Reinette et l'Api
le serpent du Jeu de Paume le serment du Jus de Pomme
et le péché originel
et les origines de l'art
et la Suisse avec Guillaume Tell
et même Isaac Newton
plusieurs fois primé à l'Exposition de la Gravitation Universelle
et le peintre étourdi perd de vue son modèle
et s'endort
C'est alors que Picasso
qui passait par là comme il passe partout
chaque jour comme chez lui
voit la pomme et l'assiette et le peintre endormi
Quelle idée de peindre une pomme
dit Picasso
et Picasso mange la pomme
et la pomme lui dit Merci
et Picasso casse l'assiette
et s'en va en souriant
et le peintre arraché à ses songes
comme une dent

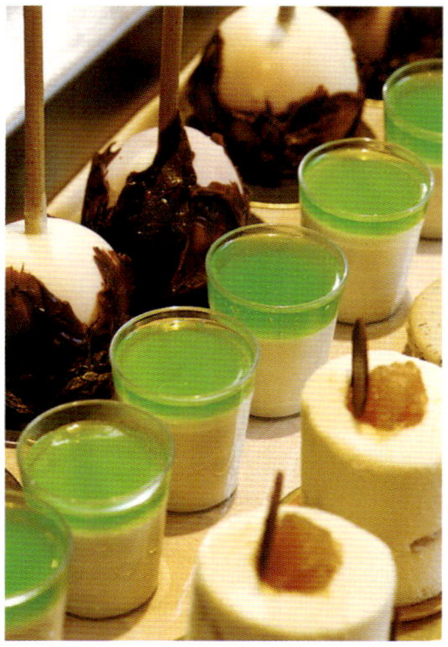

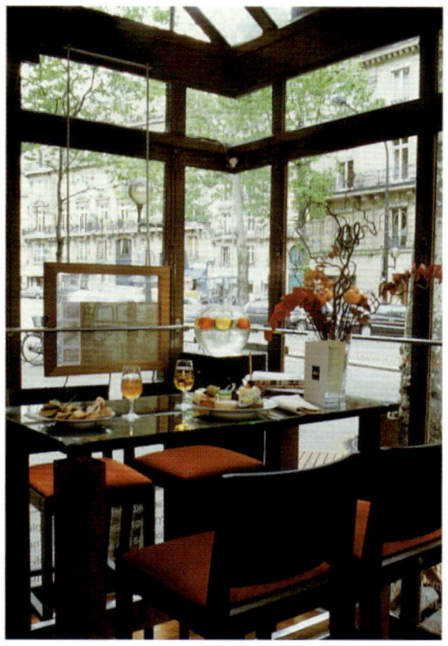

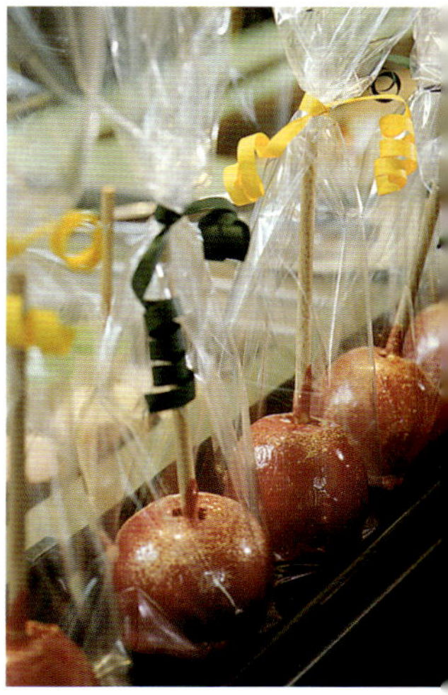

leurs emplettes, les gourmandes partent du Delicabar avec un sac en bandoulière. Elles évitent ainsi, délicate attention, l'effet « bras télescopique » des cabas qui pendent au bout des bras. Et conservent leurs silhouettes...

Comment conclure ce panorama du « vraiment frais » sans évoquer Pomze, la première boutique consacrée exclusivement à la pomme et à ses produits dérivés ? La pomme, avec le raisin, est le fruit le plus universel qui soit, à la fois aliment et boisson. Ici, le Parisien est donc sûr de trouver son fruit favori sous l'un ou l'autre de ses avatars. La boutique propose en effet une soixantaine de variétés de pommes du monde entier disponibles en toutes saisons, autant de jus de pommes mono-variétaux, une trentaine de cidres fermiers non pasteurisés et bien sûr une sélection de calvados, de pommeaux et accessoirement de poirés de toute première qualité. Pomze a été fondé par Daniel et Emmanuel Dayan, deux globe-trotters de la gastronomie qui ont fait leurs armes dans le groupe Flo à Tokyo. Cette boutique originale et pleine de charme est aussi un restaurant où la pomme se décline comme garniture et comme dessert. Ah ! Les tartes tatins aux pommes vraiment confites, les macarons à la Manzana Verde, l'alcool de pommes basque ou les cannelés au calvados. Idéal pour soigner ses chagrins d'amour sans risquer d'augmenter son cholestérol...

POMZE

Chez Pomze, boulevard Haussmann, on trouve des pommes en toutes saisons, car elles viennent s'il le faut d'Afrique australe, d'Australie ou de Nouvelle-Zélande. Mais on peut aussi déjeuner et finir la dégustation par de délicieuses pommes d'amour ou encore sur le cliché de gauche des pommes d'amour au chocolat blanc enrobé de chocolat noir, des verrines de panacotta à la manzana verde ou des « Tours d'ivoire », gâteaux au chocolat blanc avec de la compote de pomme-orange.

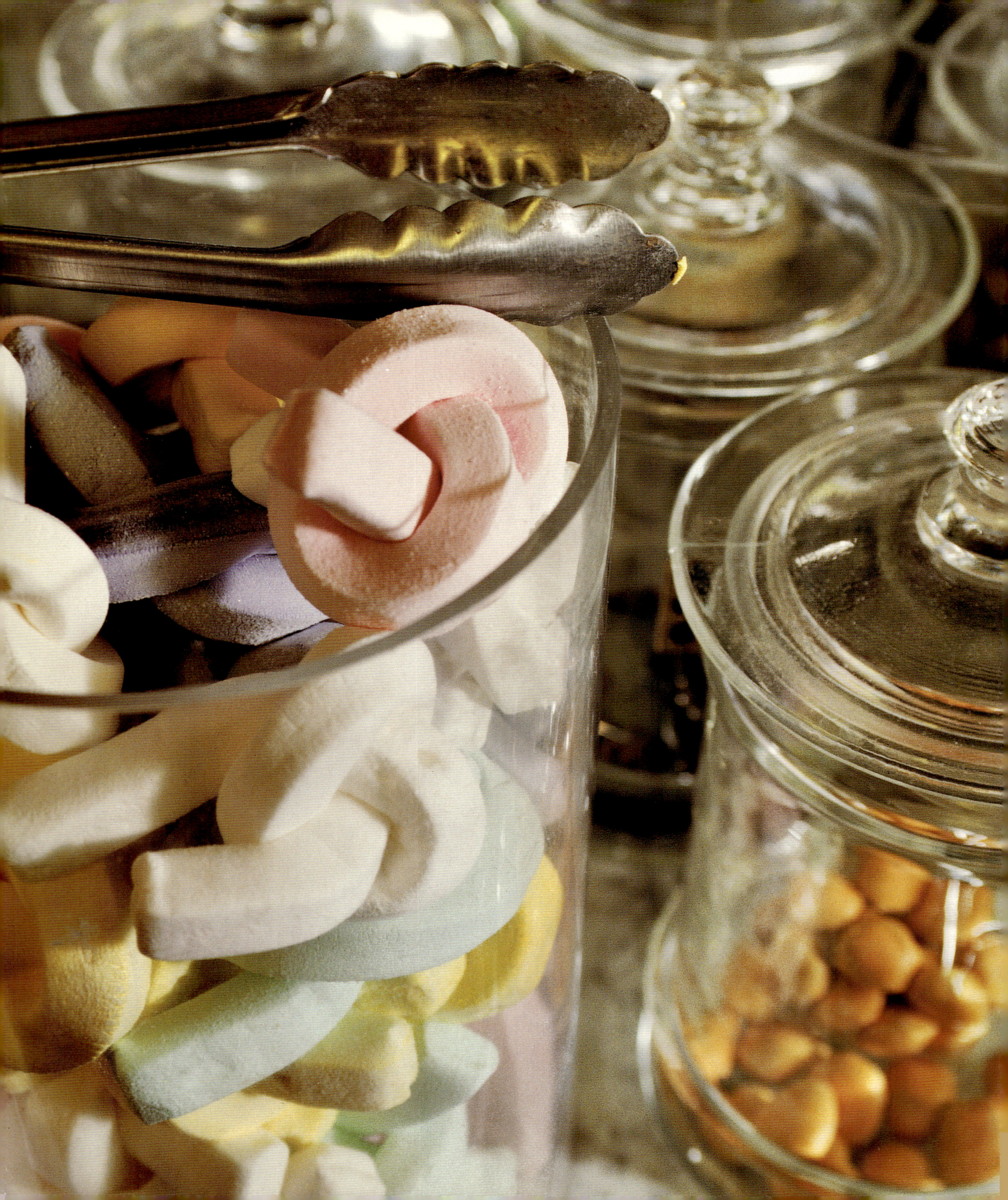

Carnet gourmand

Paris est une ville aux mille adresses gourmandes et il n'était pas possible de faire figurer ici tous les bons artisans du goût. C'est un choix opéré par l'équipe des auteurs. Bien sûr, ces adresses sont à Paris, mais un très grand nombre d'entre elles expédient par correspondance vos commandes gourmandes. Ce répertoire peut donc être utilisé dans toute la France et à l'étranger.

PARIS SUCRÉ

GÂTEAUX PETITS ET GRANDS

ANGÉLINA
226, rue de Rivoli, 75001
Tél. : 01.42.60.82.00
Un très joli salon de thé au décor classé et aussi une pâtisserie de grande qualité. Irrésistible : le Mont Blanc, chantilly et marrons.

LA BAGUE DE KENZA
106, rue Saint-Maur, 75011
Tél. : 01.43.14.93.15
Autres adresses :
233, rue de la Convention, 75015 ;
207, rue du Fbg Saint-Antoine, 75010
(Voir photos pp. 44-47)
Des montagnes de pâtisseries algéroises, retravaillées dans un esprit français, tout en légèreté et en finesse.

BOISSIER CHOCOLATIER
184, avenue Victor-Hugo, 75016
Tél. : 01.45.03.50.77
site internet :
www.maison-boissier.com
Des bonbons célèbres tels les boules aux fruits mais aussi des chocolats et un très agréable salon de thé.

LES CAKES DE BERTRAND
7, rue Bourdaloue, 75009
Tél. : 01.40.16.16.28
(Voir photos pp. 38-43)
Sur le flanc de l'église Notre-Dame de Lorette, un très joli salon de thé au décor ancien qui offre une foule de petits cadeaux gourmands, et bien sûr des cakes sucrés ou salés, à goûter sur place ou à emporter.

LAURENT DUCHÊNE
2, rue Wurtz, 75013
Tél. : 01.45.65.00.77
e-mail : laurent.duchene@libertysurf.fr
Au cœur du XIIIe arrondissement, ce pâtissier vaut le détour : des financiers, des cakes et autres gâteaux pour accompagner le thé, d'un moelleux incomparable. Ses petits gâteaux au chocolat, au cœur fondant, comptent parmi ses grands succès. Il est également l'un des meilleurs boulangers de Paris.

LA GRANDE ÉPICERIE DU BON MARCHÉ
26-38, rue de Sèvres, 75007
Tél. : 01.44.39.81.00
Un large choix de confiseries et de biscuits du monde entier, de vins, viandes, poissons, sandwichs et salades. De très nombreux produits à emporter ou même à déguster sur place à côté du rayon traiteur ; avec des plats du jour légers et savoureux.

PIERRE HERMÉ
72, rue Bonaparte, 75006
Tél. : 01.43.54.47.77
Pâtissier célèbre que l'on ne peut pas ne pas citer dans un guide sur « Paris gourmand ».

LADURÉE
21, rue Bonaparte, 75006
Tél. : 01.44.07.64.87.
site internet : www.laduree.fr
Autres adresses :
16, rue Royale, 75008
Tél. : 01.42.60.21.79 ;
75, avenue des Champs-Élysées, 75008
Tél. : 01.40.75.08.75
(Voir photos pp. 48-51)
Le temple du macaron dans trois très élégants salons de thé au décor XIXe. Des classiques – framboise, café, rose – et des nouveaux presque à chaque saison : réglisse, menthe... Mais aussi une très bonne pâtisserie ; bonbons et chocolats de grande qualité pour des cadeaux très appréciés.

PÂTISSERIE GÉRARD MULOT
76, rue de Seine, 75006
Tél. : 01.43.26.85.77
De très bons gâteaux dont un clafoutis aux cerises (préférer la version nature à celle aux pistaches) et une tarte à l'orange chez ce pâtissier qui a également de bons sandwichs et un grand choix de tartes salées épaisses et savoureuses : au saumon, aux légumes, etc.

PÂTISSERIE VIENNOISE
8, rue de l'École-de-Médecine, 75006
Tél. : 01.43.26.60.48
Depuis 1928, cette minuscule pâtisserie au cœur du quartier latin régale étudiants et fous de Strudels, de gâteaux au pavot et de chocolat ou café viennois.

SADAHARU AOKI
35, rue de Vaugirard, 75006
Tél. : 01.45.44.48.90
site internet : www.sadaharuaoki.com
Autre adresse :
56, boulevard de Port-Royal 75005
Tél. : 01.45.35.36.80
(Voir photos pp. 34, 36-37)
Une toute petite boutique près du jardin du Luxembourg. Des spécialités au thé vert mais aussi de la pâtisserie traditionnelle française ; une tarte au caramel au beurre salé par exemple. Divine !

LE STÜBLI
11, rue Poncelet, 75017
Tél. : 01.42.27.81.86
site internet : www.stubli.com
e-mail : stubli@club-internet.fr
La pâtisserie allemande et autrichienne de Paris : Apfelstrudel, Forêt Noire, Sachertorte, Linzertorte et au moment de Noël sablés et Zimsterne. Petit restaurant à l'étage pour un déjeuner aux saveurs d'Outre-Rhin et un wiener brunch le week-end.

BONBONS ET CHOCOLATS

LES BONBONS
6, rue Bréa, 75006
Tél. : 01.43.26.21.15
Une minuscule boutique de Montparnasse, pourtant très connue des amateurs avec un choix immense de confiseries venant toutes de France.

CHRISTIAN CONSTANT
37, rue d'Assas, 75006
Tél. : 01.53.63.15.15
e-mail : christianconstant@wanadoo.fr
Un chocolatier très réputé, parmi les grands maîtres de la capitale : goûtez ses orangettes à la mandarine de Sicile ou ses ganaches et ses truffes.

DEBAUVE ET GALLAIS
30, rue des Saints-Pères, 75007
Tél. : 01.45.48.54.67
Autre adresse :
33, rue Vivienne, 75002
Tél. : 01.40.39.05.50
Une très belle boutique à Saint-Germain-des-Prés : une originalité, les pistoles de Marie-Antoinette, les petits grains de café arabica enrobés de chocolat... à garder sur son bureau.

À L'ÉTOILE D'OR
30, rue Fontaine, 75009
Tél. : 01.48.74.59.55
(Voir photos pp. 22-25)
La visite de cette boutique près de la place Pigalle est une expérience. Denise Acabo vous y reçoit et vous enchante par sa connaissance de toutes les spécialités de France. Son royaume : la confiserie. Ce n'est que chez elle que vous trouverez les spécialités de certains artisans des régions de France, chocolats Bernachon de Lyon, chocolats Dufoux de Bourgogne, guimauves de Nancy...

FOUQUET
22, rue François-Ier, 75008
Tél. : 01.47.23.30.36
site internet : www.fouquet.fr
e-mail : info@fouquet.fr
Autre adresse :
36, rue Laffitte, 75009
Tél. : 01.47.70.85.00
Dans cette superbe épicerie fine, un très beau choix de confiseries et en particulier de fondants que l'on ne trouve que très rarement.

LE FURET
63, rue Chabrol, 75010
Tél. : 01.47.70.48.34
Fax : 01.42.46.34.41
Un artisan de grande qualité : chocolats et gâteaux mais surtout confitures et gelées classiques ou originales. Un choix à découvrir.

HÉDIARD
21, place de la Madeleine, 75008
Tél. : 01.43.12.88.88
(Quatre autres adresses à Paris)
Une épicerie fine dont tous les comptoirs sont attirants. Les meilleures pâtes de fruits de Paris.

JEAN-PAUL HÉVIN
231, rue Saint-Honoré, 75001
(Boutique et salon de thé)
Tél. : 01.55.35.35.96
site internet : www.jphevin.com
Autres adresses de boutiques :
3, rue Vavin, 75006
Tél. : 01.43.54.09.85 ;
23 bis, av. de la Motte-Picquet, 75007
Tél. : 01.45.51.77.48
(Voir photos pp. 2, 4 [au centre], 12, 14-17)
Des chocolats au fromage (ceux à la cerise au roquefort ont notre préférence) et aussi des chocolats plus traditionnels : le best-seller le Carryana par exemple, une superbe ganache aux trois miels, des mini-florentins ou des paladins aux noix de Pécan, et des marrons confits toute l'année (moins sucrés que les marrons glacés). Des gâteaux : le Turin, une mousse aux marrons confits, le Safi à l'orange, le Goyaquil au chocolat amer ou le chocolat framboise. Petit cadeau rêvé : le cœur dentelle en chocolat ou les bouchées « Kheops », des pâtes d'amandes et pistaches.

LA MAISON DU CHOCOLAT
225, rue du Faubourg-Saint-Honoré, 75008
Tél. : 01.42.27.39.44
site internet :
www.lamaisonduchocolat.com
Autres adresses :
19, rue de Sèvres, 75006
Tél. : 01.45.44.20.40 ;
56, rue Pierre-Charron, 75008
Tél. : 01.47.23.38.25 ;
8, boulevard de la Madeleine, 75009
Tél. : 01.47.42.86.52
89, avenue Raymond-Poincaré, 75016
Tél. : 01.40.67.77.83
(Voir photos pp. 30-33)
Robert Linxe, ce Basque fou de chocolat, ne cesse de nous éblouir par la qualité de ses créations. Comment résister au marroni à la mousse de marrons glacés nature – donc pas trop sucré – au Rigoletto, truffe légère au beurre caramélisé, au Zagora à la menthe fraîche, à l'Andalousie au citron, à ses pruneaux au chocolat et bien sûr à ses éclairs divins au chocolat, au café et au caramel ?

PIERRE MARCOLINI
89, rue de Seine, 75006
Tél. : 01.44.07.39.07
site internet : www.marcolini.be
Autre adresse :
« chez Flamant »,
8, rue Furstemberg, 75006
Tél. : 01.56.81.12.40
(Voir photos pp. 11, 18-21)
Dans un décor très contemporain, le chocolatier de Bruxelles qui fait parler de lui à Paris, propose des « Carrés² chocolats » ainsi que des ganaches parfumées au thé : Earl Grey, jasmin, lait et citron.

À LA MÈRE DE FAMILLE
35, rue du Faubourg-Montmartre, 75009
Tél. : 01.47.70.83.69
(Voir photos pp. 26-29)
Un très beau décor ancien, parmi les plus célèbres de la capitale, un royaume enchanté où tous les bonbons, chocolats venus de la France entière s'offrent à la gourmandise. Le choix est difficile.

À LA REINE ASTRID
16, rue du Cherche-Midi, 75006
Tél. : 01.42.84.07.02
Autre adresse :
33, rue de Washington, 75008
Tél. : 01.45.63.60.39
Un bon chocolatier, non loin du magasin du Bon Marché.

THÉS ET CAFÉS

LE CARRÉ DES SIMPLES
22, rue Tronchet, 75008
Tél. : 01.44.56.05.34.
Site internet :
www.info@lecarredessimples.com
Une très jolie boutique moderne dans le quartier des grands magasins : des thés, des huiles essentielles, des tisanes avec des mélanges originaux : tisane des enfants, fleurs de Colette, café blanc libanais...

COMPTOIRS RICHARD
48, rue du Cherche-Midi, 75006
Tél. : 01.42.22.45.93
Autres adresses :
145, rue Saint-Dominique, 75007 ;
10, rue Lafayette, 75009 ;
73, rue Lecourbe, 75015 ;
8, rue de Lévis, 75017
(Voir photos pp. 68-73)
Si le café est le point le plus important de ces boutiques, on y trouvera aussi, dans un joli décor et très bien présentés : chocolats, biscuits, tisanes, thés...

KILALI
3-5, rue des Quatre-Vents, 75006
Tél. : 01.43.25.65.64.
Une toute récente boutique de thés, dédiée uniquement au thé vert, près du marché Saint-Germain. C'est également un salon de thé bien caché derrière sa vitrine noire.

LA MAISON DES TROIS THÉS
33, rue Gracieuse, 75005
Tél. : 01.43.36.93.84
site internet :
www.maisondestroisthes.com
(Voir photos p. 58-63)
Peut-être l'adresse la plus mystérieuse de Paris. Derrière le Panthéon, dans une rue paisible, se dissimule la plus grande cave à thés du monde. Dans un extraordinaire décor conçu par l'architecte designer François Muracciole, elle n'abrite pas moins de mille thés d'origine, provenant de Taïwan et de Chine orientale. Les plus anciens millésimes datent de 1890.

MARIAGE FRÈRES
30-32, rue du Bourg-Tibourg, 75004
Tél. : 01.42.72.28.11
site internet : www.mariagefreres.com
Autres adresses :
13, rue des Grands-Augustins, 75006
Tél. : 01.40.51.82.50 ;
260, rue du Faubourg-Saint-Honoré, 75008
Tél. : 01.46.22.18.54
(Voir photos pp. 52, 54-57)
Le petit musée des thés Mariage, la boutique et le salon de thé vous transportent dans un Orient des saveurs ; le brunch du dimanche est très couru. Réservez.

LE PALAIS DES THÉS
61, rue du Cherche-Midi, 75006
Tél./Fax : 01.42.22.03.98
Autre adresse :
35, rue Abbé-Grégoire, 75006
Tél. : 01.45.48.85.81
Un très grand choix de thés, des samovars, des théières et une bibliothèque complète de l'amateur de thé.

CAFÉ VERLET
256, rue Saint-Honoré, 75001
Tél. : 01.42.60.67.39
(Voir photos pp. 64-67)
Un torréfacteur à l'ancienne, qui choisit lui-même ses crus au cours de périples annuels et ramène le meilleur de la production mondiale. On peut aussi déguster ici son café dans une ambiance qui fleure bon les arômes de torréfaction.

GLACES ET SORBETS

Nous n'avons pu montrer les délices glacés qu'un été dans la capitale permet de découvrir. Toutefois, il n'est pas possible de faire un itinéraire Paris gourmand sans passer par l'île Saint-Louis ou les quais de la Seine.

BERTHILLON
31, rue Saint-Louis-en-l'Île, 75004
Tél. : 01.43.54.31.61
site internet : www.berthillon-glacier.fr
La maison Berthillon est connue (et courue) depuis trois générations pour ses sorbets et ses glaces. La queue devant la petite boutique de la rue Saint-Louis-en-l'Île peut faire peur, mais la récompense est à la hauteur de l'attente. Une gamme phénoménale de parfums, du café au whisky en passant par la feuille de menthe, le caramel au gingembre et le praliné au pignon. Autre spécialité de la maison : les macarons fourrés de glace ou de sorbet, pour un double délice.

DAMMANN'S
1, rue des Grands-Degrés, 75006
Tél. : 01.43.29.15.10
À deux pas de Notre-Dame, presque sur le quai rive gauche, un très, très bon glacier ; en particulier pour sa glace au yaourt ou au lait d'amandes, un bonheur rare. Cornets et glaces à emporter.

Carnet gourmand

PARIS SALÉ

PAINS ET FROMAGES

ANDROUËT
51, rue de Verneuil, 75007
Tél. : 01.45.48.51.98
Nombreuses adresses dans Paris
site internet : www.androuet.com
Cette enseigne perpétue la tradition de Pierre Androuët, premier fromager parisien à avoir réussi une convergence entre son art et celui de la gastronomie.

L'AUTRE BOULANGE
43, rue de Montreuil, 75011
Tél. : 01.43.72.86.04
(fermé le samedi après-midi et le dimanche)
Pains spéciaux ou traditionnels, fougasses... Une très bonne adresse de l'Est parisien.

BARTHÉLEMY
51, rue de Grenelle, 75007
Tél. : 01.42.22.82.24
(Voir photos pp. 94-97)
Le fromager du Faubourg Saint-Germain offre un choix très complet de fromages affinés par Madame et Monsieur Barthélemy.

BOULANGERIE KAYSER
85, boulevard Malesherbes, 75017
Tél. : 01.45.22.70.30
Autres adresses :
8, rue Monge, 75005
10, rue de l'Ancienne-Comédie, 75006
87, rue d'Assas, 75006
49, rue Linois, 75015
79, rue du Commerce, 75015
(Voir photos pp. 86-89)
Le boulanger parisien à la mode aujourd'hui. Un choix important de pains, quatre collections (une par saison) comme dans les boutiques de mode, et surtout une fabrication impeccable et jamais prise en défaut grâce à l'utilisation du fermentolevain, une machine conçue par Éric Kayser pour réussir à tout coup un pain à la croûte craquante et à la mie parfaitement alvéolée. Quelques tables pour un repas rapide dans le vi^e et le xviie arrondissement.

BREAD & ROSES
7, rue de Fleurus, 75006
Tél. : 01.42.22.06.06
Le nécessaire et le superflu (le pain et les gourmandises de la boutique, à consommer sur place ou à emporter). Un nouveau boulanger près du jardin du Luxembourg ; des gros pains paysans, du pain bio aux fruits secs, du pain à l'épeautre, le fameux « brown bread » anglais, des scones, des muffins, un petit rayon traiteur et quelques tables pour déguster sur place toutes ces bonnes choses.

MARIE ANNE CANTIN
12, rue du Champs-de-Mars, 75007
Tél. : 01.45.50.43.94
(Voir photos pp. 98-99)
Maître-affineur n'est pas une profession spécifiquement masculine. Marie Anne Cantin le prouve avec un sens de l'hospitalité qui en fait une figure marquante de la vie parisienne.

À LA FLÛTE GANA
226, rue des Pyrénées, 75020
Tél. : 01.43.58.42.62
Isabelle et Valérie Ganachaud sont les deux seules boulangères diplômées de France, et sont célèbres bien au-delà de leur quartier de Belleville.

AU LEVAIN DU MARAIS
32, rue de Turenne, 75003
Tél. : 01.42.78.07.31
Autres adresses :
28, boulevard Beaumarchais, 75011
Tél. : 01.48.05.17.14 ;
142, avenue Parmentier, 75011
Tél. : 01.43.57.36.91
Comme dans toutes les bonnes boutiques, il faut faire la queue pour accéder au choix de pains. On vient de loin pour avoir le bonheur de goûter les pains pétris à base de levain naturel, les fougasses et les viennoiseries.

MOISAN - LE PAIN AU NATUREL
5, place d'Aligre, 75012
Tél. : 01.43.45.46.60
Autres adresses :
114, rue Paty, 75013
Tél. : 01. 45.83.08.13 ;
4, avenue du Général Leclerc, 75014
Tél. : 01.43.22.34.13 ;
57, rue Fondary, 75015
Tél. : 01.45.75.34.85
La référence du pain bio à Paris. Il est également vendu dans certains Monoprix.

LE MOULIN DE LA VIERGE
166, avenue de Suffren, 75015
et 105, rue Vercingétorix, 75014
Tél. : 01.47.43.45.55
Autre adresse :
82, rue Daguerre, 75014
(Voir photos pp. 4 à gauche, 80-85)
Des pains à la farine « bio » cuits à l'ancienne, et vendus dans des décors d'authentiques boulangeries parisiennes pour de véritables habitants du quartier.

PAUL
33, rue Tronchet, 75008
(façade classée)
Tél. : 01.40.17.99.54
De nombreuses adresses parmi lesquelles :
25, avenue de l'Opéra, 75001
Tél. : 01.42.60.78.22
77, rue de Seine, 75006
Tél. : 01.55.42.02.23
(Voir photos pp. 6, 90-93)
Une enseigne au marketing bienvenu et qui a su préserver la fabrication traditionnelle du pain.

POILÂNE
8, rue Cherche-Midi, 75006
Tél. : 01.45.48.42.59
(Voir photo pp. 76, 78-79)
On ne présente pas Poilâne. Sauf pour dire que la boutique de la rue du Cherche-Midi est un véritable musée du pain qui se visite du magasin jusqu'au fournil et qu'on y voit une assez étonnante collection de natures mortes ayant pour thème, bien sûr, le pain.

ÉPICERIES FINES

ALLICANTE
L'Huilerie de Paris
26, boulevard Beaumarchais, 75011
Tél./Fax : 01.43.55.13.02
site internet : allicante@allicante.com
(Voir photos pp. 5 à droite, 104-105)
Près de la Bastille, une petite boutique qui propose toutes les huiles de table : aux pépins de raisins, noix, noisettes, olives, argan, ainsi que des huiles parfumées (aux truffes, noires ou blanches, aux cèpes...) ou pimentées, mais aussi les meilleurs vinaigres, avec de précieux conseils d'utilisation.

L'AVANT-GOÛT CÔTÉ CELLIER
37, rue Bobillot, 75013
Tél. : 01.45.81.14.06
Une toute petite épicerie qui appartient au restaurateur de talent, chef de l'Avant-Goût qui est en face. Outre l'épicerie et les vins, on peut commander des plats à emporter venus tout droit du restaurant.

BELLOTA BELLOTA
18, rue Jean-Nicot, 75007
Tél. : 01.53.59.96.96
(Voir photo p. 108-109)
Une table entièrement dédiée au Jamón Iberico, présenté ici en assiettes avec indication de la provenance, de la durée de l'affinage en cave, accompagné de vins espagnols sélectionnés par de grands connaisseurs de la gourmandise hispanique.

Autre adresse :
boutique près des Champs-Élysées,
JABUGO IBERICO ET CO
11, rue Clément-Marot, 75008
Tél. : 01.47.20.03.13

BYZANCE
27, rue Yves-Kermen,
92100 Boulogne
Tél. : 01.46.09.02.28
L'autre fournisseur de caviar à Paris, a étendu récemment son offre aux jambons ibériques et aux vins. Deux fois par an, ont lieu des séances de dégustation et de découverte des produits, plus courues que les soldes.

LE COMPTOIR DE LA GASTRONOMIE
34, rue Montmartre, 75001
Tél. : 01.42.33.31.32
Fax : 01.42.33.72.45
(Voir photos p. 8 et 118)
Ouverte de 6h à 19h, cette boutique

a gardé les horaires des Halles, où se tenait autrefois le grand marché de Paris. Derrière une très belle façade du siècle dernier se cache une épicerie fine proposant foie gras, saumon, vins, alcools, et même un délicieux gâteau au chocolat fondant. Quelques tables pour une petite restauration à l'heure du déjeuner.

COMPTOIR DU SAUMON & CIE
60, rue François-Miron, 75004
Tél : 01.42.77.23.08
Fax : 01.42.77.44.75
Ces boutiques aux dehors nordiques se multiplient à Paris, en région parisienne et aussi en Province. On y trouve des saumons de la Baltique, d'Irlande, de Norvège..., du requin, de l'anguille ou du thon fumé, des harengs et bien sûr de la Vodka et de l'Aquavit pour les accompagner.

DALLOYAU
101, rue du Faubourg-Saint-Honoré, 75008
Tél. : 01.42.99.90.00
Autres adresses :
2, place Edmond-Rostand, 75006 Paris
Tél. : 01.43.29.31.10
Fax : 01.43.26.25.72
5, boulevard Beaumarchais, 75004
69, rue de la Convention, 75015
63, rue de Grenelle, 75007
Un traiteur historique dont les pâtisseries font le bonheur des beaux quartiers.

DA ROSA
62, rue de Seine, 75006
Tél. : 01.40.51.00.09
Fax : 01.40.51.04.59
site internet : www.darosa.fr
(ouvert tous les jours de 10h à 22h)
(Voir photos pp. 110-111)
Une très belle épicerie fine, avec quelques tables pour déguster les produits dont un choix de jambons et en particulier de très savoureux « real iberico ». Des spécialités sucrées complètent cette offre. Irrésistibles les raisins au sauternes enrobés de chocolat pour accompagner le café.

DAVOLI
34, rue Clerc, 75007
Tél. : 01.47.05.20.74
Le traiteur italien de ce quartier élégant du VIIe arrondissement. Vins, charcuteries et plats tout prêts : le « vitello tomato » en été ravira vos invités.

DUBERNET
2, rue Augereau, 75007
Tél. : 01.45.55.50.71
Tous les produits du Sud-Ouest de la France : foie gras, confits, pâtés, jambons et de savoureux plats cuisinés sous vide, blanquette, petit salé...

FAUCHON
26, place de la Madeleine, 75008
Tél. : 01.47.42.60.11
La grande dame de la place de la Madeleine, l'épicier du Tout Paris qui s'amuse et qui rit, fait aussi pâtissier, traiteur et propose à la clientèle de passage des en-cas de luxe et des coffrets de repas confectionnés par les cuisines du Groupe Flo.

LA FERMERIE
24, rue Surcouf, 75007
Tél. : 01.45.55.23.03
Fax : 01.45.55.25.07
(ouvert du lundi au samedi de 10h à 14h et de 16h à 21h)
Tous les bons produits fermiers dans cette boutique du quartier du Champ-de-Mars ; fromages, foie gras, jambons, confitures, etc.

GOUMANYAT-Épices
3, rue Dupuis, 75003
Une adresse secrète que l'on ne peut pas ne pas citer dans un guide sur Paris gourmand.

GRANTERROIRS
30, rue Miromesnil, 75008
Tél. : 01.47.42.18.18
Une sympathique table d'hôtes où l'on peut déguster avant de les acheter des spécialités provençales, et plus généralement méditerranéennes dans toute la gamme de l'épicerie.

ITALIA
9, rue de Lévis, 75017
Tél. : 01.43.87.01.00
Fax : 01.43.87.01.50
e-mail : pasta.nostrana@wanadoo.fr
Le meilleur traiteur italien de cette rue très gourmande : des pâtes, bien sûr, des vins, des desserts. Ne pas oublier de goûter les mini-babas au limoncello.

IZRAEL
30, rue François-Miron, 75004
Tél. : 01.42.72.66.23
Fax : 01.42.72.86.32
(Voir photos pp. 4 à droite, 116-117)
Dans le quartier du Marais, une boutique qui pourrait être dans les souks du Maroc ou d'Istanbul...

LAFAYETTE GOURMET
40, boulevard Haussmann, 75009
Tél. : 01.42.82.34.56
Une très grande épicerie fine, un choix de produits du monde entier. Nous aimons tout particulièrement son stand Bellota Bellota pour ses jambons espagnols et celui de Fatima Hal qui offre le meilleur de la cuisine marocaine à emporter : salades, tagines, couscous, etc. Le rayon des vins est réputé.

LAFAYETTE MAISON
(coin gourmand)
35, boulevard Haussmann, 75009
Dans le nouveau magasin de Lafayette Maison, Sylvain Gaudu, responsable de Lafayette Gourmet, a créé un coin gourmand au sous-sol qui vaut absolument la visite pour son savoureux choix de jambons de pays différents (le Portugal a notre préférence) et son choix de vins.

LEBLANC
6, rue Jacob, 75006
Tél. : 01.46.34.61.55
(Voir photo pp. 106-107)
Le comptoir parisien du principal moulin artisanal spécialisé dans les huiles « de fruits » : noix, noisettes, pignon, sésame, mais aussi colza.

LENÔTRE
44, rue d'Auteuil, 75016
Tél. : 01.45.24.52.52
Fax : 01.42.30.79.45
Beaucoup d'autres adresses
15, boulevard de Courcelles, 75008
Tél. : 01.45.63.87.63
Les connaisseurs se rappellent les larmes aux yeux des fameux gâteaux normands de Gaston Lenôtre lorsqu'il s'est installé à Paris. La maison a élargi sa gamme mais n'a rien perdu en qualité.

LA MAISON DE L'OLIVE
3, rue Ampère, 75017
Tél. : 01.47.66.55.13
Fax : 01.47.66.55.14
Une maison spécialisée dans les huiles d'olive « variétales » issues de moulins particuliers.

LA MAISON DU DANEMARK
Restaurant Flora-Danica
142, avenue des Champs-Élysées, 75008
Tél. : 01.44.13.86.26
site internet : www.restaurantfloradanica.com
Deux restaurants pour déguster les spécialités scandinaves mais aussi une boutique avec un grand choix de harengs marinés, de saumons et d'aquavit pour les accompagner.

MAVROMMATIS
47, rue Censier, 75005
Tél. : 01.45.35.96.50
Fax. : 01.43.36.13.08
En bas de la rue Mouffetard, le meilleur traiteur grec de Paris où se retrouve la communauté hellène. Retsina, tarama, tzatziki, etc.

À L'OLIVIER
23, rue de Rivoli, 75004
Tél. : 01.48.04.86.59
Longtemps la seule boutique à Paris à proposer des huiles d'olives de qualité et toutes les autres sortes d'huiles et de produits dérivés.

OLIVIERS & CO
8, rue de Lévis, 75017
Tél. : 01.53.42.18.04
(Voir photos pp. 100, 102-103)
Une chaîne de boutiques dédiées principalement à l'huile d'olive : un choix étendu de crus et de variétés mais avec toujours le souci de la qualité et de l'information du consommateur. On ne peut

déguster à la grande table d'hôtes qu'à cette adresse. Mais les boutiques Oliviers and Co se retrouvent dans tous les quartiers gourmands de Paris : rue de Buci, rue Vieille-du-Temple, Paris Bercy, etc.

PETROSSIAN
18, boulevard de la Tour-Maubourg, 75007
Tél. : 01.44.11.32.22
Fax : 01.44.11.32.25
site internet : www.petrossian.fr
(Voir photos pp. 112-113)
Bien évidemment, vous y trouverez le meilleur caviar (notre préférence va à l'impérial) mais aussi des saumons fumés sauvages, des morues à l'aneth ou à la caucasienne, des œufs de saumon du pacifique et tous les poissons fumés, esturgeons, anguilles, harengs. Mais cette boutique est aussi une épicerie fine, bortsch et perles de chocolat à la vodka, et comporte un petit coin dégustation pour une assiette de poissons fumés accompagnée d'un verre de vin ou de vodka (nature, à la cerise ou aux herbes). Également de délicieux sandwiches à emporter : au crabe, au saumon, etc.

AUX PIPALOTTES GOURMANDES
49, rue Rochechouart, 75009
Tél. : 01.44.53.04.53
(Voir photo p. 119)
En montant vers Montmartre, une épicerie fine, traiteur, avec quelques tables très colorées (prises d'assaut au déjeuner) pour un repas rapide. Ouverte tous les jours, on y trouve un échantillon des plus savoureux produits d'épicerie (chutneys, pâtés, confits), des biscuits, des cakes anglais, des gâteaux (« La grand-mère au chocolat »), des desserts (une originale crème brûlée au chocolat), les thés Mariage... Également des étagères vouées à la cosmétique... d'origine alimentaire exclusivement : crème au concombre, exfoliant à la pêche de vigne...

AU RÉGAL
4, rue Nicolo, 75016
Tél. : 01.42.88.49.15
Spécialités russes dans cette étonnante épicerie fine au décor des années 30. On y trouve des saumons et esturgeons fumés, des pirojki (petites pâtes pour les apéritifs) et le meilleur Koulibiac de Paris (sur commande). Un restaurant, à côté, permet de déguster toutes ces spécialités sur place.

SUR LES QUAIS
7, place d'Aligre, 75012
Tél. : 01.43.43.21.09
Dans le bon marché couvert de la place d'Aligre. Un choix d'huiles d'olives et d'épices très intéressant.

ROSE BAKERY
46, rue des Martyrs, 75009
Tél. : 01.42.88.12.80
Certainement l'un des meilleurs brunchs de Paris mais aussi une épicerie anglaise et américaine. Sirop d'érable du Vermont, jus de fruits bio du Devon, fromages de la célèbre boutique londonienne Neal's Yard dairy, brees bio, gâteaux de carotte, brownies, cheese cakes, scones, etc. Le pain et le beurre arrivent sur la table avant la commande, arrosée de thés noirs, thés verts, thés rouges d'Afrique du Sud, de bière bio ou de vin. Demandez Rose ou Jean-Charles.

TANG FRÈRES
48, avenue d'Ivry, 75013
Tél. : 01.45.70.80.00
Fax : 01.53.61.16.03
Autre adresse :
168, avenue de Choisy, 75013
Tél. : 01.44.24.06.72
Il existe encore d'autres adresses à Paris.
L'épicier asiatique de référence. Tout, du gingembre au wok en passant par les nouilles séchées, les fruits exotiques et la coriandre, pour devenir un parfait « maître-queux » d'Extrême-Orient.

TERRES DE TRUFFES
21, rue Vignon, 75008
Tél. : 01.53.43.80.44
(Voir photos pp. 114-115)
Près de la Madeleine, une très jolie et très nouvelle boutique ouverte par un chef du Midi de la France, Bruno (de Lorges). Des truffes, bien sûr, mais aussi des fromages truffés, des glaces à la truffe. Jolie petite salle au décor minimaliste pour déguster les délices sur place mais on peut commander des plats à emporter, acheter des tortellini aux truffes à faire chez soi.

TREO
112, rue des Dames, 75017
Tél. : 01.44.69.94.00
Parmesan, jambon de Parme, truffes blanches (en saison). Décor, service, produits : tout est de grande qualité.

PARIS AU VERRE

AUGÉ
116, boulevard Haussmann, 75008
Tél. : 01.45.22.16.97
(Voir photos pp. 126-129)
Un must aussi bien pour les « grandes étiquettes » que pour les vins « nature », un conseil haut de gamme et un décor qui n'ont pas bougé depuis le Second Empire font de cette boutique un temple pour les véritables œnophiles.

LE BARON ROUGE
1 rue Théophile-Roussel, 75012
Tél. : 01.43.43.14.32
Le long du marché d'Aligre, une boutique de vins dont les dégustations se poursuivent souvent sur le trottoir tant les clients sont nombreux.

CAVES TAILLEVENT
199, rue du Faubourg-Saint-Honoré, 75008
Tél. : 01.45.61.14.09
La boutique du restaurant trois étoiles Michelin offre l'un des meilleurs choix de vins de Bourgogne à Paris.

COLETTE
213, rue Saint-Honoré, 75001
Tél. : 01.55.35.33.90
Fax : 01.55.35.33.99
site internet : www.colette.fr
Un verre d'eau mais à choisir entre des dizaines d'eaux venues du monde entier pour accompagner une restauration rapide, au bar ou sur les tables au sous-sol du magasin.

LA DERNIÈRE GOUTTE
6, rue Bourbon-le-Château, 75006
Tél. : 01.43.29.11.62
(Ouvert de 10h à 20h30 ; le dimanche de 11h à 19h et le lundi de 16h à 20h30)
(Voir photos pp. 121-122, 124-125)
Une cave tenue par un jeune Américain amateur de vin qui a particulièrement exploré les vins du Languedoc pour les faire découvrir aux Parisiens.

L'ÉCLUSE
15, quai des Grands-Augustins, 75006
Tél. : 01.46.33.58.74
site internet : www.leclusebaravin.com
Six adresses dans Paris : Bastille, Champs-Élysées, Madeleine ainsi qu'une boutique de vins, 1, rue d'Amaillé, 75017
Surtout des bordeaux dans cet ancêtre des « wine-bars » à Paris. On peut y savourer quelques plats du terroir, un foie gras avec du sauternes et un gâteau au chocolat de légende. Vins et gâteaux au chocolat pour une dégustation « at home ».

IDEA VINO
88, avenue Parmentier, 75011 Paris
Tél. : 01.43.57.10.34
Fax : 01.43.57.10.73
Le fournisseur italien des grands restaurants, à fréquenter notamment pour ses barolos et ses chiantis, mais aussi pour la moutarde de Modène et d'excellents risottos bio tous préparés à l'encre de sèche ou aux cèpes.

LAVINIA
3-5, boulevard de la Madeleine, 75001
Tél. : 01.42.97.20.24
site internet : laviniafrance@lavinia.fr
(Voir photos p. 130-133)
Non, ce n'est pas un supermarché, plutôt une véritable Fnac du vin avec

7 000 références et le plus grand choix de vins étrangers sur Paris.

LEGRAND FILLES ET FILS
1 rue de la Banque, 75002
Tél. : 01.42.60.07.12
site internet : www.caves-legrand.com
Autre adresse :
119, rue du Dessous-des-Berges, 75013
Tél. : 01.45.83.85.88
(Voir photos pp. 5, 134-137, 160)
À deux pas de la place des Victoires, le magasin, au très beau décor ancien, ouvre également sur la galerie Vivienne. Il est connu pour ses choix de vins mais également pour sa confiserie avec tous les bonbons traditionnels.

LA MAISON DU WHISKY
20, rue d'Anjou, 75008
Tél. : 01.47.30.71.90
Fax : 01.47.30.71.91
site internet : www.whisky.fr
Le temple du whisky à Paris, avec des single malts en « série limitée », des whiskys non dilués « straight from the cask » et autres « collectors » introuvables même parfois en Écosse !

LE REPAIRE DE BACCHUS
88, rue de Montorgueil, 75002
Tél./Fax : 01.42.36.17.49
Vingt-huit boutiques à Paris pour un choix de crus et de vins tout à fait intéressant. Et surtout les alcools de la gamme « Natural Colour » : armagnac, cognac et whisky vieillis naturellement, sans ajout de coloration.

DE VINIS ILLUSTRIBUS
2, rue des Lyonnais, 75005
Tél. : 01.43.36.12.12
Fax : 01.43.36.20.30
Site internet : www.devinis.fr
(Ouvert du lundi au samedi de 11h à 20h)
Vente par correspondance, expédition France et étranger, soirées dégustation dans la cave, vins d'anniversaires.

PARIS SUR LE POUCE

LE BAR À SOUPES
33, rue de Charonne, 75011
Tél. : 01.43.57.53.79
site internet : www.lebarasoupes.com
e-mail : info@lebarasoupes.com
(Voir photos pp. 140-142-143)
Près de la Bastille, une petite boutique toute jaune, celle d'Anne-Catherine Bley qui vient d'écrire un livre de recettes de ses soupes. Tous les jours une soupe du marché et un choix de cinq autres soupes de saison. Nos préférées : petits pois à la menthe, soupe d'orties, potiron à la cannelle. À emporter ou à consommer sur place sur quelques tables rustiques.

BAR À SOUPES ET QUENELLES
5, rue Princesse, 75006
Tél. : 01.43.25.44.44
Fax : 01.43.25.07.87
site internet : www.giraudet.fr
(Voir photos pp. 144-145)
Autre adresse :
16, rue Mabillon, 75006
Des soupes à déguster sur place ou à emporter en petites bouteilles parfaites pour deux personnes. Nos préférées de l'hiver : châtaignes ou lentilles, et au printemps l'embarras du choix entre asperges, petits pois ou fèves... Des créations de la marque Giraudet, spécialiste des quenelles.

BE
73, boulevard de Courcelles, 75008
Tél. : 01.46.22.20.20
(Ouvert du lundi au samedi de 8h à 21h)
L'alliance d'Alain Ducasse et d'Éric Kayser : la collection de pains du grand boulanger, des tartines, des sandwiches, des soupes et des salades mais aussi une sélection Alain Ducasse de produits d'épicerie : des boîtes de ventrèche de thon en direct de Bilbao, des huiles d'olive italiennes, de très jolis vinaigres balsamiques « antico », des risottos et des pâtes artisanales.

COJEAN
17, boulevard Haussmann, 75009
Tél. : 01.47.70.22.65
Fax : 01.47.70.22.68
Autres adresses :
6, rue de Sèze, 75009 ;
19 rue de la Monnaie, 75001
(Voir photos pp. 5 au centre, 139, 150-153)
À deux pas des Galeries Lafayette, à l'angle de la rue du Helder. Des soupes délicieuses, des salades très fraîches (caesar salad...), un décor ultramoderne, style américain, orné d'assiettes d'herbes à déguster en jus, vitamines garanties, mais aussi de très bons sandwichs à emporter qui sont intelligemment proposés en taille mini au crabe, aux herbes, au curry ou bien toastés. Des plats chauds : quiches et crumbles de légumes, mais aussi un choix de desserts les plus moelleux et savoureux : compotes (rhubarbe, fraise), cakes aux carottes, à la cerise, crumbles, tartes et les tout petits « Pasteis de Nata », petits flans venus du Portugal. Que boire ? Toutes sortes de jus de légumes et de fruits frais pressés. Prenez votre temps, journaux du jour et magazines sont à votre disposition.

LA CRÉMERIE
9, rue des Quatre-Vents, 75006
Tél. : 01.43.54.99.30
(Voir photos pp. 75, 146-149)
L'adresse parisienne de salaisons italiennes et en même temps une très belle sélection de vins « nature », issus de la culture bio et non traités.

DÉLICABAR
Le Bon Marché
26-38, rue de Sèvres, 75007
Tél. : 01.42.22.10.19
(Voir photos pp. 154-157)
Au premier étage de la Grande Épicerie du Bon Marché, au milieu du rayon prêt-à-porter féminin, une adresse gourmande tout en douceurs et en légèreté : « bubbles » de légumes et de fruits, salades composées, mini-sandwiches pour gourmandes soucieuses de leur ligne.

LA FERME
55, rue Saint-Roch, 75001
Tél. : 01.40.20.12.12
Décor rustique style « Chalet » pour des produits bio « prêts-à-manger » ou à emporter. De délicieux petits gâteaux portugais : les « Pasteis de Nata » et les glaces de Martine Lambert venues de Deauville, à découvrir !

HAND MADE
19, rue Jean-Mermoz, 75008
Tél. : 01.45.62.50.05
Autre adresse :
café du BHV,
11, rue des Archives, 75004
Tél. : 01.49.96.38.91
Ce café est à la fois une librairie, une épicerie fine et un fleuriste !

LINA'S
13, rue Médicis, 75006
Tél. : 01.43.25.55.55
Fax : 01.43.29.14.14
Autre adresse :
50, rue Étienne-Marcel, 75002
il en existe plusieurs autres à Paris
Une chaîne de sandwicheries de qualité, des soupes, des salades et des desserts à consommer sur place ou à emporter. Une atmosphère « à l'américaine » et la presse du jour pour déjeuner en prenant son temps.

POMZE
109, boulevard Haussmann, 75009
Tél. : 01.42.65.65.83
site internet : www.pomze.com
e-mail : contact@pomze.com
(Voir photos pp. 158-160)
Ici, on boit des jus de pommes fraîchement pressées, des cidres, des calvados dans une boutique entièrement vouée à la pomme. Au premier étage un restaurant, très agréable, offre des plats aux saveurs de pommes !

Pierre Rival tient à remercier Pierre Léonforté pour son amitié complice, Ghislaine Bavoillot pour son exigence de gourmande authentique et toute l'équipe de Flammarion pour sa patience stoïque.

Les éditrices remercient les artisans qui ont bien voulu ouvrir les boutiques photographiées pour cet ouvrage. Elles remercient également Jean Tiffon et Diane Gaudin pour leur aide lors de la réalisation de ce livre.

Direction de l'édition : Ghislaine Bavoillot
Direction artistique de l'ouvrage : Isabelle Ducat
Direction artistique Flammarion : Antoine du Payrat
Responsable de l'édition : Nathalie Démoulin
Lecture : Jacqueline Menanteau
Fabrication : Élodie Conjat
Photogravure : Penez Éditions, Lille

Numéro d'édition : FT1242
ISBN : 2082012425
Dépôt légal : octobre 2004

Imprimé en Italie par Errestampa